Renate Luscher

Deutschland *nach* der Wende

Daten
Texte
Aufgaben

GW00708220

für Deutsch als Fremdsprache
Aktualisierte Fassung 2001/2002

Max Hueber Verlag

Kolleginnen, Kollegen und Freunde haben
mit Vorschlägen, auch juristischen Sach-
kenntnissen, zur Entstehung dieses Lesebuchs beigetragen. Ihnen allen danke ich
sehr herzlich für Mitarbeit und Beistand.
Ganz besonders danke ich Frau Dr. Angelika
Groth und Herrn Winfried Melchers für die
redaktionelle Durchsicht und für die Über-
prüfung der Daten.

€   3.   2.   1.   │ Die letzten Ziffern bezeichnen
2005   04 03 02   01 │ Zahl und Jahr des Druckes
Alle Drucke dieser Auflage können, da unverändert, nebeneinander
benutzt werden.
1. Auflage 2001
© 2001 Max Hueber Verlag, D-85737 Ismaning
Umschlag und Layout: Peer Koop, München unter Verwendung
  eines Fotos von Ildar Nazyrov, Berlin
Druck: Ludwig Auer GmbH, Donauwörth
Printed in Germany
ISBN 3-19-007415-1
(früher erschienen im Verlag für Deutsch, ISBN 3-88532-688-6)

Vorwort

Die Wende im Jahre 1989 ist der größte Einschnitt in der Geschichte der Bundesrepublik Deutschland. Die Ereignisse und die Entwicklung danach zu verfolgen, bot sich an, stellte sich aber bald als wahre „Sisyphusarbeit" heraus. Zuerst überschlugen sich die Geschehnisse, wobei „wichtig" und „unwichtig" nur schwer zu unterscheiden waren. Dann zeigte sich, dass die Probleme isoliert kaum darstellbar sind und durch allgemeinere Informationen ergänzt werden müssen. Hinzu kam die Erkenntnis, dass Befindlichkeiten und Stimmungen sowieso nur schwer einzufangen sind und von heute auf morgen überholt sein können.

Schließlich wurde diesem Lesebuch das Themengerüst einer allgemeinen Landeskunde zu Grunde gelegt. Die nach der Wende eingetretenen Ereignisse und ihre Folgen wurden über eine längere Zeit beobachtet, ausgewählt und in die entsprechenden landeskundlichen Kapitel eingearbeitet. Der größere Teil des Lesebuchs besteht deshalb aus allgemeiner Information; zusammen mit den historischen Rückblicken können diese Basisinformationen geeignet sein, die Ereignisse der jüngsten Zeit besser einzuordnen und zu verstehen. Diesem Zweck dient auch die chronologische Übersicht im Anhang.

So ist das Lesebuch am Ende zu einer Sammlung von Bausteinen geworden, die wie ein Puzzle verschiedene Aspekte des heutigen Deutschland zusammenstellt und dabei Fakten berücksichtigt, die speziell mit der Wende zu tun haben. Ein Kriterium für die Themenauswahl war auch die Beobachtung, dass bestimmte Fragestellungen über einen längeren Zeitraum die Öffentlichkeit beschäftigt haben. Dazu gehören die Diskussionen über das Grundgesetz, über das Problem der inneren Einheit oder die Frage der Einbindung in Europa. Diese sowie verschiedene Themen aus dem Bereich der Wirtschaft bergen noch ungelöste Probleme und es ist anzunehmen, dass sie uns noch länger begleiten werden.

Informationen für Deutschlehrer und -lerner mit guten Sprachkenntnissen zu liefern, ist der Hauptzweck dieses landeskundlichen Lesebuchs. Es kann auch als Referenzmaterial in fortgeschrittenen Klassen oder auswahlweise zum Lesen und Diskutieren eines bestimmten Themas verwendet werden. Die Kapitel sind im Allgemeinen so aufgebaut, dass sich an den informativen Teil ein authentischer Text – entsprechend dem Thema ein Sach- oder Fachtext bzw. ein literarischer Text – anschließt. Dieser konkretisiert den vorher behandelten Stoff, bringt neue Sichtweisen ins Spiel und ist vielleicht geeignet, die Darstellung ein wenig in Richtung „Objektivität" zu rücken. Verschiedene Textsorten, je nach Anlass ausgewählt, schaffen weitere Abwechslung. Die sich anschließenden Aufgaben sind als Anregung für den Lehrer gedacht oder als konkrete Aufforderung an den Sprachlerner zur Weiterarbeit am Thema. Die Aufgaben betreffen meist einen neuen Aspekt, der sich aus dem Text ergibt und oft nur mit Eigeninitiative zu lösen ist. In einigen Fällen berücksichtigen die Fragen sprachliche Besonderheiten, so zum Beispiel die Hinweise auf den Gebrauch der Vorsilbe „Öko-" im Kapitel Umwelt. Bei einigen schwierigen Texten werden Vorschläge für das globale Verstehen gemacht. Wichtige Schlüsselwörter – wie zum Beispiel „Hilfsorganisationen", „Waldsterben", „Oder-Neiße-Linie", „Arbeitsbeschaffungsmaßnahmen", „Abwicklung" und viele mehr – werden als Stichwörter aus dem laufenden Text herausgezogen und kurz erklärt. Insgesamt sind die Texte und Aufgaben als Material zu sehen, das weiter ausgearbeitet und durch Zeitungsausschnitte und andere Funde aktuell ergänzt werden sollte. Nicht zuletzt soll es über die Wissensvermittlung hinaus Anstoß zum projektorientierten Lernen geben, bei dem die Lernenden ihre Themen selbst bestimmen und ein Projekt daraus entwickeln. Das können sein: Briefe, Interviews oder Meinungsumfragen; Anlass kann die Vorbereitung einer Reise nach Deutschland oder ein bestimmter Gedenk- oder Jahrestag sein. Das Lesebuch könnte dabei der Katalysator für Aktionen sein, die das Verstehen der anderen und der eigenen Kultur zum Ziel haben.

Über den engeren Rahmen eines landeskundlichen Lesebuchs des vereinigten Deutschland geht das Kapitel „Kulturelles" hinaus, indem es auch die Nachbarländer mit einbezieht und historisch zurückgreift. Da Kultur nur grenzüberschreitend verstanden werden kann, werden an sich notwendige Informationen unüberschaubar; internationale Verflechtung und Austausch wären das eigentliche Thema. In diesem Rahmen kann deshalb nur eine bescheidene Auswahl geboten werden, die an bestimmte Orte und bekannte Namen anknüpft. Nicht berücksichtigt sind unter anderem Architektur und Malerei, die bei der Kürze der Darstellung nur zu einer Aufzählung von Namen ohne entsprechende Bebilderung geführt hätten. Ebenfalls nicht enthalten ist eine Darstellung von Sitten und Gebräuchen, die von einer aktuellen Thematik zu weit abgewichen wäre.

Eine konkretisierende und objektivierende Funktion haben die zahlreichen Abbildungen, die direkt mit den jeweiligen Textabschnitten verknüpft sind. Auf den Einstiegsseiten sind Fotos, Zeichnungen und Texte abgebildet, die einen wichtigen Aspekt des jeweiligen Kapitels herausgreifen und Assoziationen in Gang setzen sollen.

Aus dem zu Beginn Gesagten wird offensichtlich, dass dieses Lesebuch nur eine Art Hürdenlauf mit vielen Stolpersteinen sein kann. Sollte der eine oder andere Stolperstein noch auf dem Wege liegen, bitten wir um Nachsicht. Über Ihre Zuschriften würden wir uns freuen.

Verfasserin und Verlag

Die vorliegende Auflage ist gründlich durchgesehen und aktualisiert worden. Sofern Artikel ein älteres Datum tragen, sind sie unverändert gültig geblieben.

Inhalt

1. Geographische Lage und Bevölkerung

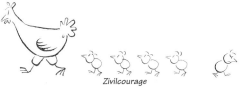

Zivilcourage

Albanien – Belgien – Bulgarien – Dänemark – Deutschland (die Bundesrepublik Deutschland) – Estland – Finnland – Frankreich – Griechenland – Großbritannien – Holland (die Niederlande) – Irland – Island – Italien – Kroatien – Lettland – Litauen – Luxemburg – Moldawien – Norwegen – Österreich – Polen – Portugal – Rumänien – Russland – Schweden – die Schweiz – die Slowakische Republik – Slowenien – Spanien – die Tschechische Republik – die Türkei – die Ukraine – Ungarn – Weißrussland

Die Bundesrepublik Deutschland nach der Vereinigung

(3. Oktober 1990)

Auf einen Blick:

Staatsform: Demokratisch-parlamen-
tarischer Bundesstaat

Fläche: 356 733 km²

Zum Vergleich:
Frankreich   543 965 km²
Polen   312 683 km²
Italien   301 302 km²
Großbritannien   242 100 km²
Österreich   83 858 km²
Schweiz   41 293 km²

Nord-Süd-Ausdehnung: 876 km²
West-Ost-Ausdehnung: 640 km²

Gliederung: 16 Bundesländer
Hauptstadt: Berlin

▶ Das Stichwort: *Hauptstadt*

1948 wurde Bonn provisorische Bundeshauptstadt. Die alte Hauptstadt Berlin stand seit Kriegsende unter der Verwaltung der vier Siegermächte (Frankreich, Großbritannien, Sowjetunion, USA = Vier-Mächte-Status Berlins). Nach der Vereinigung beschloss der Bundestag im Juni 1991 die Verlegung von Bundesregierung und Parlament von Bonn nach Berlin. Der Umzug war bis zum Jahr 2000 abgeschlossen.

▶ Das Stichwort: *die Wende*

Mit diesem Begriff wird die Ablösung des kommunistischen Regimes im Herbst 1989 bezeichnet.

Deutschland liegt wie auch die übrigen deutschsprachigen Länder – Österreich und ein großer Teil der Schweiz – in Mitteleuropa. Seit der Vereinigung der Bundesrepublik Deutschland mit der Deutschen Demokratischen Republik am 3. Oktober 1990 und der Öffnung der Grenzen auch zu den östlichen Nachbarstaaten ist Deutschland Durchgangsland im Austausch zwischen Ost und West. Es grenzt im Norden an Dänemark, im Osten an Polen und die Tschechische Republik (auch Tschechien genannt), im Süden an Österreich und die Schweiz und im Westen an die Niederlande, Belgien, Luxemburg und Frankreich.

Aufgaben

1. Wie viele Länder grenzen an die Bundesrepublik Deutschland?
2. Vergleichen Sie die Länge der gemeinsamen Grenzen.
3. Vergleichen Sie die geographische Lage mit der Ihres Landes.

Länge der Grenzen

Gemeinsame Grenze Deutschland …

Dänemark	67 km
Niederlande	567 km
Belgien	156 km
Luxemburg	135 km
Frankreich	448 km
Schweiz	316 km*
Österreich	816 km*
Tschechische Republik	811 km
Polen	442 km
Insgesamt	3758 km

(Statistisches Jahrbuch für die Bundesrepublik Deutschland 2000, S. 14)

* = ohne Bodensee

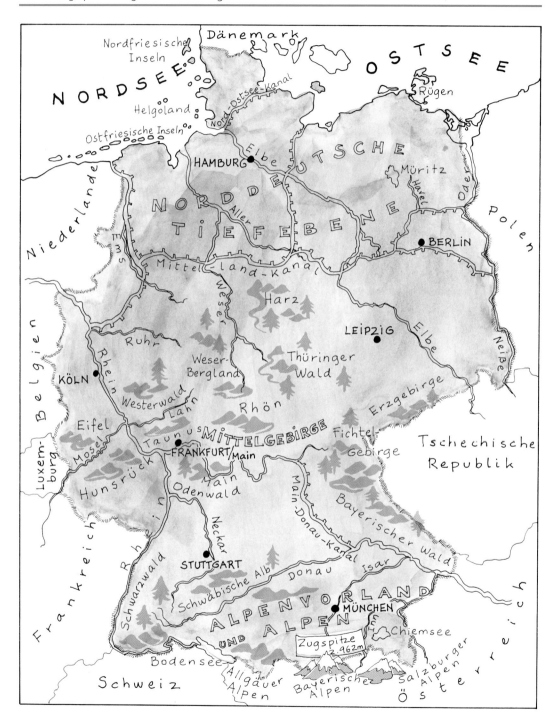

Wechselhaft mit sonnigen Abschnitten

Auf einen Blick:

Der höchste Berg: die Zugspitze 2962 m

Die wichtigsten Flüsse: der Rhein, die Elbe, die Donau, die Weser

Die größten Seen:
der Bodensee (539 km², davon 305 km² Deutschland. Auf der Seemitte Grenze zur Schweiz und zu Österreich.), die Müritz (110 km²; Mecklenburg), der Chiemsee (82 km²; Bayern)

Jahresdurchschnittstemperatur:
Freiburg (Baden-Württemberg) 10,5°C, Oberstdorf (Bayern) 6,1°C

Deutschland liegt in einer gemäßigten Klimazone, die durch wolken- und regenreiche Westströmungen vom Atlantik her geprägt ist. Das Wetter wechselt häufig. Niederschlag fällt zu allen Jahreszeiten. Nach Osten und Südosten macht sich der Übergang zu mehr kontinentalem Klima bemerkbar. Die Temperaturschwankungen sind aber nirgends extrem. Wie sich die globale Erwärmung auf das Klima auswirken wird, ist noch nicht abzusehen.
Charakteristisch für den nördlichen Alpenraum ist der Föhn, ein Fallwind, der die Temperaturen sprunghaft ansteigen lässt und für Stunden oder auch Tage strahlend blauen Himmel beschert.
Am kältesten wird es im Winter in den Alpen und in den Hochlagen der Mittelgebirge; am wärmsten ist es im Rheintal und am Bodensee, wo auch die Baumblüte am frühesten beginnt.

Von Norden nach Süden folgen drei Landschaften aufeinander: die Norddeutsche Tiefebene als Ausläufer des osteuropäischen Flachlands, dann die Mittelgebirge und schließlich das Alpenvorland mit den Alpen. Während in Österreich und der Schweiz zwei Drittel der Oberfläche von den Alpen bedeckt sind, beschränkt sich in Deutschland der Anteil des Hochgebirges auf den Süden Bayerns. Die höchste Erhebung ist die Zugspitze.

Aufgaben

1. Nehmen Sie eine Landkarte zu Hilfe und stellen Sie die Länge der Flüsse und die Höhe der Mittelgebirge fest.
2. Vergleichen Sie mit Ihrem Land.

Die Bevölkerung in den alten und den neuen Bundesländern

▶ Stichwörter: *die neuen Bundesländer* und *die alten Bundesländer*

Die geographischen Begriffe – im Osten, im Westen – waren auch politische Bezeichnungen. Statt „Westdeutschland" sagt man heute meist „die alten Bundesländer". Den östlichen Teil der Bundesrepublik bezeichnet man als „Ostdeutschland" oder als „die neuen Bundesländer".
Häufig ist noch die Unterscheidung in „Ostdeutsche" und „Westdeutsche"; nach der Wende wurden die Menschen in Ost bzw. West salopp „Ossis" und „Wessis" genannt.

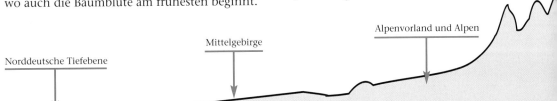

Norddeutsche Tiefebene

Mittelgebirge

Alpenvorland und Alpen

Auf einen Blick:

Einwohnerzahl: 82 163 000
(Stand: Ende 1999)
(alte Bundesländer 66 946 000
neue Bundesländer* 15 217 000)
*mit Berlin-Ost

Zum Vergleich:

Italien	57 719 000
Frankreich	57 400 000
Polen	38 418 000
Österreich	7 909 600
Schweiz	6 904 600
Europa	ca. 810 Mio.

(=14% der Weltbevölkerung)

Bevölkerungsdichte:

230 Einwohner pro km²
(alte Bundesländer 268
neue Bundesländer 141)

Zum Vergleich:

Italien	192 pro km²
Schweiz	167 pro km²
Polen	123 pro km²
Frankreich	106 pro km²
Österreich	94 pro km²

Städtische Bevölkerung: 87 %

Religion (alte Bundesländer):

34,1 % Protestanten
33,4 % Katholiken
ca. 3 % Muslime
Minderheiten: Orthodoxe, Angehörige
jüdischen Glaubens, Buddhisten

(Quellen:
Statistisches Jahrbuch für die Bundesrepublik
Deutschland 2000;
Der Fischer Weltalmanach 2000)

Stadt und Land

Deutschland gehört zu den am dichtesten be-
siedelten Regionen Europas. Das bedeutet aber
keineswegs, dass das Land mit Städten bedeckt
und mit Straßen zubetoniert ist. Fast 90 % der
Gesamtfläche sind Äcker, Wiesen und Wälder.

Die Bevölkerung

Die Zahl der Geburten gleicht die Zahl der
Sterbefälle nicht aus, wie auch in den Nachbarländern, u.a. Italien und Spanien. Besonders wenig Kinder wurden in Ostdeutschland nach der Wende geboren.
Insgesamt ist die Bevölkerung aber gewachsen;
diese Entwicklung ist auf den Zuzug von Ausländern und Deutschen aus dem Ausland zurückzuführen.
Da die durchschnittliche Lebenserwartung
weit über 70 Jahren liegt, wird der Anteil der
Älteren an der Gesamtbevölkerung immer
größer.

Religion

In Deutschland sind Kirche und Staat getrennt. Die Trennung ist aber nicht strikt
durchgeführt: der Staat zieht die Kirchensteu-
er ein, der Religionsunterricht ist Lehrfach an
öffentlichen Schulen. Der Staat profitiert von
der karitativen Tätigkeit der Kirche, und die
Kirche hat Einfluss in vielen gesellschaftlichen
Bereichen.
Zurzeit verliert die Kirche an Einfluss. Die Zahl
der Mitglieder bei der römisch-katholischen
und der evangelischen Kirche ist in den letzten Jahren kontinuierlich zurückgegangen. In
den neuen Bundesländern gehören weit weniger Menschen der Kirche an als in den
alten; nur schätzungsweise 10–30% der Bürger sind an der Kirche interessiert. Die Austrit-
te nahmen auch nach der Wende weiter zu.
In Ostdeutschland gibt es noch eine Reminis-
zenz aus kommunistischer Zeit. Das ist eine
nichtreligiöse Feier für 14- bis 15-jährige Ju-

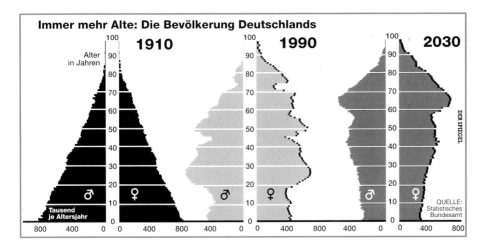

Immer mehr Alte: Die Bevölkerung Deutschlands

gendliche zur Feier des Erwachsenwerdens, die im Gegensatz zu den entsprechenden kirchlichen Veranstaltungen steht: die Jugendweihe. Heute werden die Jugendlichen natürlich nicht mehr auf den Staat eingeschworen, sondern zu Toleranz und zur Achtung der Menschenrechte aufgerufen.

Kirchlichkeit hatte in Ostdeutschland einen anderen Stellenwert als in Westdeutschland. Vor der Wende hat die evangelische Kirche im Osten kritischen Stimmen Schutz gewährt. Deshalb hat kirchliche Bindung für junge Leute im Osten mit politischem Protest zu tun gehabt, während im Westen Kirchenzugehörigkeit eher konservativ-traditionalistischen Einstellungen entspricht. In den neuen Bundesländern ist ein Viertel der Bevölkerung evangelisch und nur fünf Prozent katholisch.

Heute leben rund 74 000 Juden in Deutschland; über zwei Drittel sind aus den Staaten der GUS eingewandert. Mehr als fünfzig Jahre nach der Shoa wachsen die über 70 jüdischen Gemeinden wieder kräftig. Trotz rechtsextremistischer Tendenzen vertrauen die meisten auf die demokratische Mehrheit, für die eine Wiederholung der nationalsozialistischen Vergangenheit undenkbar ist. Der Vorsitzende des Zentralrats der Juden in Deutschland warnt vor Antisemitismus und Intoleranz.

▶ Das Stichwort: *Zentralrat der Juden in Deutschland*

Gegründet 1950 als Dachorganisation der jüdischen Gemeinden in der Bundesrepublik. Er vertritt die Interessen jüdischer Mitbürger. Seine Mitglieder äußern sich zu aktuellen politischen Ereignissen.

Die jüdische Gemeinde in Berlin ist mit 11 000 Mitgliedern die größte in der Bundesrepublik. Sie hatte Ende der 20er-Jahre 160 000 Mitglieder. Heute stammt die Mehrzahl nicht mehr aus Deutschland. Bereits in den 60er- und 70er-Jahren hat die Zuwanderung aus der ehemaligen Sowjetunion begonnen. In den letzten Jahren sind Zehntausende aus der GUS (= Gemeinschaft unabhängiger Staaten) eingewandert, ein Drittel von ihnen hat sich in Berlin niedergelassen. Die Berliner Gemeinde, die den Zuzug grundsätzlich begrüßt, sieht sich vor große soziale Probleme gestellt. Ein Beispiel: Hebräisch-Unterricht war eine der Hauptaufgaben der Jüdischen Volkshochschule, heute stehen Deutschkurse für die Einwanderer an erster Stelle.

Deutsch und andere Sprachen

Wo wird Deutsch gesprochen?

▶ Das Stichwort: *Deutsch*

Von althochdeutsch *diutisc* = das Adjektiv zu *diot(a)* (das Volk). In der Form *theodiscus* wird das Wort ins Lateinische übertragen.
Theodisca lingua hieß dann die Sprache der germanischen Stämme im Reich Karls des Großen. In einem Dokument des 8. Jahrhunderts wird *theodiscus* im Gegensatz zur lateinischen Sprache gebraucht und meint die Sprache des Volkes.

Deutsch ist Landessprache in der Bundesrepublik Deutschland, in Österreich, in der Schweiz, in Liechtenstein und in Südtirol (Italien). In der Schweiz sind alle vier Sprachen – Deutsch, Französisch, Italienisch und Rätoromanisch – auch Amtssprachen.
Außerhalb der Staatsgrenzen der Bundesrepublik gibt es auch deutschsprachige Gebiete in Luxemburg, Belgien und in Frankreich (das Elsass). In der Tschechischen Republik und in Polen wurde die deutschstämmige Bevölkerung als Minderheit anerkannt.
Durch die starke Rückwanderung von Aussiedlern vor allem aus der GUS (= Gemeinschaft unabhängiger Staaten, aus Kasachstan und Russland) und aus Rumänien (Siebenbürgen und dem Banat) hat sich die Zahl der in den osteuropäischen Ländern lebenden deutschstämmigen Bevölkerung verringert. Die Bundesrepublik und einzelne Republiken der GUS versuchen, die Auswanderung zu bremsen.
Die Ansiedlung der Deutschstämmigen in ihren ehemaligen Siedlungsgebieten an der Wolga, wo sie 1941 von Stalin vertrieben wurden, und die Wiederherstellung einer eigenen Republik ist jedoch nicht zu verwirklichen.

Minderheiten in Deutschland

Deutschland hat 1998 als zehntes Europaratsland die Minderheitenschutz-Konvention ratifiziert. Die „Charta zum Schutz der Regional- und Minderheitensprachen" ist am 01.01.1999 in Kraft getreten. Anerkannte Minderheiten sind etwa 30 000 Dänen in Schleswig-Holstein, Friesen, ca. 30 000 Sinti und Roma und rund 50 000 Sorben in den neuen Bundesländern Brandenburg und Sachsen. Die Sorben (oder Wenden) sind ein kleines slawisches Volk, das in der Gegend zwischen Cottbus (Brandenburg) und Bautzen (Sachsen) siedelt. Ihre Sprache, das Sorbische, gehört zu den westslawischen Sprachen und ist mit dem Tschechischen und Polnischen verwandt. Es gibt ein Institut zur Pflege der sorbischen Sprache und Kultur, ein deutsch-sorbisches Volkstheater, eine sorbische Wochenzeitung und ein sorbisches Rundfunkprogramm. Straßen- und Städtenamen werden auf Deutsch und auf Sorbisch genannt.
Ein Drittel der sorbischen Bevölkerung spricht noch Sorbisch, aber die Sprachkenntnisse nehmen trotz kontinuierlicher Pflege des Kulturgutes ab. Viele Sorben gehen auf der Suche nach Arbeit und Lehrstellen in die alten Bundesländer. Die Traditionen und Bräuche drohen zu bloßen Touristenattraktionen zu werden.
(ausländische Arbeitnehmer siehe S. 18 ff.)

▶ Das Stichwort: *Sinti und Roma*

Als ethnische Minderheit mit besonderen Rechten sind die Sinti und Roma seit 1998 anerkannt. Auch bekennt sich Bundestag und Bundesregierung zur Wiedergutmachung an dieser unter der NS-Diktatur verfolgten Volksgruppe.

Die Zigeuner stammen aus Nordwestindien. Sie sind vor fast sechs Jahrhunderten nach Deutschland, Österreich und in die benachbarten Regionen eingewandert. Die in Deutschland geborenen Zigeuner bezeichnen sich selbst als „Sinti". Dagegen nennen sich Zigeuner, die seit dem 19. Jahrhundert aus Ost- und Südeuropa nach Deutschland kamen, „Roma". Als Roma bezeichnet sich auch die große Mehrzahl der europäischen Zigeuner. Ebenso benutzt die internationale Bürgerrechtsbewegung der Zigeuner den Begriff heute für alle Zigeuner.

Die deutschen Sinti sprechen Deutsch und Romani. Durch ihre zum Teil nicht sesshafte Lebensweise und ihre eigenen Traditionen werden sie oft aus dem sozialen und gesellschaftlichen Leben ausgegrenzt.

Der Zentralrat der Sinti und Roma vertritt die Interessen dieser Minderheiten.

Verstehen Sie Dialekte?

Wer nach Deutschland kommt, wird bemerken, dass er es mit ganz verschiedenen Sprachschichten zu tun hat: mit der Hochsprache, die früher nur geschrieben wurde, der Umgangssprache und dem Dialekt. Zwischen der Hochsprache und der Umgangssprache existiert in Wort und Schrift – zum Beispiel in Vorträgen und in Essays, in Funk und Fernsehen und in der Presse – eine gehobene Umgangssprache. Die so genannte Umgangssprache erstreckt sich dann über eine dialektale Stufenleiter von der leichten Dialektfärbung bis zum regionalen Dialekt. Sie ist alles andere als einheitlich. Der Dialekt ist im Gegensatz zur Hochsprache an eine bestimmte Region gebunden.

Nicht nur Ausländer, auch Deutsche haben es oft schwer mit ihren Dialekten: Ein Norddeutscher, der zum ersten Mal nach Süddeutschland kommt, hat Schwierigkeiten, sich mit einem „echten" Bayern oder Schwaben zu verständigen; ebenso ergeht es dem Bayern

und Schwaben im Norden. Auffallend ist, dass der Norddeutsche – zum Beispiel in den Ferien – überall im Süden auftaucht und deutlich an seiner Sprache zu erkennen ist. Den Süddeutschen dagegen zieht es im Allgemeinen nicht in den sprachlich ungewohnten Norden; er ist eher in Italien „zu Hause" als nördlich der Donau oder gar jenseits des Mains.

Die deutschen Dialekte werden – von Norden nach Süden – in drei Gruppen eingeteilt: Niederdeutsch, Mitteldeutsch (z.B. Hessisch oder Sächsisch) und Oberdeutsch (z.B. Schwäbisch, Bairisch oder Alemannisch).

▶ Das Stichwort: *Hochdeutsch*

1. gleichbedeutend mit Mittel- und Oberdeutsch
2. Bezeichnung für die Schriftsprache im Gegensatz zu den Dialekten

Bairisch ist laut Umfrage Lieblingsdialekt der Jugend

Hamburg (dpa) – Bairisch ist der Lieblingsdialekt der jungen Leute zwischen 19 und 29 Jahren. Nach einer repräsentativen Umfrage unter 700 Jugendlichen in Deutschland hören 35,1 Prozent von ihnen am liebsten diesen Dialekt. Zweitbeliebteste Sprache ist Berlinerisch mit 14 Prozent vor Kölsch (13 Prozent). „Zum Weghören" finden viele der Befragten dagegen Sächsisch (40,7 Prozent) und Schwäbisch (18,1 Prozent). Zu den weniger beliebten Dialekten zählen der Umfrage zufolge auch Plattdeutsch, der „Ruhrpott-Slang" (beide 8,1 Prozent) und Hessisch (7,4 Prozent).

Aufgaben

1. Welcher Dialekt ist nach diesem Text am beliebtesten, welcher ist am wenigsten beliebt? Sind Sie der gleichen Meinung?
2. Welche Dialekte haben Sie schon gehört?

Deutsch in der Europäischen Union

Deutsch ist keine Weltsprache, aber mit rund 100 Millionen Sprechern in Europa eine wichtige Regionalsprache. Weltweit lernen fast 20 Millionen Menschen Deutsch als Fremdsprache, 15 Millionen davon in Europa. Rund 1,5 Millionen junge Menschen lernen an Schulen im Ausland die deutsche Sprache und ca. 1,4 Millionen Studenten an Universitäten und Hochschulen.

Mit der Demokratisierung der Länder Mittel- und Osteuropas hat Deutsch in dieser Region als Verkehrssprache, als Sprache der Wirtschaft und der Kultur an Bedeutung gewonnen. Neben dem Englischen hat es aber einen schweren Stand.

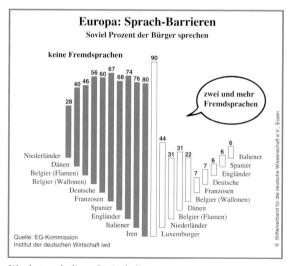

Wer hat nach dieser Statistik die besten Sprachkenntnisse? Wer hat die schlechtesten?

In der Europäischen Union spielt Deutsch als Verhandlungssprache bisher eine untergeordnete Rolle: Englisch und Französisch geben den Ton an. Die EU-Kommission (siehe S. 92) unterscheidet neun Amtssprachen – von Dänisch bis Spanisch –, in die alle Dokumente nach außen übersetzt werden, und drei interne Arbeitssprachen: Englisch, Französisch und Deutsch. Zuletzt hat das Institut für deutsche Sprache (Mainz) gefordert, dass Deutsch neben Englisch und Französisch in allen europäischen Gremien als Arbeitssprache dienen sollte.

Im Europarat (siehe S. 91) wurde im Mai 1993 die Einführung von Deutsch als Amtssprache neben Englisch und Französisch mit großer Mehrheit abgelehnt. Geschäfts- und Verhandlungssprache ist Deutsch dagegen in jüngeren internationalen Gremien, zu denen zum Beispiel die KSZE (= Konferenz über Sicherheit und Zusammenarbeit in Europa) gehört.

Die englische Sprache ist heute die lingua franca innerhalb und außerhalb der EU; der deutschen Sprache wird die Rolle einer Begegnungssprache zugewiesen, die zur Vielfalt der Kulturen und deren Austausch beiträgt.

	L1	L2	L2(V)	L2(V) Akzeptanz	
Englisch	415	800	300	500	Mio
Spanisch	285	10	10	10	
Deutsch	92	20	20	10	
Französisch	55	30	5	–	
Portugiesisch	160	–	–	–	
Russisch	115	25	100	–	
Esperanto	–	1	–	10	

Sprachen in Millionen Sprecher:

L1	= Muttersprache
L2	= Zweitsprachenbeherrschung auf muttersprachlichem Niveau
L2(V)	= Zweitsprachenbeherrschung ausreichend zur Nutzung als Verkehrssprache
L2(V) Akzeptanz	= Bereitschaft, diese Sprache als Verkehrssprache zu benutzen, unabhängig von den vorhandenen Sprachkenntnissen

Aufgabe

Lesen Sie den folgenden Text und diskutieren Sie die Rolle der Fremdsprachen in der Europäischen Union. Wie würden Sie entscheiden?

Deutsch – aber ohne Ideologie

Im vorigen Jahrhundert war die internationale Verständigung wohl genauso schwierig wie heute. Doch hatten es die Diplomatie und die Gelehrten gewiss einfacher. Das Französische war bis hinter den Ural eine Selbstverständlichkeit. Dabei blieb es auch im wesentlichen in der EG, bis England dazukam. Inzwischen sind Englisch und Französisch die Geschäftssprachen in den EU-Gremien, vor allem in der gigantischen Bürokratie Brüssels. „Eine mehrsprachige Beamtenschaft", heißt es in einem hausinternen Dokument, „muss zur internen Kommunikation den größten gemeinsamen Nenner verwenden, d.h. die verbreitetste Sprache, die sich aus Muttersprache und gelernter erster Fremdsprache zusammensetzt." Die Beschränkung auf zwei Sprachen erscheint vernünftig, weil eine dritte Sprache weitere Millionenausgaben für Dolmetscher oder für ausgedruckte Schriftstücke erfordern würde. Trotzdem wird von deutschen Politikern und aus Wirtschaftskreisen nachdrücklich der Wunsch geäußert, die deutsche Sprache gleichberechtigt zu behandeln. Man weist auf die Rolle Deutschlands in der EU hin und befürchtet wirtschaftliche Nachteile für deutsche Unternehmen wegen Übersetzungsproblemen. Auf der anderen Seite werden Ängste geäußert, dass über die Sprache nationale Tendenzen ins Spiel gebracht werden könnten. Die Mehrsprachigkeit in der EU als Ideal, wechselseitige Rücksicht und konkrete Machbarkeit scheinen nur schwer zusammenzugehen.

(nach: SZ vom 3.3.1993)

Deutsche und Ausländer

Vor dem Ersten Weltkrieg lebten in Deutschland weit über eine Million Ausländer. Die Zahl ging in den folgenden Jahrzehnten stark zurück und stieg erst lange nach dem Zweiten Weltkrieg wieder an. Ausländische Arbeiter, genannt Gastarbeiter, kamen seit Anfang der 60er-Jahre vor allem aus Italien, dann aus Jugoslawien, Spanien, Portugal, Griechenland und aus der Türkei. Heute leben mehr als sechs Millionen Ausländer in Deutschland; davon sind circa 2 Millionen ausländische Arbeitnehmer. Über die Hälfte sind aus der Türkei, dem ehemaligen Jugoslawien und Italien. Für viele Ausländer ist Deutschland inzwischen zur zweiten Heimat geworden. Das gilt vor allem für die Kinder der ersten „Gastarbeiter"-Generation, die in Deutschland geboren und hier aufgewachsen sind. Rund 60% waren Ende der Achtzigerjahre schon seit zehn und mehr Jahren in der alten Bundesrepublik; jeder sechste lebte sogar seit über 20 Jahren in Deutschland.

Die Sicherung der Bürgerrechte durch das kommunale Wahlrecht für Ausländer, die seit Generationen in Deutschland leben, ist bisher nicht erfolgt.
In Wirklichkeit ist Deutschland bereits ein Einwanderungsland. Deshalb wird für eine flexible Regelung plädiert, die die Zuwanderung begleitet. Diese Regelung soll politisch nicht verfolgten Ausländern die Möglichkeit geben, auf Dauer in Deutschland zu leben. Auch die Greencard-Bestimmungen für ausländische Computerexperten sollten unbefristet gelten (siehe S. 138).

„Politisch Verfolgte genießen Asylrecht" heißt es in Artikel 16a des Grundgesetzes. Dieses Grundrecht wurde aus der Erfahrung der Vergangenheit heraus formuliert: für Deutsche, die vor der Naziherrschaft ins Ausland fliehen mussten, war die Gewährung von Asyl vor und während des Zweiten Weltkriegs überlebenswichtig.
Nachdem die Zahl der Asylbewerber sprungartig gewachsen war, wurde im Juli 1993 nach heftigen politischen Auseinandersetzungen der Parteien das Recht auf Asyl modifiziert: Asylbewerber, die aus sicheren Herkunftslän-

dern (= alle Nachbarländer) oder sicheren Drittstaaten einreisen, haben kein Anrecht mehr auf Asyl. Als „sichere Drittstaaten" gelten Länder, in denen die Anwendung der Genfer Flüchtlingskonvention und der Europäischen Menschenrechtskonvention sichergestellt ist.

Für Kriegsflüchtlinge gilt eine Sonderregelung. Sie erhalten eine zeitlich begrenzte Aufenthaltsgenehmigung, ohne das Asylverfahren zu durchlaufen.

Eine neue Dimension erhält das Asylproblem innerhalb der Europäischen Union. Mit der europäischen Integration erfolgt eine stufenweise Abschaffung der Binnenkontrollen (Schengener Abkommen, siehe S.165); gleichzeitig wird die Abschottung an den Außengrenzen der EU verstärkt.

Die Bemühungen um Integration sind Anfang der Neunzigerjahre in eine Krise geraten, die in ausländerfeindlichen Krawallen, Brandanschlägen und sogar Morden gipfelte. Auslöser dieser bedrohlichen Entwicklung waren Ängste vor der zunehmenden Zahl der Flüchtlinge, die nach Deutschland kamen. Krieg, Hunger und Verfolgung und ein weltweites ökonomisches Ungleichgewicht haben zu wachsenden Flüchtlingsbewegungen geführt, die radikale Reaktionen hervorriefen. Hinzu kamen Schwierigkeiten im Zusammenhang mit der deutschen Einheit, soziale Probleme und Frustrationen auf Seiten der Menschen in den alten und vor allem in den neuen Bundesländern (siehe S. 164f.).

Mit Demonstrationen und Lichterketten in vielen Städten haben im Herbst 1992 Hunderttausende von Menschen ihren Willen gezeigt, die kulturellen Grundregeln unserer Gesellschaft zu verteidigen, gegen Fremdenhass und für Toleranz einzutreten. (Lichterketten sind Menschen, die nebeneinander ste-

Ausländische Bevölkerung in Deutschland 31.12.1999

Staatsangehörigkeit	insgesamt in 1000	%	Veränderung gegenüber 1998
Europa*	5.930,3	80,8	-0,1
darunter EU-Länder**	1.858,7	25,3	+0,2
Afrika	300,6	4,1	-0,9
Amerika	205,4	2,8	+3,0
Asien	823,1	11,2	+3,4
Australien und Ozeanien	10,0	0,1	+1,0
staatenlos	18,0	0,2	-0,3
ohne Angaben	56,1	0,8	+3,8
Insgesamt	**7.319,6**	**100**	**+0,3**

*Bosnien und Herzegowina 167,7 (-11,8), Bulgarien 32,3 (+2,3), Jugoslawien 737,2 (+2,5), Kroatien 214,0 (+2,4), Polen 291,7 (+2,8), Rumänien 87,5 (-2,6), Schweiz 37,5 (+ 0,8), Türkei 2 053,6 (- 2,7), Ungarn 53,2 (+2,4)

** Belgien 23,3 (+ 0,1), Dänemark 20,3 (-0,3), Finnland 15,4 (+2,0), Frankreich 107,2 (+1.3), Griechenland 364,4 (+0,2), Großbritannien und Nordirland 113,5 (-0,5), Irland 15,5 (+0,1), Italien 615,9 (+0,6), Luxemburg 5,9 (+2,2), Niederlande 110,5 (-1,4), Österreich 186,1 (+0,5), Portugal 132,6 (+0,0), Schweden 18,2 (+1,4), Spanien 129,9 (-0,9)

(Statistisches Jahrbuch 2000)

hend eine lange Kette bilden und Kerzen in den Händen halten.) Seitdem bilden sich spontan Bürgerinitiativen gegen Fremdenfeindlichkeit; die verschiedenen Bereiche der Gesellschaft werden aktiv gegen die Gefahren des Rechtsextremismus (siehe auch S. 88f.). Trotz vielfacher Bemühungen ist die Zahl der fremdenfeindlichen und antisemitischen Straftaten nach wie vor hoch. Mit Sorge werden rechtsextreme Skinhead-Gruppen beobachtet, die auch vor Gewalt gegen jüdische Einrichtungen nicht zurückschrecken.

In Wien ist ein neues EU-Amt geschaffen worden, die „Europäische Stelle zur Beobachtung von Rassismus und Fremdenfeindlichkeit". Sie soll ein Frühwarnsystem sein, das die Psychologie und die Befindlichkeiten der Bürger einbezieht. Im Blickpunkt sind die subjektiven Ängste der EU-Bürger vor der geplanten Erweiterung und die Abneigung gegen kulturelle und ethnische Vielfalt, die vielfach als Bedrohung, nicht als Bereicherung empfunden wird. Die Stelle soll ein europäisches Netzwerk schaffen, das analysiert und reagiert.

Bis 2004 wollen die EU-Länder ein gemeinsames Asylrecht erarbeiten, das auch Gesetze gegen Menschenhandel einschließt.

▶ Das Stichwort: *doppelte Staatsbürgerschaft*

Wer sich mindestens fünfzehn Jahre – Jugendliche acht Jahre – rechtmäßig in der Bundesrepublik aufgehalten hat, kann im Allgemeinen die deutsche Staatsbürgerschaft erwerben. Ausländer müssen dann in der Regel ihre bisherige Staatsangehörigkeit aufgeben. Die Gesetzesreform von 1999 brachte nur Kindern, die in Deutschland geboren wurden, eine gewisse Erleichterung. Sie erhalten die doppelte Staatsbürgerschaft auf Zeit. Mit 23 Jahren müssen sie sich dann für eine Staatsbürgerschaft entscheiden. Kinder bis zum

zehnten Lebensjahr können rückwirkend den Doppelpass erhalten.

Enttäuschend ist diese Regelung für die seit Jahrzehnten in Deutschland lebenden Ausländer der älteren Generation. Für sie ist eine Reform politisch nicht durchsetzbar.

Aufgaben

1. Die folgenden Wörter sind Schlüsselbegriffe. Ergänzen Sie sie im Text:

   Zustrom – Aussiedler – Wanderungsgewinn – Auswanderungswelle – Auswanderungsstrom – Asylbewerber – Einwanderungsland – Wirtschaftsflüchtlinge

Vom Fluchtland zum Zufluchtland

_____ und politische Flüchtlinge, das waren im vorigen Jahrhundert viele Deutsche selbst. Die erste deutsche _____ begann mit der politischen Restauration nach dem Sieg über Napoleon und erreichte ihren Höhepunkt nach dem Scheitern der Revolution von 1848. Zwischen 1850 und 1859 wanderten über eine Million Deutsche aus.

Die zweite Auswanderungswelle war noch größer. Im Jahrzehnt 1881 bis 1890 verließen 1,3 Millionen Deutsche das gerade geschaffene Deutsche Reich, vor allem in Richtung USA.

Bis zum Beginn des Ersten Weltkrieges versiegte dann der deutsche _____ fast völlig. Nach Kriegsende sah es zunächst nach einer neuen Auswanderungswelle aus. Aber die Weltwirtschaftskrise, die Ende der 20er-Jahre begann, führte auch in den USA zu großem Elend; die Faszination des „Landes der unbegrenzten Möglichkeiten" war dahin.

Das Deutsche Reich hatte in den 30er-Jahren sogar einen _____ aufzuweisen. Der setzte sich nach dem verlorenen Zweiten Weltkrieg in Gesamtdeutschland (frühere Bundesrepublik und ehemalige DDR zusammengerechnet) fort. Aus den verlorenen Ostgebieten des Reiches (Ostpreußen, Pommern, Schlesien) wurden die meisten Deutschen vertrieben oder sie flüchteten aus Siedlungsgebieten östlich der Oder-Neiße-Grenze in das deutsche Rumpfgebiet.

Zu einem echten _____ wurde Deutschland erst seit den 60er-Jahren. Es war die Zeit des so genannten „Wirtschaftswunders", als „Gastarbeiter" in die Bundesrepublik kamen und zum Teil im Lande blieben.

Der stärkste Wanderungsgewinn war aber im Jahrzehnt 1981 bis 1990 zu verzeichnen. Der

_____ von deutschstämmigen _____ aus dem Osten nahm seit 1988 lawinenartig zu; gleichzeitig kamen immer mehr _____ ins Land. Ein Wanderungsgewinn von 2,2 Millionen Menschen in einem einzigen Jahrzehnt – das hatte es in Deutschland noch nie gegeben. Inzwischen ist der Strom der Aussiedler abgeebbt, ebenfalls der Zustrom der Asylbewerber in der Folge der Änderung des Asylrechts.
Hinzu kommt auch die Rückführung von Flüchtlingen in ihre Heimat und die materielle Hilfe vor Ort, die zur Normalisierung der Lage beitragen sollen.

Globus (Statistische Angaben: Statistisches Bundesamt, Statistisches Amt der DDR, Ploetz „Raum und Bevölkerung"; Berechnungen von Globus)

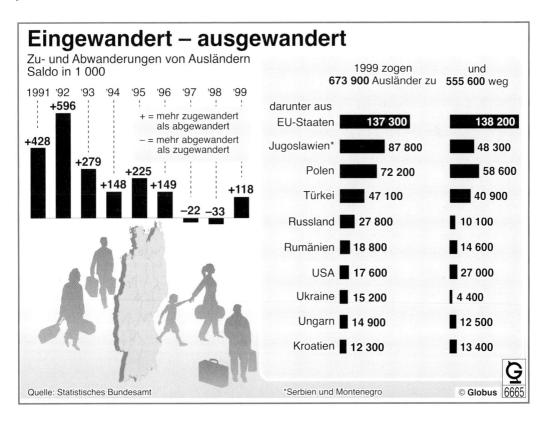

Eingewandert – ausgewandert

Zu- und Abwanderungen von Ausländern
Saldo in 1 000

1991 '92 '93 '94 '95 '96 '97 '98 '99

+596
+428
+279
+225
+148 +149
+118
−22 −33

+ = mehr zugewandert als abgewandert
− = mehr abgewandert als zugewandert

1999 zogen 673 900 Ausländer zu	und 555 600 weg
darunter aus EU-Staaten	137 300	138 200

darunter aus	zu	weg
EU-Staaten	137 300	138 200
Jugoslawien*	87 800	48 300
Polen	72 200	58 600
Türkei	47 100	40 900
Russland	27 800	10 100
Rumänien	18 800	14 600
USA	17 600	27 000
Ukraine	15 200	4 400
Ungarn	14 900	12 500
Kroatien	12 300	13 400

Quelle: Statistisches Bundesamt   *Serbien und Montenegro   © Globus 6665

2. Satire eines türkischen Autors

Anmerkung: Sinasi Dikmen lebt und arbeitet seit 1972 in der Bundesrepublik. Er ist ein Vertreter einer neuen Literaturrichtung in Deutschland, die von in deutscher Sprache schreibenden Ausländern getragen wird.
Sinasi Dikmen kritisiert, satirisch überhöht, beide Volksgruppen, mit dem Ziel einer besseren gegenseitigen Verständigung.

Du willst, Onkel Goethe, bestimmt wissen, wer ich bin, woher ich komme, wie alt ich bin, warum ich ausgerechnet dir Briefe schreibe und nicht meinem Onkel in der Türkei oder einem türkischen Onkel in Deutschland oder einem deutschen Onkel. Ich heiße Yahya, auf Deutsch Johann, ich bin 11 Jahre alt und komme aus der Türkei. Warum ich ausgerechnet dir und nicht den anderen Briefe schreibe, hat verschiedene Gründe. Ich könnte meinem Onkel Hakki in der Türkei Briefe schreiben. Aber mein Onkel Hakki kann nicht Deutsch lesen und ich kann nicht Türkisch schreiben. Wenn er mir in einem Brief an meinen Vater tausend Grüße aus dem Dorf schickt, dann muss mein Vater mir das vorlesen. Verstehen tue ich es schon, aber selbst lesen kann ich es nicht. Wenn ich weiterhin in Deutschland bleibe, werde ich es auch nie können. Türkisch sei meine Muttersprache, sagen mir alle. Was ist dann Deutsch? Ist Deutsch meine Stiefmuttersprache oder meine Schwagersprache? Ich wäre dir dankbar, Onkel Goethe, wenn du mir eine verständliche Antwort geben würdest.

(aus: Sinasi Dikmen, Wir werden das Knoblauchkind schon schaukeln. Satiren, a.a.O.)

Versuchen Sie, die folgenden Fragen zu beantworten:

Wer schreibt den Brief?
Wie alt ist der Schreiber?
Woher kommt er und wo wohnt er?
Was ist seine Muttersprache?
An wen schreibt er den Brief?
Wer ist „Onkel Goethe" für ihn?

2. Die alten und die neuen Bundesländer

Auf einen Blick:

Die Bundesländer und ihre Hauptstädte	Fläche (km^2)	Einwohner (1000)	Seite
Baden-Württemberg (Stuttgart)	35.751	10.451	51
Bayern (München)	70.548	12.117	53
Berlin	890	3.393	34
Brandenburg (Potsdam)	29.476	2.593	33
Bremen	404	666	30
Schleswig-Holstein (Kiel)	15.769	2.770	26
Hamburg	755	1.701	27
Hessen (Wiesbaden)	21.115	6.043	43
Mecklenburg-Vorpommern (Schwerin)	23.171	1.795	31
Niedersachsen (Hannover)	47.614	7.878	28
Nordrhein-Westfalen (Düsseldorf)	34.080	17.993	41
Rheinland-Pfalz (Mainz)	19.847	4.028	50
Saarland (Saarbrücken)	2.570	1.073	51
Sachsen (Dresden)	18.413	4.476	47
Sachsen-Anhalt (Magdeburg)	20.447	2.664	39
Thüringen (Erfurt)	16.172	2.456	45

(Statistisches Jahrbuch für die Bundesrepublik Deutschland 2000)

Die Bundesrepublik hat eine föderalistische Struktur: Jedes Bundesland hat eine eigene Verfassung, eine eigene Regierung und ein eigenes Parlament, den Landtag. Berlin, Bremen und Hamburg haben einen Senat.
Die Länder sind für die Verwaltung, das Verkehrswesen, die Energieversorgung, das Schulwesen, den Kulturbereich und die Polizei verantwortlich. Die Städte und Gemeinden kümmern sich um die sozialen Einrichtungen und das Meldewesen. Der Bund ist für nationale und internationale Angelegenheiten, zum Beispiel für die Außen- und Verteidigungspolitik, zuständig.

In der Europäischen Union sollen die Mitgliedstaaten auf zwei Gebieten zusammenarbeiten: in der Außen- und Sicherheitspolitik und bei der Inneren Sicherheit. Staaten, Länder, Regionen und Gemeinden behalten aber ihre Kompetenzen. Sie geben sie nur dann an die Union ab, wenn sie bestimmte Aufgaben nicht erfüllen können.

Die Länder sind auf Bundesebene im Bundesrat vertreten, der bei der Gesetzgebung mitbestimmt. Sie haben eigene Steuereinnahmen und erhalten darüber hinaus auch Mittel vom Bund. Bund und alte Bundesländer fördern gemeinsam den Aufbau der neuen Bundesländer (der so genannte Solidarpakt).
Die neuen Bundesländer – Mecklenburg-Vorpommern, Brandenburg, Sachsen-Anhalt, Sachsen, Thüringen – wurden 1990 an Stelle der 14 DDR-Bezirke wieder gegründet. Sie existierten schon einmal in den ersten Jahren nach dem Zweiten Weltkrieg, wurden aber 1952 von der DDR-Regierung aufgelöst.
In den 90er-Jahren hielt die Wanderung von den neuen in die älteren Bundesländer an.

Aufgaben

1. Die Bundesrepublik Deutschland ist ein Bundesstaat, d.h. die Bundesländer sind zu einem Gesamtstaat miteinander verbunden. Nennen Sie andere Staatsverbindungen. Versuchen Sie, die Europäische Union (S. 91ff.) zu charakterisieren.
2. Finden Sie europäische und außereuropäische Staaten, die auch Bundesstaaten sind. Stellen Sie im Gespräch Ähnlichkeiten und Unterschiede zur Bundesrepublik Deutschland fest.

Schleswig-Holstein

Das nördlichste Bundesland. – Fläche und Bevölkerung siehe S. 25.
Kiel (= Landeshauptstadt): 236 000 Einwohner;
Lübeck: 214 000 Einwohner

Aus der Geschichte: Bis zum 14. Jahrhundert regierten dänische Herzöge den nördlichen Landesteil. Auch später bildete Schleswig-Holstein für lange Zeit eine politische Union mit Dänemark.

Nach dem Ersten Weltkrieg kamen schließlich Nordschleswig zu Dänemark und Südschleswig zu Deutschland. Die dänische Minderheit in Schleswig-Holstein ist heute mit einem Abgeordneten im Kieler Landtag vertreten.

Klima und Landschaft: Zwei Meere umschließen Schleswig-Holstein: Nordsee und Ostsee. Der Nordseeküste vorgelagert sind kleine und größere Inseln: die so genannten Halligen, die Ostfriesischen Inseln und Helgoland. Zwischen diesen Inseln und dem Festland erstreckt sich das flache Wattenmeer. Die Nordseeküste liegt zum Teil unter dem Meeresspiegel und muss gegen Sturmfluten geschützt werden. Die Sicherung der Küsten, d.h. der Bau von Dämmen und Deichen, ist immer wichtiger geworden, weil die Zahl der Sturmfluten zugenommen hat.
Das Land ist fast unbewaldet. Die Sommer sind kühl und die Winter mild, bei ständigem Wind.
Die Ostseeküste hat mehr Sonne als die Nordseeküste, dazu eine landschaftlich reizvolle Seen- und Hügellandschaft im Hinterland, genannt „Holsteinische Schweiz".

Wirtschaft: Der Fremdenverkehr in den Nord- und Ostseebädern und auf den Inseln Sylt, Föhr, Amrum, Helgoland und Fehmarn ist neben der Landwirtschaft (Viehzucht, Getreide,

Eine Hallig

Halligen

Schleswig-Holstein

Hamburg

Bremen

Niedersachsen

(siehe S. 147)

Wattwandern ohne Gefahr

Immer mehr Urlauber und Besucher des Nordseeheilbades Cuxhafen wollen den Nationalpark Wattenmeer kennen lernen – eine der letzten Naturlandschaften Europas. Viele Gäste schließen sich aus Sicherheitsgründen informativen Wattführungen an. Damit die Gefahren von Flut und Ebbe nicht unterschätzt werden, hat die Kurverwaltung des Nordseeheilbades Cuxhafen jetzt die Broschüre „Wattwandern" herausgegeben. Der Gast findet darin nicht nur alle Wattwanderzeiten vor Cuxhafen, sondern auch die Termine der Wattführungen.

Kartoffeln) der wichtigste Wirtschaftsfaktor. Die Fischerei ist wegen der Meeresverschmutzung und Überfischung in eine Krise geraten. Eine wichtige Binnenschifffahrtsstraße für Europa, der Nord-Ostsee-Kanal, verbindet beide Meere.

Städte: Kiel liegt an einem Naturhafen. Hier findet die „Kieler Woche" statt mit internationalen Segelwettbewerben, verbunden mit einem Kulturprogramm.
Lübeck, früher das Herz der Hanse, ist auch die Stadt der „Buddenbrooks" (Roman von Thomas Mann über den Niedergang einer hanseatischen Kaufmannsfamilie). Die Schriftsteller Thomas Mann, der 1929 den Nobelpreis für Literatur erhielt, und sein Bruder Heinrich Mann wurden hier geboren. Das Wahrzeichen Lübecks ist ein 500 Jahre altes Stadttor, das Holstentor; es steht als Denkmal auf der Weltkulturliste der UNESCO.

▶ Das Stichwort: *die Hanse*

1358 gegründeter Städtebund aus insgesamt 70 bis 80 Städten unter der Führung Lübecks. Ziele: nur Handelsinteressen und gegenseitiger Schutz. Die Hanse hatte etwa 200 Jahre das Handelsmonopol im Ostseeraum für den Austausch von Fertigwaren des Westens gegen land- und forstwirtschaftliche Produkte des Ostens. Hamburg, Bremen und Lübeck bezeichnen sich heute noch als „Hansestädte".

Hamburg
(Freie und Hansestadt Hamburg)

Stadtstaat. – Hafenstadt. – Zweitgrößte Stadt Deutschlands. – Fläche und Bevölkerung siehe S. 25. An der Elbe gelegen, ca. 110 km von der Nordsee entfernt.

Aus der Geschichte: Hamburg war jahrhundertelang eine freie Reichs- und Hansestadt. Noch heute nennen sich ihre Minister „Senatoren".
Die Lage machte Hamburg schon im 13. Jahrhundert zu dem wichtigsten Seehafen an der Nordsee. Im Zeitalter der Entdeckungen verloren die Ostseehäfen an Bedeutung, Hamburg dagegen erlebte einen großen Aufschwung. Seine Schiffe fuhren auf den neuen Handelswegen bis nach Indien und Amerika.
Im Jahre 1842 wurde die mittelalterliche Altstadt durch ein Feuer vernichtet. Das Wahrzeichen der Stadt, der Michel – die St. Michaelis-Kirche aus dem 18. Jahrhundert – wurde 1906 durch einen Brand zerstört und später originalgetreu wieder aufgebaut. Im Zweiten Weltkrieg wurde die Innenstadt von Hamburg fast völlig in Schutt und Asche gelegt.

Allgemeines: Hamburgs Hafen, das „Tor zur Welt", hat eine Fläche von 100 km^2; hier arbeiten 80 000 Menschen. Wichtige Industrien sind mit dem Hafen verbunden: die Textil-, Kaffee- und Zigaretten-Industrie, Werften und Erdölraffinerien. Für die Besucher ist eine Hafenrundfahrt ein bleibendes Erlebnis. Jedes Jahr am 7. Mai wird der „Hafengeburtstag" gefeiert; seit diesem Tag im Jahr 1189 besitzt der Hafen Zoll- und Schifffahrtsprivilegien (heute „Freihafen"-Status).

Hamburg ist eine weltoffene Stadt. Die Hamburger nennen sich gern „Hanseaten", weil sie stolz sind auf den Geist und die Geschichte ihrer Stadt. Aushängeschild dieses Weltgefühls ist die achteinhalb Kilometer lange Hamburger Elbchaussee mit ihren klassizistischen Villen, den Herrensitzen und Parks. Keine deutsche Großstadt hat so viele ausländische Konsulate wie Hamburg. Ausländische Kaufleute sind hier ebenso zu Hause wie Handelsdelegationen aus aller Welt.

Hamburg lebt aber nicht von seinem Hafen allein. Moderne Wirtschaftsstrukturen prägen die Stadt in gleicher Weise: In Hamburg wird ein Teil des europäischen Airbus gebaut, hier befindet sich auch DESY (= Deutsches Elektronen-Synchrotron), eine Forschungsstätte für Teilchenphysik.

Die Hamburgische Staatsoper

und dem Museum für Kunst und Gewerbe bedeutende Sammlungen.

Hamburg als Medienstadt: Hier wird DER SPIEGEL gemacht, hier erscheint die bekannte liberale Wochenzeitung DIE ZEIT. Die Deutsche Presseagentur (dpa) und Fernseh- und Hörfunkanstalten haben in Hamburg ihren Sitz.

Kultur: Hamburg ist auch eine Kulturstadt von Rang, eine Musik-, Theater- und Medienstadt. Felix Mendelssohn Bartholdy (1809–1847) und Johannes Brahms (1833–1897) wurden hier geboren (siehe S.125). Die Namen Bach, Telemann und Händel sind mit Hamburg verknüpft.

Die Hamburgische Staatsoper und ihr Ballett, das Thalia-Theater und das Deutsche Schauspielhaus haben eine lange Tradition. Typisch für das kulturelle Leben ist das Mäzenatentum, die Bedeutung privater Mäzene, die Stiftungen und Kulturpreise ins Leben rufen. Sie verschafften auch der Hamburger Kunsthalle

Niedersachsen

Das flächenmäßig zweitgrößte Bundesland nach Bayern. – 300 km Nordseeküste. – Fläche und Bevölkerung siehe S. 25. Hannover (= Landeshauptstadt): 515 000 Einwohner; Braunschweig: 247 000 Einwohner

Aus der Geschichte: Fast hundert Jahre existierten enge Beziehungen zu England. Im 18. Jahrhundert bis in die erste Hälfte des 19. Jahrhunderts waren die Kurfürsten in Hannover zugleich Könige von England. Erst Queen Victoria beendete diese Personalunion.

Landschaft: Niedersachsen reicht von der Küste der Nordsee zu den Mittelgebirgen, dem Harz und dem Weserbergland. Wichtige

Volkswagenwerk in Wolfsburg

Schifffahrtswege durchziehen das Land: die Weser, der Mittellandkanal und im Osten die Elbe.

Nördlich von Hannover liegt die Lüneburger Heide, ein Naturpark mit alten Bauernhäusern und Schafherden, den so genannten Heidschnucken. Sie erstreckt sich über 7000 km².

Wirtschaft: Niedersachsen ist ein Agrarland; hier werden Weizen und Gemüse angebaut. Viehzucht bestimmt das Landschaftsbild. Berühmt ist die Pferdezucht. Industrie ist im Raum Hannover und Braunschweig zu Hause. Die größte Automobilfabrik der Bundesrepublik, das Volkswagenwerk (= VW), steht in Wolfsburg, östlich von Hannover.

Städte: Die Landeshauptstadt Hannover ist Verkehrsknotenpunkt zu Wasser (Mittellandkanal) und zu Lande und verfügt außerdem über einen internationalen Flughafen. Sie war Eisenbahnknotenpunkt schon im 19. Jahrhundert, als es über Hannover Verbindungen von Paris über Berlin und Warschau bis Moskau gab und von Kopenhagen bis nach Wien und Rom. Die günstige Lage machte Hannover zum Standort der größten Industriemesse der Welt, der Hannovermesse. Auch die weltgrößte Messe für Kommunikationstechnik (Computer, Telefone, Kommunikationssysteme), die CeBIT, findet jährlich in Hannover statt.

Hannover hat finanzielle Probleme wie alle anderen Großstädte auch. Hoffnungen setzte die Stadt auf die EXPO 2000, die Weltausstellung, die aber nicht ganz erfüllt wurden. Trotz eindrucksvoller Länderpräsentationen kamen weniger Besucher als geplant und das Defizit blieb hoch. Insgesamt wurde die Ausstellung aber mit einer positiven Bewertung abgeschlossen.

Die nächstgrößte Stadt, Braunschweig, ist stärker kulturell und historisch geprägt. Südlich von Braunschweig liegt Wolfenbüttel: an der berühmten Bibliothek dieser Stadt wirkten der Philosoph Gottfried Wilhelm Leibniz und der Dichter Gotthold Ephraim Lessing.

Bremen
(Freie Hansestadt Bremen)

Stadtstaat, bestehend aus der alten Handelsstadt Bremen und Bremerhaven. – Das kleinste Bundesland. – Nach Hamburg größter deutscher Seehafen, auch führender Binnenhafen. – Fläche und Bevölkerung siehe S. 25.

Aus der Geschichte: Bremen wurde unter Karl dem Großen 787 Bischofssitz („Rom des Nordens" genannt), 1358 Mitglied der Hanse und 1646 Reichsstadt, d.h. sie hatte besondere Rechte. Seit 1815 nennt sich Bremen wieder Hansestadt.

Lage und Bedeutung: Bremen liegt ca. 60 km von der Nordsee entfernt. Bremerhaven liegt an der Mündung der Weser in die Nordsee. Die junge Seestadt Bremerhaven wurde 1827 gegründet, als die Weser zu versanden drohte. Nach Hamburg ist Bremen der zweitgrößte Hafen, der über modernste Anlagen verfügt und besonders im Container-Betrieb sehr leistungsfähig ist. Umgeschlagen und verarbeitet werden Erdöl, Wolle, Baumwolle, Tabak und Kaffee.
Im Krieg wurden Hafen und Innenstadt stark zerstört. Heute spürt auch Bremen die weltweite Krise der Schifffahrt. Hohe Arbeitslosenzahlen sind die Folge.
Von Bremerhaven aus wird die deutsche Polarforschung gesteuert.

Sehenswürdigkeiten: Die selbstbewussten Bremer Bürger sind seit jeher stolz auf ihre Stadt, besonders auf den Marktplatz mit dem 1000 Jahre alten Dom, dem Renaissance-Rathaus und dem Wahrzeichen der Stadt, dem Bremer Roland. Bremens ältester Teil, das Schnoor-Viertel, ist restauriert worden und präsentiert sich mit Läden und gemütlichen Gaststätten.

▶ Das Stichwort: *Bremer Roland*

Errichtet 1404. – Die gotische Statue soll den Gefolgsmann Karls des Großen mit dem Schwert der Gerechtigkeit und dem kaiserlichen Adler darstellen. Rolandssäulen gibt es auf den Marktplätzen vieler Ortschaften in Norddeutschland und im nördlichen Mitteldeutschland. Ursprung und Bedeutung sind umstritten, wahrscheinlich sind sie Symbol des Marktrechts (= Recht, einen regelmäßigen Markt abzuhalten) oder der Gerichtsbarkeit.

Mecklenburg-Vorpommern

Mit der Vereinigung entstandenes Bundesland. – Mit 77 Einwohnern pro km^2 das am dünnsten besiedelte Bundesland. – Fläche und Bevölkerung siehe S. 25. Schwerin (= Landeshauptstadt): 104 000 Einwohner; Rostock: 206 000 Einwohner; Neubrandenburg: 76 000 Einwohner; Stralsund: 62 000 Einwohner

Aus der Geschichte: Im Dreißigjährigen Krieg (1618–1648) wurden Mecklenburg und Pommern stark verwüstet. Vorpommern und die Insel Rügen gehörten von 1648 (Westfälischer Frieden) bis 1803 zu Schweden. Nach 1815 war ganz Pommern eine Provinz des Königreichs Preußen. Nach dem Zweiten Weltkrieg entstand 1945 das westlich der Oder liegende Land Mecklenburg-Vorpommern. Die östlich dieser Linie liegenden Teile Pommerns sowie das südlich davon gelegene Schlesien gehören heute zu Polen.

▶ Das Stichwort: *Oder-Neiße-Grenze*

Im Potsdamer Abkommen 1945 festgelegte und 1990 endgültig anerkannte deutsche Ostgrenze.

Landschaft und Naturschutz: Die langen Strände und Dünen der Ostseeküste, die Inseln Rügen mit den berühmten Kreidefelsen, Hiddensee und Usedom und die ca. 650 Seen der Mecklenburgischen Seenplatte sind ideale Freizeit- und Erholungsgebiete. Die Kanäle und Flüsse sind so miteinander verbunden, dass man auf dem Wasser bis hinein nach Berlin fahren kann. Typisch sind die schönen alten Alleen, die noch nicht dem Straßenbau

WWF = World Wildlife Fund
for Nature

zum Opfer gefallen sind. Die Müritz ist mit 115 Quadratkilometern nach dem Bodensee der größte See in Deutschland. Im Müritz-Nationalpark „Ostufer" leben seltene Vogelarten, Kraniche, Eisvögel und sogar Fischadler. Auf der Insel Rügen, der größten deutschen Insel, haben sich seltene Pflanzen erhalten.
Die Besucherzahlen steigen, aber man hat Lehren aus den Fehlern im Westen gezogen: Von 6000 Seen und Flüssen sind nur 1000 allgemein zugänglich.

Wirtschaft: Mecklenburg-Vorpommern hat es am schwersten, sich wirtschaftlich zu stabilisieren. Es ist ein Agrarland. Wie in der ganzen ehemaligen DDR wurde in den Fünfzigerjahren nach sowjetischem Muster umstrukturiert: Die Kleinbauern wurden gezwungen, in großräumige LPGs (= Landwirtschaftliche Produktionsgenossenschaften) einzutreten.

Nach der Wende fand wiederum eine Umstrukturierung der Landwirtschaft statt: Äcker, Wiesen, Wälder und alles weitere Vermögen wurden privatisiert. Private bäuerliche Betriebe bewirtschaften heute einen Teil der Fläche; der größere Teil wird von den Nachfolgebetrieben der LPGs in der Rechtsform der Genossenschaft (= Gesellschaft, deren Mitglieder gemeinschaftlich einen Geschäftsbetrieb führen und Geschäftsanteile besitzen) oder einer GmbH (= Gesellschaft mit beschränkter Haftung) bestellt. Insgesamt gehen die Gewinne in der Landwirtschaft zurück. Die auf Ölsaaten und Getreide spezialisierten Betriebe in Mecklenburg-Vorpommern stehen aber besser da als die Mastbetriebe in anderen Bundesländern.

Positiv entwickelt sich der Fremdenverkehr. Besonders die Ostseebäder bereiten sich auf eine steigende Zahl von Erholungsuchenden vor.

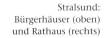

Stralsund:
Bürgerhäuser (oben)
und Rathaus (rechts)

Städte: Schwerins Aushängeschild ist sein prächtiges Schloss, das die Herzöge von Mecklenburg auf einer Insel im Schweriner See im 17. Jahrhundert erbauen ließen.

Rostock, seit 1990 wieder Hansestadt, ist geprägt vom Hafen und der Werftindustrie, die sich im freien Wettbewerb noch behaupten muss. Fährverbindungen schaffen enge Kontakte zu den skandinavischen Ländern.
Die Universität gehört zu den ältesten in Deutschland (gegründet 1419).

Wie Rostock, Greifswald (Universitätsstadt seit 1456) und Wismar war Stralsund eine reiche Kaufmannsstadt. Mit der Insel Rügen verbindet die Stadt ein über 60 Jahre alter Damm. Aus dem Mittelalter sind noch Teile der Altstadt erhalten geblieben; viele Häuser sind fast verfallen und stehen unter Denkmalschutz. Sehenswert sind im Zentrum die alten Bürgerhäuser und das Rathaus in typisch norddeutscher Backsteingotik.
In den neuen Bundesländern wurden Städte – darunter auch Stralsund – und Dörfer zu „Modellstädten" bzw. „-dörfern" erklärt; die Sanie-

rung soll hier beispielhaft erprobt werden.
Erhaltenswert sind auch die vielen Schlösser,
Herrenhäuser und historischen Winkel des
Landes, deren Restaurierung aber erhebliche
Geldmittel erfordert.

▶ Das Stichwort: *Backsteingotik*
(siehe auch S. 160)

„Backstein" ist ein altes Wort für „Zie-
gel". Seit dem 12. Jahrhundert Bau-
weise in Nord- und Ostdeutschland
sowie in Skandinavien. Kirchliche und
weltliche Bauwerke.

Große Sorgen bereitete die veraltete Verkehrs-
struktur, die zum Teil noch auf die Schweden-
und die Preußenzeit zurückgeht. Verkehrswege, die auf ganz Europa bezogen sind und
die Nord-Süd- und West-Ost-Verbindungen
schaffen, sind im Bau. In den Straßenbau der
neuen Bundesländer wird verstärkt investiert.

Brandenburg

Mit der Vereinigung entstandenes Bundesland. – Das
größte der neuen Bundesländer. – Fläche und Bevölkerung siehe S. 25.
Potsdam (= Landeshaupt-
stadt): 136 000 Einwohner;
Cottbus: 112 000 Einwohner;
Brandenburg: 80 000 Einwohner; Frankfurt/Oder: 75 000
Einwohner

Brandenburg ist das Umland der Hauptstadt
Berlin, die genau in seiner geographischen
Mitte liegt. Hauptstadt von Brandenburg ist
aber nicht Berlin, sondern Potsdam. Die Plä-
ne, Berlin und Brandenburg zu einem Bundesland zusammenzufassen, sind gescheitert.

Aus der Geschichte: Aus dem Kurfürstentum
Brandenburg wurde 1701 das Königreich
Preußen. Lange Zeit war dieses dünn besiedelte Land wirtschaftlich rückständig. Deshalb
wurden im 17. und 18. Jahrhundert eine
große Zahl von verfolgten Protestanten in das
„aufgeklärte" Preußen geholt. Holländische
Einwanderer, Protestanten aus Salzburg und
Hugenotten aus Frankreich brachten ihre
Kenntnisse und Fähigkeiten mit. Die Flüchtlinge suchten Schutz und eine neue Existenz-
grundlage. Sie fanden damals mehr offene
Aufnahme als Ablehnung. Der Aufschwung
Berlins zur europäischen Metropole ist ohne
die geistigen und wirtschaftlichen Leistungen
der französischen Hugenotten nicht denkbar.

Landschaft: Brandenburgs Landschaft besteht
aus Wäldern, Flüssen, etwa 3000 Seen und
kargen Sandböden. Einzigartig ist der Spreewald, eine Landschaft mit unzähligen Wasser-
armen und vielen kleinen Siedlungen.

Der Spreewald

Theodor Fontane, Schriftsteller des 19. Jahrhunderts und Nachkomme französischer Hugenotten, beschrieb dieses Gebiet in seinen „Wanderungen durch die Mark Brandenburg" (1862–1882).

Wirtschaft: Brandenburgs Wirtschaft kommt nur langsam in Gang, EU-Mittel sind eine wertvolle Hilfe. Die Probleme der Metall- und Stahlindustrie in Eisenhüttenstadt sind symptomatisch für diese Region. Das Ende hoher Arbeitslosigkeit ist deshalb nicht abzusehen.

Die Landeshauptstadt: Potsdam hat eine wechselvolle Geschichte. Die Stadt war Residenz der preußischen Herrscher. Hier ließ Friedrich der Große (1712–1786) von seinem Architekten Knobelsdorff nach eigenen Skizzen das berühmte Schloss Sanssouci erbauen, das sein Lieblingsaufenthalt wurde. Hier führte er philosophische Gespräche mit Voltaire und lud berühmte Männer wie Johann Sebastian Bach ein.

Nicht zufällig fand in dieser Stadt, die so eng mit der preußisch-deutschen Geschichte verknüpft ist, nach Ende des Zweiten Weltkriegs die Potsdamer Konferenz statt. Truman (USA), Stalin (UdSSR) und Churchill (Großbritannien) trafen sich mit ihren Außenministern im Schloss Cecilienhof, das heute ein viel besuchtes Museum ist. Das Potsdamer Abkommen regelte 1945 die Aufteilung des besiegten Deutschen Reichs in vier Besatzungszonen, die neuen Grenzen (siehe Stichwort „Oder-Neiße-Grenze", S. 31) und die Aburteilung der Kriegsverbrecher (siehe S. 163).

Berlin

Mit dem Beitritt der DDR zur Bundesrepublik am 3. Oktober 1990 wurden Berlin-Ost und Berlin-West wieder vereinigt. Berlin ist die deutsche Hauptstadt und gleichzeitig ein Bundesland (Stadtstaat). – Fläche und Bevölkerung siehe S. 25.

Schloss Sanssouci

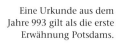

Eine Urkunde aus dem Jahre 993 gilt als die erste Erwähnung Potsdams.

Christo und Jeanne-Claude: „Wrapped Reichstag, Berlin 1971–95"

Brandenburger Tor mit
Mauer (Westseite vor der
Wende)

Öffnung der Grenze

Berliner Mauer
mit Graffiti

Wussten Sie das?
Als die Mauer abgerissen
wurde, stellten die Berliner
kleine Stände auf und ver-
kauften die Steinstückchen
mit den bunten Mustern
und Schriftzügen an die
zahlreichen Touristen.

Berlin-Mitte:
Alexanderplatz

Gedenktafel am berühmten
Checkpoint Charlie, der
die zwei Staaten und zwei
Welten verband.

Reichstag in Berlin,
Sitz des Bundestags

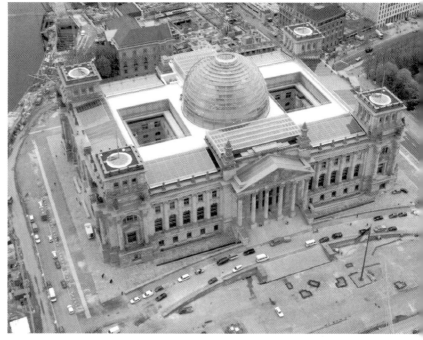

Aus der Geschichte: Berlin wurde 1237 erstmals urkundlich erwähnt, also relativ spät. Erst im 17. Jahrhundert trat die Stadt aus ihrem Schattendasein heraus und wurde ein wichtiger Handelsplatz. Im 18. Jahrhundert spielten Preußen und seine Hauptstadt besonders unter Friedrich II. eine zentrale Rolle auf Europas Bühne. 1871 wurde Berlin Hauptstadt des neu gegründeten Deutschen Reichs. Sie war auch die Hauptstadt des so genannten „Dritten Reichs" (1933–1945); hier festigte Hitler seine Diktatur und löste den verheerenden Zweiten Weltkrieg aus.

1933 lebten in Berlin fast ein Drittel aller deutschen Juden, nämlich 160 000. Jüdische Künstler, Wissenschaftler, Theaterleute, Verleger und Schriftsteller begründeten den Weltruhm Berlins als Kulturstadt entscheidend mit. Der Maler Max Liebermann, der Theatermann Max Reinhardt, die Schriftsteller Alfred Döblin und Kurt Tucholsky seien stellvertretend dafür genannt. Sie fühlten sich als Teil des liberalen oder auch konservativen Bürgertums und waren Deutsche, bis die Katastrophe des „Dritten Reichs" über sie hereinbrach. Heute hat die jüdische Gemeinde von Berlin wieder 9000 Mitglieder und ist damit die größte in Deutschland. Viele sind bemüht, die Tradition auf neuer Grundlage wieder zu beleben. Äußeres Zeichen war am 7. Mai 1995 die Wiedereröffnung der „Neuen Synagoge" und des Gemeindezentrums als Kultur- und Begegnungsstätte.

Die Bombenangriffe und die Kämpfe der letzten Kriegstage 1945 machten aus Berlin einen Trümmerhaufen. Noch heute sind die Folgen der Zerstörungen deutlich sichtbar. Nach den Schrecken des Zweiten Weltkriegs wurde Berlin in vier Sektoren aufgeteilt: den amerikanischen, englischen, französischen und russischen. Die Sektoren wurden vom Alliierten Kontrollrat verwaltet. Aber schon bald begann die Teilung in einen demokratisch re-

Blockade 1948 / 1949: Landendes Transportflugzeug

gierten Westteil und einen kommunistischen Ostteil. Stalin versuchte, ganz Berlin in seine Gewalt zu bringen, und verhängte eine Blockade. Amerikanische und englische Flugzeuge versorgten die Westsektoren fast elf Monate lang über eine Luftbrücke. Nach Beendigung der Blockade begann der Wiederaufbau. West-Berlin wurde eine „Insel", umgeben von der DDR. Berlin-Ost wurde die Hauptstadt der DDR.
Bis 1961 verließen Hunderttausende von Flüchtlingen über West-Berlin den Ostteil des Landes. Um den wirtschaftlichen Ruin zu verhindern, errichtete die DDR am 13. August die Mauer und riegelte West-Berlin von seinem Umland ab. Dies lag auch im strategischen Interesse der Sowjetunion, denn die Grenze trennte nicht nur zwei Staaten, sondern auch zwei Bündnissysteme: die Nato im Westen und den Warschauer Pakt im Osten.

Berlin blieb über Transitautobahnen, -wasserstraßen und -bahnverbindungen mit der Bundesrepublik verbunden; in Luftkorridoren wurde der Luftverkehr abgewickelt. Die Westmächte bestanden über Jahrzehnte hinweg auf ihren Rechten aus dem Vier-Mächte-Status. Der amerikanische Präsident John F. Kennedy hielt in Berlin vor dem Rathaus seine berühmte Rede, in der er sich mit den Berliner Bürgern solidarisierte: „Ich bin ein Berliner."
Als am 9. November 1989 die Mauer fiel, durchlebte Berlin bewegende Tage, die Menschen beider Teile wieder zusammenführte. Das erste gemeinsame Silvester wurde ein großartiges Fest am Brandenburger Tor, das von einem Feuerwerk gekrönt war (siehe auch S. 164). Die Silvesterfeiern am Brandenburger Tor sind seitdem zu einem Ereignis geworden, an dem jährlich hunderttausend Menschen teilnehmen.

Die Entscheidung, Berlin wieder zum Regierungssitz zu machen, zieht gigantische städtebauliche Maßnahmen nach sich. Zurzeit ist Berlin Europas größte Baustelle. Traditionelle und moderne Stadtmodelle, Wiederinstandsetzung und neue Glitzerfassaden und Turmhäuser bilden eine eindrucksvolle Melange. Bereits heute sind viele davon überzeugt, dass Berlin in fünfzig Jahren eine der wichtigsten Metropolen Europas sein wird. Seit dem Regierungsumzug hat die Stadt deutlich an Beliebtheit gewonnen und wird als Visitenkarte der Republik betrachtet.
Der 1884 bis 94 erbaute Reichstag ist für den Bundestag umgebaut worden. Das alte Botschaftsviertel erwacht neu, ein Presseviertel entsteht. Russland, USA, Frankreich und Großbritannien können auf Grundstücke zurückgreifen, die ihnen schon vor dem Krieg gehörten. Parteien, Banken, Verbände errichten eigene Häuser; Geschäftshäuser, Hotels, Bahnhöfe entstehen. Aus Grenz- und Todesstreifen werden wieder lebendige Viertel.

Es herrschte ein gewaltiges Umzugskarussell, denn Bonn bleibt Verwaltungsstadt und Stadt der Dienstleistungen (Telekom, Post, Postbank, UN-Behörden). Alle Institutionen zum Beispiel, die mit Entwicklungspolitik zu tun haben, bleiben auch weiterhin in Bonn. Tausende von Arbeitsplätzen wurden verlagert, gingen verloren oder wurden neu geschaffen, ein Kraftakt, der dem Staat ca. 20 Milliarden DM (ca. 10 Milliarden Euro) kostete.

▶ Das Stichwort: *Brandenburger Tor*

Wahrzeichen der Stadt. Nach dem Vorbild der Propyläen der Athener Akropolis Ende des 18. Jahrhunderts gebaut. – Stand vor der Wiedervereinigung im Ostteil der Stadt; die Mauer verlief in unmittelbarer Nähe.

Aber es wird noch eine Weile dauern, bis die Teile der Stadt zusammengewachsen sind, sowohl äußerlich als auch innerlich in der Gefühlswelt der Menschen. Somit ist Berlin Symbol der Teilung und der Schwierigkeiten der Wiedervereinigung zugleich. Die Stadt bemüht sich, eine neue Orientierung als Hauptstadt zu finden und die große Chance als Dreh- und Angelpunkt zwischen Ost und West zu nutzen.

Wirtschaft: Berlin ist traditionell Sitz der Elektroindustrie (Siemens), außerdem der chemischen Industrie. Bekannt ist auch die Bekleidungsindustrie. – Berlin ist außerdem Wissenschaftsstadt und eine internationale Kongress- und Messestadt.
Die drei Universitäten sind die Humboldt-Universität im Ostteil der Stadt sowie die Freie Universität und die Technische Universität im Westen. Hier angesiedelt sind bekannte Forschungsinstitute für die Bereiche Kernphysik und Reaktorphysik sowie Nachrichtentechnik und das Technologie-Zentrum der Fraunhofer-Gesellschaft.

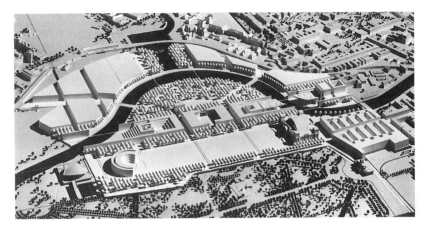

Modell des neuen Regierungsviertels am Spreebogen (Berlin-Mitte)

Kultur: Berlin ist auch in den Jahren der Teilung kultureller Mittelpunkt gewesen. Seit die Stadt wieder vereinigt ist, gehen viele Künstler nach Berlin; hier gibt es Dutzende von Theatern, Museen in großer Zahl (siehe S. 132), drei Opernhäuser, mehrere große Orchester, darunter die Berliner Philharmoniker. Wie in der Kinoszene existiert auch bei den Berliner Theatern eine Off-Theater-Szene, d.h. freie Theatergruppen und Kulturfabriken. Hier findet vor allem experimentelles Theater statt. In die Schlagzeilen geraten ist die Berliner Kulturszene wegen der Schließungen von Theatern, drastischen Mittelkürzungen und der Proteste von Künstlern. Sie betreffen die gesamte Kulturszene, besonders aber die Freien, die auch von Sponsoren nicht gerade verwöhnt werden.

Berlin hat eine wohl einzigartige alternative Kulturszene. Hier gibt es keine Sperrstunde (Zeit, zu der alle Lokale schließen müssen), im Gegensatz zu allen anderen Großstädten. Im Westteil der Stadt konzentriert sich die Aussteigerszene besonders auf Kreuzberg im Zentrum; im Ostteil entstanden nach dem Untergang des sozialistischen Systems Kultur- und Kunstvereine rechts und links der Oranienburger Straße in Berlin-Mitte und am Prenzlauer Berg. Es sind „wilde" Cafés, Ateliers, Werkstätten und Proberäume für Künstler, die mit wenig Geld, aber mit viel Engagement arbeiten und ständig um ihre Existenz fürchten müssen.

Sachsen-Anhalt

Mit der Vereinigung entstandenes Bundesland. – Fläche und Bevölkerung siehe S. 25. Magdeburg (= Landeshauptstadt): 238 000 Einwohner; Halle: 259 000 Einwohner; Wittenberg: 135 000 Einwohner; Dessau: 86 000 Einwohner

Aus der Geschichte: Die Elbe war vor der Jahrtausendwende die Grenze zu den slawischen Siedlungsgebieten, z.B. der Sorben (siehe S.14). Dann nahmen vor allem die Sachsen das Land östlich der Elbe in Besitz und kolonisierten es. Dabei war das Erzbistum Magdeburg der Ausgangspunkt für die Missionierung.
Martin Luther schlug im Jahre 1517 seine 95 Thesen an die Schlosskirche von Wittenberg an. Das war der Beginn der Reformation. In der Schlosskirche, die in der Folgezeit ausbrannte und neu wieder aufgebaut wurde, befindet sich sein Grab und das seines Mitstreiters Philipp Melanchthon.

In Sachsen-Anhalt treffen Kontraste
aufeinander wie sonst nirgendwo.

Die Altstadt von Quedlinburg
wurde 1994 auf die Denkmal-Liste der
Vereinten Nationen gesetzt.

Die Abwässer der chemischen Industrie
verschmutzten die Landschaft.

Landschaft und Sagen: Der Westteil von Sachsen-Anhalt ist landschaftlich sehr reizvoll.
Hier liegt die höchste Erhebung des Harzes,
der Brocken mit 1142 Metern. In einer waldreichen, von Schluchten durchzogenen Gebirgslandschaft kann man zum „Hexentanzplatz" wandern. Das ist eine sagenumwobene
Kultstätte, an der in der Walpurgisnacht die
Hexen auf ihrem Besen geritten und mit dem
Teufel Feste gefeiert haben sollen. Die Walpurgisnacht ist die Nacht vor dem 1. Mai. Heute
drängen sich hier zahlreiche Touristen. Auch
Johann Wolfgang von Goethe hat den Brocken bestiegen; die Brocken-Sage wurde wesentlicher Bestandteil seiner Faust-Dichtung.

Bekannt sind die Burgen und Schlösser von
Sachsen-Anhalt. Touristische Anziehungskraft
hat besonders das alte Quedlinburg mit seinen
Fachwerkhäusern aus sechs Jahrhunderten.
Viele sind halb verfallen und viele wurden
schon restauriert.

Wirtschaft: Sachsen-Anhalt war das Zentrum
der chemischen Industrie und des Braunkohle- und Kaliabbaus. Das Land hatte schwer mit
den katastrophalen ökologischen Folgen
des industriellen Raubbaus der letzten Jahr-

zehnte zu kämpfen. Die Region um Bitterfeld
gilt als das schlimmste Beispiel einer rücksichtslosen Industriepolitik. Die verseuchten
Böden wurden abgetragen, ganze Landstriche
wurden entgiftet; die Landwirtschaft war in
Mitleidenschaft gezogen, das Trinkwasser war
belastet.
Aber ein neuer Anfang ist gemacht: Die Standorte Bitterfeld – heute Chemiepark GmbH –
und Leuna sind privatisiert; amerikanische,
französische, italienische und westdeutsche
Unternehmen investieren in die traditionelle
chemische Produktion in der weltweit größten
Chemieregion. Kleine und mittlere Betriebe
siedeln sich im Umfeld an. Beim Ausbau der
Infrastruktur und dem Abbau der Altlasten ist
viel erreicht worden, nur im Umweltschutz
gibt es noch einiges zu tun.

Städte: Mittelpunkt und Landeshauptstadt ist
Magdeburg an der Elbe. Die über 1000 Jahre
alte Stadt ist Verkehrsknotenpunkt, Binnenhafen und Verwaltungszentrum. Sie liegt an der
Verbindung von Mittellandkanal, Elbe und Elbe-Havel-Kanal, außerdem an der Schnittstelle
der Straßen von Hannover nach Berlin und
von Hamburg nach Leipzig. Im 19. Jahrhundert wurde Magdeburg zu einer wichtigen In-

dustriestadt. Im Zweiten Weltkrieg wurde die Innenstadt völlig in Schutt und Asche gelegt. Auch Halle an der Saale blickt auf eine 1000-jährige Geschichte zurück. Im Mittelalter wurde sie reich durch die Salzgewinnung. Mit dem Dreißigjährigen Krieg kamen Unglück, Pest und Armut. Der Aufschwung begann 1694 mit der Gründung der Universität (heute Martin-Luther-Universität Halle-Wittenberg), die Zentrum der Aufklärung wurde. Auch die Ansiedlung der Hugenotten aus Frankreich war ein großer Gewinn für Halle. Stolz sind die Bürger auf den berühmtesten Sohn der Stadt: im Jahre 1685 wurde Georg Friedrich Händel in Halle geboren.
Zu Zeiten der DDR ist Halle eine schmutzige Industriestadt geworden. Die chemische Industrie liegt in unmittelbarer Nähe. Schon seit Anfang der Achtzigerjahre hat sich deshalb das andere Halle artikuliert: durch eine aktive Umwelt- und Friedensbewegung.

Nordrhein-Westfalen

Bevölkerungsreichstes Bundesland. – Eines der größten Industriegebiete mit dichtester Besiedlung. – Mehrere Großstädte. – Schwerindustrie. – Fläche und Bevölkerung siehe S. 25.
Düsseldorf (= Landeshauptstadt): 569 000 Einwohner; Köln: 963 000 Einwohner

Aus der Geschichte: Während der Regierungszeit Julius Cäsars drangen die Römer bis an den Rhein vor, eroberten die linksrheinischen Gebiete und machten Köln zum Zentrum der römischen Provinz „Germania Inferior". Unter Karl dem Großen, König der Franken (siehe S. 160), wurde Aachen zur wichtigsten Stadt des Fränkischen Reichs. Seine Grabstätte war Krönungsort der deutschen Könige im Mittelalter.

Stadt und Land: Nordrhein-Westfalen hat zwei Gesichter: das dicht besiedelte Ruhrgebiet, in dem die Städte ineinander übergehen, und daneben ausgedehntes Grün, auch im Ruhrgebiet selbst. Viel wurde für das ökologische Gleichgewicht getan. Auch waldreiche Gegenden sind charakteristisch für Nordrhein-Westfalen: der Teutoburger Wald, die Eifel, das Bergische Land und das Sauerland.

Wirtschaft: Für die Schwerindustrie an Rhein und Ruhr stehen die Namen Krupp, Thyssen und Mannesmann. Im Ruhrgebiet konzentrieren sich Stahlerzeugung, Maschinenbau, Chemie, Kohle, Textil- und Elektroindustrie. Bergbau und Stahlerzeugung sind im allgemeinen Strukturwandel der letzten zwanzig Jahre in eine Krise geraten. Erdöl und Erdgas aus der Nordsee und aus Russland sowie die Kernindustrie sind die größten Konkurrenten des Kohlebergbaus.

Städte: Großstädte sind u. a. Köln, Essen, Dortmund, Düsseldorf, Duisburg (mit dem größten Binnenhafen der Welt).

Düsseldorf, die Landeshauptstadt, ist ein modernes internationales Handels- und Bankenzentrum. Sie ist auch Messestadt. Mehrere tausend Firmen, darunter viele japanische, haben hier ihren Sitz.
Attraktiv für den Besucher ist die Altstadt, die „längste Theke der Welt" genannt, mit ihren zahlreichen Gaststätten, Lokalen und Bars. Düsseldorf ist die Geburtsstadt von Heinrich Heine, dem Multitalent und kritischen Schriftsteller der Romantik, der bis in die heutige Zeit Kontroversen hervorgerufen hat. Die Düsseldorfer Universität wurde erst nach heftigen Diskussionen nach ihm benannt. Der kritische Liedermacher Wolf Biermann fühlt sich ihm geistesverwandt. Er nahm im Dezember 1993 den Heinrich-Heine-Preis entgegen.

Der Kölner Dom, Wahrzeichen der Stadt, im Jahre 1855 ...   ... und heute

▶ Das Stichwort: *Großstadt*

Eine „Großstadt" ist eine Stadt mit mehr als 100 000 Einwohnern.

Köln, ebenso wie Düsseldorf am Rhein gelegen, ist mit fast einer Million Einwohnern die größte Stadt dieses Bundeslandes. Sie ist wirtschaftlich abhängig von den Hochs und Tiefs des Automobilbaus (Ford), der Chemie und des Maschinenbaus.
Ihre Vergangenheit reicht bis in die römische Zeit, ins Jahr 50, zurück. 1248 wurde mit dem Bau des Kölner Doms begonnen, der sich über 600 Jahre hinzog. Er ist das Wahrzeichen der Stadt.
In Köln gibt es weltberühmte Museen: das Römisch-Germanische Museum, das Wallraf-Richartz-Museum und das Museum Ludwig (siehe S. 134). Verschiedene Rundfunkanstalten senden von Köln aus: der WDR (Westdeutscher Rundfunk), die Deutsche Welle und der Unterhaltungsgigant RTL (siehe S. 94 ff.). Höhepunkt des Jahres ist für die Kölner der Karneval, der zahlose Besucher aus dem In- und Ausland anzieht. Vor allem am Rosenmontag ist in Köln alles auf den Beinen. Und

wer sich an diesem Tag von außerhalb telefonisch um eine Auskunft bemüht, wird schnell eines Besseren belehrt und freundlich vertröstet.
Nicht weit entfernt von Köln liegt Bonn, die bisherige Hauptstadt der Bundesrepublik. Ihre Geschichte geht ebenfalls auf die Römer zurück. Vom 16. bis zum 18. Jahrhundert war sie Residenzstadt der kurfürstlichen Erzbischöfe von Köln. In Bonn wurde im Jahre 1770 Ludwig van Beethoven geboren.

Aufgaben

Wenn Sie in einem Nachbarland der Bundesrepublik oder in Deutschland selbst leben, werden Sie Entfernungen ungefähr einschätzen können. Wer aber weiter entfernt wohnt, wird sich da nicht mehr so sicher sein.

1. Suchen Sie deshalb in der Tabelle auf S. 43 die größte Nord-Süd-Strecke heraus.
2. Stellen Sie sich vor, Sie kommen auf dem Großflughafen Frankfurt/Main an und müssen noch weiterfahren. Wie weit ist es von Frankfurt nach Rostock, von Frankfurt nach Nürnberg, von Frankfurt nach Kassel?
3. Die Mitglieder der Bundesregierung pendeln während des Umzugs zwischen Bonn und Berlin. Wie groß ist die Entfernung?

Entfernungen in Deutschland	Aachen	Basel/CH	Berlin	Bonn	Braunschweig	Cuxhaven	Dortmund	Dresden	Flensburg	Frankfurt a.M.	Hamburg	Karlsruhe	Kassel	Konstanz	Leipzig	Lindau	Magdeburg	München	Nürnberg	Passau	Rostock	Saarbrücken	Würzburg
Aachen		549	638	93	418	468	148	625	655	255	490	358	309	588	567	645	506	643	486	711	661	260	381
Basel/CH	549		851	471	669	876	549	679	991	333	823	197	524	156	556	214	784	399	450	582	994	274	386
Berlin	638	851		600	232	488	493	199	455	540	285	658	390	734	186	711	142	585	415	613	228	794	480
Bonn	93	471	600		381	446	121	585	618	180	455	280	274	509	593	567	483	550	387	612	626	237	281
Braunschweig	416	669	232	381		264	271	293	367	343	199	472	153	676	192	662	82	605	430	655	370	538	336
Cuxhaven	468	876	486	448	264		338	557	148	551	129	685	380	900	462	889	346	832	657	882	300	684	563
Dortmund	148	549	493	121	271	338		555	508	224	349	368	174	584	497	644	353	614	439	664	520	353	333
Dresden	625	679	199	585	293	557	555		651	450	492	501	381	551	115	569	211	422	252	478	427	614	362
Flensburg	655	991	455	618	367	148	508	651		663	167	795	479	996	566	1054	449	928	753	978	279	861	659
Frankfurt a.M.	255	333	540	180	343	551	224	450	663		495	142	198	361	392	429	426	400	231	456	659	203	117
Hamburg	490	823	285	455	199	129	349	492	167	495		627	311	828	397	888	281	780	585	810	161	693	491
Karlsruhe	358	197	658	280	472	685	368	501	795	142	627		318	241	477	299	554	297	249	482	801	145	192
Kassel	309	524	390	274	153	380	174	381	479	198	311	318		529	330	587	235	461	286	511	485	268	192
Konstanz	588	156	734	509	676	900	584	551	996	361	828	241	529		558	42	624	210	290	392	962	317	348
Leipzig	567	556	186	593	192	462	497	115	566	392	397	477	330	558		556	117	444	266	492	410	628	384
Lindau	645	214	711	567	662	889	644	569	1054	429	888	299	587	42	566		634	185	300	353	939	374	326
Magdeburg	506	784	142	483	82	346	353	211	449	426	281	554	235	624	117	634		504	334	560	303	620	418
München	643	399	585	550	605	832	614	422	928	400	780	297	461	210	444	185	504		170	183	813	440	291
Nürnberg	486	450	415	387	430	657	439	252	753	231	585	249	286	290	266	300	334	170		226	643	362	110
Passau	711	582	613	612	655	882	664	478	978	456	810	482	511	392	492	353	560	183	226		841	590	335
Rostock	661	994	228	626	370	300	520	427	279	659	161	801	485	962	410	939	303	813	643	841		867	643
Saarbrücken	260	274	794	237	538	684	353	614	861	203	693	145	268	317	628	374	620	440	362	590	867		307
Würzburg	381	386	480	281	336	563	333	362	659	117	491	192	192	348	384	326	418	291	110	335	643	307	

(Spiegel-Dokument vom Januar 1991)

Hessen

Zusammen mit Thüringen in der Mitte Deutschlands gelegen. – Fläche und Bevölkerung siehe S. 25. – Wichtige industrielle Ballungszentren im Rhein-Main-Gebiet und im Großraum Kassel. Trotzdem 30% der Fläche Wald. Frankfurt/Main: 645 000 Einwohner; Wiesbaden (= Landeshauptstadt): 268 000 Einwohner

Klima und Landschaft: Hessen hat ein mildes Klima. Am Main, am Oberrhein und an der Bergstraße werden zu allen Jahreszeiten die im Vergleich höchsten Temperaturen von ganz Deutschland gemessen. Wesentlich rauer ist das Klima der Mittelgebirge: im Taunus, im Westerwald und auf der Rhön. Hessen verfügt über große Waldbestände und landwirtschaftlich genutzte Flächen im Wechsel mit bedeutenden Industriezonen. Hessens Heilbäder ziehen viele Gäste aus aller Welt an.

Wirtschaft: Hessen ist durch seine Wirtschaft ein relativ reiches Bundesland: Chemie- (Hoechst), Auto- (Opel), Elektroindustrie. Es ist begünstigt durch seine geographische Lage. Über Rhein und Main ist es an das Wasserstraßennetz angebunden. Der Rhein-Main-Flughafen in Frankfurt ist der europäische Dreh- und Angelpunkt des Luftverkehrs.

Das „alte" Frankfurt: Hauptwache und Katharinenkirche

Die Hochhäuser sind meist Banken. Der zweite Turm von links ist der Messeturm; das höchste Gebäude Europas wird die Commerzbank sein (über 300 m).

In Sachsenhausen wird der bekannte Äppelwoi (Apfelwein) getrunken.

Stadtansicht um 1770

Städte: Hessens Hauptstadt Wiesbaden war wegen ihrer heißen Quellen schon bei den Römern beliebt. Im 18. und 19. Jahrhundert hielten sich hier Schriftsteller und Komponisten wie Goethe, Dostojewski oder Wagner auf.

Frankfurt am Main ist die Stadt mit den meisten Banken und der eindrucksvollsten Hochhausskyline.
Hier schlägt das ökonomische Herz der Republik. Frankfurt ist seit dem 01.01.99 Sitz der Europäischen Zentralbank, die im 36 Stockwerke hohen „Eurotower" zu Hause ist. Die Mainmetropole ist damit zu einem der führenden Finanz- und Börsenmärkte neben London, Paris und New York aufgerückt.
Frankfurt ist auch die Stadt der Verlage. Jährlich im Herbst findet die größte Buchmesse der Welt statt, auf der der Friedenspreis des deutschen Buchhandels verliehen wird.

▶ Das Stichwort: *Die Europäische Zentralbank (EZB)*

Was die deutsche Bundesbank für die DM war, ist die Europäische Zentralbank für den Euro. Seit dem 01.01.99, dem Geburtstag des Euro, ist die EZB zuständig für die Geldpolitik in den 11 Euroländern (Belgien, Deutschland, Irland, Italien, Finnland, Frankreich, Luxemburg, Niederlande, Österreich, Portugal, Spanien). Sie hat die Aufgabe, für eine stabile Währung zu sorgen. Gemäß dem Vertrag von Maastricht ist sie deshalb unabhängig von der Politik.

Frankfurt ist immer eine lebendige, weltoffene Stadt gewesen, in der verschiedene Traditionen und Religionen nebeneinander bestanden. 30 000 jüdische Mitbürger prägten vor dem Zweiten Weltkrieg das städtische Leben. Viele Stiftungen und sonstige Einrichtungen, z.B. Krankenhäuser, sind ohne sie nicht denkbar: Die Universität und das berühmte Kunstmuseum Städel wurden von jüdischen Bürgern gegründet.

Heute lastet der Schatten der Vergangenheit noch immer deutlich auf allen Bemühungen, zu einem normalen Miteinander zu kommen. Die wechselvolle Geschichte des jüdischen Gettos in Frankfurt geriet in die Schlagzeilen, als alte Fundamente bei dem Bau einer Bank wieder entdeckt wurden.

Frankfurt ist nicht zuletzt Goethes Geburtsstadt. Goethes Geburtshaus wurde im Krieg zerstört; es ist mit viel Liebe zum Detail und im Geist der Zeit wieder aufgebaut worden.

Fulda, nordöstlich von Frankfurt, besitzt ein von Bonifatius (siehe S. 160) 744 gegründetes Kloster, das im frühen Mittelalter ein wichtiges geistiges Zentrum war.

Thüringen

Mit der Vereinigung entstandenes Bundesland. – Fläche und Bevölkerung siehe S. 25. Erfurt (= Landeshauptstadt): 207 000 Einwohner; Gera: 116 000 Einwohner; Jena: 99 000 Einwohner; Weimar: 62 000 Einwohner; Eisenach: 45 000 Einwohner

Aus der Geschichte: Im Mittelalter war Thüringen durch seine zentrale Lage Knotenpunkt wichtiger Handels- und Verkehrswege, die Städte waren wichtige Handelszentren. Im 18. Jahrhundert erlebte das Land seine Blütezeit. Herzog Carl August von Sachsen-Weimar holte Johann Wolfgang von Goethe und Friedrich Schiller nach Weimar, das zum geistigen Mittelpunkt wurde (siehe S. 110 ff.).

Wirtschaft: Nach der Wende hat Opel in Eisenach das Automobilwerk übernommen, das langfristig eine größere Zahl von Arbeitsplät-

zen entstehen lässt. Berühmte Werke wie Jenoptik in Jena (feinmechanische und optische Industrie) konnten erhalten bleiben.

Thüringen hat auch touristisch viel zu bieten; Weimar, Jena und die Wartburg sind lohnende Ziele für alle kulturell interessierten Besucher.

Landschaft: Zwischen Harz und Thüringer Wald erstrecken sich Erholungsgebiete, die zum Wandern und Skifahren einladen. Nachdenklich macht jedoch der jährlich veröffentlichte Waldschadensbericht, der die Hälfte der Bäume als deutlich geschädigt einstuft. Damit ist Thüringen von allen Bundesländern am stärksten vom Waldsterben betroffen; am wenigsten geschädigt sind die Bäume in Rheinland-Pfalz und im Nordwesten von Deutschland.

▸ Das Stichwort: *Waldsterben*

Seit 1972 beobachtete Schädigung der Nadel- und Laubwälder, vor allem der Tanne und der Eiche, durch Luftschadstoffe wie Schwefeldioxid (aus Industrieanlagen), Stickoxide und Ozon (als Folge des Autoverkehrs).

Städte: Jena ist eine traditionsreiche Universitätsstadt. Ihre Geschichte spiegelt verschiedene Epochen deutschen Geisteslebens wider: Friedrich Schiller bekam 1789 durch die Vermittlung Johann Wolfgang von Goethes eine Professur. Hier lehrten auch die Philosophen Friedrich Hegel, Johann Gottlieb Fichte und Friedrich Schelling. Karl Marx studierte in Jena.

Auf der Wartburg bei Eisenach hielt sich 1521/1522 Martin Luther versteckt und übersetzte die Bibel ins Deutsche (siehe S. 160). Der Komponist Johann Sebastian Bach wurde in Eisenach geboren.

Goethes Gartenhaus in Weimar

Mit Weimar assoziiert man vor allem die klassische deutsche Literatur, Johann Wolfgang von Goethe und Friedrich Schiller, ebenso Musik von Johann Sebastian Bach und Franz Liszt. Der Philosoph Friedrich Nietzsche verbrachte in Weimar seine letzten Lebensjahre. Auch Traditionen der Malerei – Lucas Cranach der Ältere – und der Architektur sind mit dem Namen Weimar verknüpft. Das Goethehaus und das Schillerhaus wurden im Zweiten Weltkrieg beschädigt, sind aber wieder restauriert. Auch Goethes Gartenhaus ist noch heute zu besichtigen. Es war ein Geschenk des Herzogs. Mit der Besitzurkunde wurde Goethe 1776 Weimarer Bürger (siehe S. 110). Im Haus am Frauenplan entstanden viele von Goethes Dichtungen und wissenschaftlichen Werken. Er empfing in diesem geräumigen und elegant eingerichteten Haus Besucher aus aller Welt. Es kamen Schriftsteller, Künstler, Philosophen, Gelehrte – eine beeindruckende Zahl.

Vergangenheit und Gegenwart verbinden sich im Deutschen Nationaltheater. In diesem Gebäude wurde 1919 die Verfassung der ersten deutschen Republik, der Weimarer Republik, beschlossen (siehe S. 162).
Aber Weimar war nicht nur Inbegriff der Kultur und des Schönen. An die dunkelsten Kapitel deutscher Geschichte erinnert die 1958 eingeweihte Mahn- und Gedenkstätte in Buchenwald. Auf dem Ettersberg nahe der Stadt befand sich ein Konzentrations- und Internierungslager   Symbol menschlicher Perversion und mutigen Widerstandes.

Gedenkstätte Buchenwald

Sachsen

Mit der Vereinigung entstandenes Bundesland. – Das am dichtesten besiedelte von den neuen Bundesländern und das wirtschaftlich stärkste. – Fläche und Bevölkerung siehe S. 25.
Dresden (= Landeshauptstadt): 478 000 Einwohner; Leipzig: 490 000 Einwohner; Chemnitz: 266 000 Einwohner; Zwickau: 105 000 Einwohner

Aus der Geschichte: Sachsen gab viele Impulse: kulturelle, soziale, politische, auch in unserer Zeit. Unter dem Kurfürsten August dem Starken (auch König von Polen, 1670–1733) erlebte Sachsen eine einmalige kulturelle Blüte (siehe S. 161).
Im 19. Jahrhundert gingen einschneidende soziale Entwicklungen von Sachsen aus. Während der Industrialisierung entstand in Leipzig die deutsche Arbeiterbewegung mit August Bebel und Wilhelm Liebknecht an der Spitze, die 1869 die Sozialdemokratische Partei Deutschlands gründeten.
Auch in jüngster Zeit waren die Sachsen wieder an den Ereignissen beteiligt. 1989 gingen von den Friedensgebeten in der Leipziger Nikolaikirche und den Montagsdemonstrationen entscheidende Anstöße für die politische Wende aus (siehe S. 164).

Landschaft und Umwelt: Sachsen reicht von der Norddeutschen Tiefebene bis ins Erzgebirge. Besonders reizvoll ist die „Sächsische Schweiz" südlich von Dresden; hier durchfließt die Elbe das Elbsandsteingebirge mit seinen bizarren Felsformationen und Tafelbergen.

Die ökologischen Probleme des Landes sind enorm. Der Braunkohlen-Tagebau bei Leipzig hat wahre Kraterlandschaften hinterlassen. Bereits zu DDR-Zeiten gab es Umweltschützer, aber ihre Arbeit wurde kriminalisiert und damit unmöglich gemacht. Heute entstehen Seen, wo zum Teil noch tiefe Krater die Landschaft entstellen. Am längsten wird es allerdings dauern, bis die Wälder wieder aufgeforstet sind.
Der heute eingestellte Uranabbau hat eine ganze Region vergiftet. Zu DDR-Zeiten war er streng geheim, weil er Uran für sowjetische Atomwaffen lieferte. Die Flüsse, vor allem die Elbe, sind stark belastet. Die Braunkohlekraftwerke haben über Jahrzehnte die Luft verseucht. Besonders im Erzgebirge ist das Waldsterben deshalb kaum aufzuhalten. Streckenweise ist der Wald schon völlig verschwunden.

Wirtschaft: Die Bergbaugebiete im Erzgebirge und die Industrieregionen um Chemnitz und Leipzig gehören zu den ältesten in Europa. Über 800 Jahre wurde Erz abgebaut. Heute sind Erz- und Steinkohlebergbau eingestellt; der Braunkohlen-Tagebau wird aus Umweltgründen reduziert. Er gibt vielen Menschen Arbeit und kann deshalb nicht von heute auf morgen ganz eingestellt werden. Längerfristig hat er aber wenig Chancen gegenüber anderen Energieerzeugern.
In Zwickau wurde seit 1957 der berühmte „Trabant" („Trabi" genannt) gebaut; er hatte eine Karosserie aus Kunststoff und war das „Volksauto" der DDR. Der DDR-Bürger musste aber viel Geduld haben, denn von der Bestellung bis zur Lieferung vergingen zehn Jahre und mehr. Der „Trabi" gehörte zum Straßenbild, heute wird er natürlich immer seltener. Das ehemals begehrte Auto war zu Beginn der Neunzigerjahre Gegenstand von Witz und

Wiederaufbau der
Dresdner Frauenkirche

Die Frauenkirche vor der Zerstörung. Sind
Sie für oder gegen den Wiederaufbau? Hätte die Ruine ein Mahnmal bleiben sollen?

Spott: Sogar in einem Film spielte er die
Hauptrolle.
Nach der Wende hat Volkswagen in Zwickau,
Dresden und Chemnitz neue Automobilwerke
errichtet. Dort wird der „Passat" und der
„Golf" gebaut. Die Werke sind das umsatz-
stärkste Unternehmen der neuen Bundesländer, das Tausende von Arbeitsplätzen geschaffen hat.

Städte: Die Landeshauptstadt Dresden beherbergt viele Museen und Kunstsammlungen.
Sie war von 1485 bis 1918 Residenz der Kurfürsten und Könige von Sachsen, die prächtige
Baudenkmäler errichten ließen. 1945 wurde
die barocke Altstadt total zerstört; Zehntausende von Menschen starben in den Luftan-
griffen. Die schönsten Bauwerke Dresdens
sind inzwischen wieder aufgebaut worden:
der Zwinger, eine Barock-Anlage aus der Zeit
Augusts des Starken, und die Semper-Oper.
Die barocke Frauenkirche, die als Ruine über
50 Jahre Wahrzeichen der Stadt war, wird
nach alten Plänen bis zum Jahr 2004 wieder
hergestellt. Das neue vergoldete Kuppelkreuz
ist ein Geschenk und eine Geste des britischen
Königreichs.

Leipzig ist die größte Stadt des Landes. Sie
hat eine fast 1000-jährige Tradition als Zentrum des Handels und der Messen. Die Leipziger Messe ist auch heute wieder ein Ort der
Begegnung zwischen Ost und West. Autoren-
lesungen und Diskussionen im Rahmen des
Programms „Leipzig liest" geben der Messe ihr
besonderes Profil.
Vor über 150 Jahren wurde Leipzig zum Buch-
handelszentrum. In den letzten Jahrzehnten
ist Frankfurt am Main als Konkurrent groß geworden; seit der Wende ist Leipzig erfolgreich
dabei, seine alte Weltgeltung als Stadt des
Buchhandels wieder herzustellen.
Trotz großer Einsparungen boomt in Leipzig
der Wiederaufbau. Das neue Messegelände ist
fertig gestellt. Ein Güterverkehrszentrum ist
das ehrgeizige Projekt der Deutschen Bahn.
Auch von der Entwicklung der „Verlagsstadt"
zur „Medienstadt" ist die Rede.

Die traditionsreiche Handelsstadt pflegt auch ihre Kulturlandschaft, vor allem das Gewandhausorchester und die Oper.
In Leipzig wurde 1913 Richard Wagner geboren. Johann Sebastian Bach (siehe S. 124 f.), der Kantor der Thomaskirche, wirkte und starb hier ebenso wie Felix Mendelssohn Bartholdy.

Meißen, an der Elbe gelegen, besitzt die älteste Porzellanmanufaktur Europas. Das vorher nur in China und Japan bekannte Porzellan wurde 1710 von dem Alchimisten J. F. Böttger, der eigentlich Gold herstellen wollte, entdeckt. 150 000 Objekte aus 300 Jahren können alle noch heute bestellt werden. Die Manufaktur ist eines der Unternehmen, die zu allen Zeiten wirtschaftlich gearbeitet haben.

Das Doppel-M der Leipziger Messe

Aufgabe

Nehmen wir an, Sie haben eine deutsche Zeitung gekauft. Sie schlagen sie auf und sehen die Ferienanzeigen. Sie sind zwar kein Tourist und wollen auch nicht verreisen, trotzdem lesen Sie interessiert.

In welchen Bundesländern liegen die Orte? Nehmen Sie eine Landkarte zu Hilfe.

Die Drosselgasse
in Rüdesheim

Rheinland-Pfalz

Erst 1946 entstandenes Bundesland. – Fläche und Bevölkerung siehe S. 25.
Mainz (= Landeshauptstadt): 186 000 Einwohner;
Koblenz: 109 000 Einwohner;
Trier: 100 000 Einwohner

Allgemeines: Flüsse – Rhein, Mosel und Lahn – und Mittelgebirge prägen das Landschaftsbild, vor allem das Rheintal mit seinen Felshängen, Schlössern und Burgen und den kleinen Weinorten (z.B. Rüdesheim). Das Klima ist sehr mild und die Böden sind karg. Der Weinanbau hat deshalb eine lange Tradition. Erst in jüngerer Zeit kam der industrielle Aufschwung, vor allem mit der chemischen Industrie (BASF in Ludwigshafen).

Städte: Wichtige Städte in Rheinland-Pfalz sind römische Gründungen, so zum Beispiel Mainz, Koblenz und Trier. In Mainz, der Landeshauptstadt, erfand Johannes Gutenberg den Buchdruck und stellte die erste gedruckte Bibel her (1452–1455).
Mainz war im 8. Jahrhundert erzbischöflicher Sitz; der Dom ist eines der Hauptwerke romanischer Baukunst neben den romanischen Domen in Worms und Speyer. Im Speyerer Dom sind acht deutsche Kaiser beigesetzt.
Trier wurde vor 2000 Jahren unter dem römischen Kaiser Augustus gegründet und war der Verwaltungssitz für die westliche Hälfte des Römischen Reiches. In Trier regierten die Römer, bis im 5. Jahrhundert die Franken die Stadt eroberten. Großartige monumentale römische Bauwerke sind heute noch zu bewundern: die Porta Nigra, das Nordtor der römischen Stadtmauer, die Thermen, das Amphitheater.
In Trier wurde 1818 Karl Marx geboren.

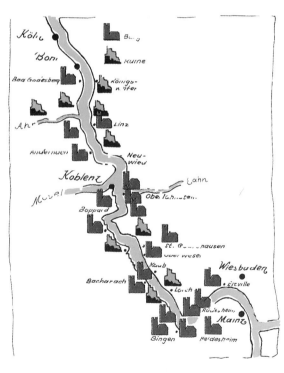

Burgen und Burgruinen am Rhein

Das Saarland

Das Bundesland an der Saar wurde erst 1957 gegründet. Es ist damit das jüngste und zugleich kleinste der alten Bundesländer. – Fläche und Bevölkerung siehe S. 25. Saarbrücken (= Landeshauptstadt): 353 000 Einwohner

Aus der Geschichte: Der französische König Ludwig XIV. nahm das Saarland im 17. Jahrhundert in Besitz. Nach dem Ersten Weltkrieg kam es zunächst unter die Verwaltung des Völkerbunds, ab 1935 gehörte es wieder zum Deutschen Reich. Nach dem Zweiten Weltkrieg war die politische Unabhängigkeit von Deutschland vorgesehen; mit Frankreich existierte eine Zollunion. 1957 entschied sich die Bevölkerung für die Bundesrepublik.

Wirtschaft: Wirtschaftlich ist das Saarland ein Sorgenkind. Durch die Krise im Bergbau (Steinkohle) und in der Stahlindustrie sind die Arbeitslosenzahlen hoch. Die Staatsschulden steigen unverhältnismäßig und die Investitionen bleiben wegen verschiedener Standortnachteile zurück.

Landeshauptstadt: Saarbrücken ist Universitätsstadt. Die Universität liegt im Stadtwald mitten im Grünen.

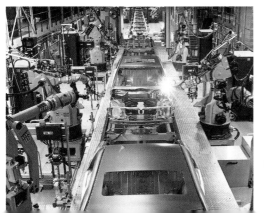

Baden-Württemberg

Entstand 1952 als Bundesland aus dem amerikanisch besetzten Württemberg-Baden und dem französisch besetzten Baden. – Fläche und Bevölkerung siehe S. 25. – Drittgrößtes Bundesland nach Bayern und Niedersachsen.
Stuttgart (= Landeshauptstadt): 581 000 Einwohner; Mannheim: 308 000 Einwohner; Karlsruhe: 278 000 Einwohner; Freiburg: 201 000 Einwohner

Aus der Geschichte: Das Gebiet des heutigen Baden-Württemberg hat eine sehr wechselvolle Geschichte. Württemberg war im 12. Jahrhundert das Herzogtum Schwaben, das an die Staufer (siehe S. 160) kam und im Anschluss daran in ca. 300 Kleinterritorien, darunter 40 Reichsstädte, zerfiel. Anfang des 16. Jahrhunderts wurde es für kurze Zeit von den Habsburgern übernommen und damit österreichisch. 1805 wurde Württemberg Königreich. Es schloss sich wie Baden 1806–1813 dem napoleonischen Rheinbund an. 1871 traten beide Länder dem Deutschen Reich bei.

▶ Das Stichwort: *die Schwaben*

Die Schwaben gelten als erfolgreich, und zwar durch Sparsamkeit und Fleiß, und als grundsolide („Häuslebauer" = Häuschenbauer).

Wirtschaft: Das landschaftlich sehr reizvolle Bundesland gehört zu den exportstärksten Regionen Deutschlands: Hochtechnologie und Autoindustrie, vor allem im Raum Mannheim-Karlsruhe und Stuttgart-Heilbronn (Daimler-

Roboter bei Mercedes-Benz

Chrysler, Porsche, der Elektrokonzern Bosch usw.), außerdem Schmuck- und Uhrenindustrie im Schwarzwald. Auch viele kleine und mittlere Unternehmen arbeiten hier, zum Teil als Zulieferer für die diversen Großunternehmen.

Zu den bekannten wissenschaftlichen Einrichtungen gehören das Kernforschungszentrum in Karlsruhe, das Deutsche Krebsforschungszentrum in Heidelberg und mehrere Max-Planck-Institute.

Rheinebene: die Auen des Altrheins

Vor allem in Baden gedeihen berühmte Weinsorten; etwa ein Viertel des Weinanbaus der Bundesrepublik befindet sich in Baden-Württemberg. Landwirtschaftlich genutzt ist vor allem das württembergische Allgäu. Erwähnenswert ist nicht zuletzt der Tourismus, der sich im Schwarzwald und am Bodensee – das „Schwäbische Meer" genannt – konzentriert.

Städte: Die Landeshauptstadt Stuttgart ist die ehemalige Residenz der Herzöge und Könige Württembergs. Sie ist Industriezentrum, Universitätsstadt und Stadt des Verlagswesens.

Weitere Städte: Mannheim (im 17. Jahrhundert gegründet, schachbrettartig angelegt); Freiburg im Breisgau (romanisch-gotisches Münster, seit 1457 Universitätsstadt); Heidelberg (neben Prag älteste Universität, 1386 gegründet, Schlossruine, romantischer Philosophenweg über dem Neckar); Karlsruhe (Sitz des Bundesverfassungsgerichts).

Heidelberger Schloss, Blick vom Philosophenweg

Bayern

Das flächenmäßig größte Bundesland. – Fläche und Bevölkerung siehe S. 25. München (= Landeshauptstadt): 1,2 Millionen Einwohner; Nürnberg: 486 000 Einwohner; Augsburg: 255 000 Einwohner; Würzburg: 158 000 Einwohner; Regensburg: 125 000 Einwohner

Aus der Geschichte: 1806 schloss sich Bayern dem napoleonischen Rheinbund an und wurde ein Königreich. Unter König Ludwig I. wurde München zu einem kulturellen und wissenschaftlichen Zentrum.
Zwischen Nürnberg und Fürth verkehrte die erste deutsche Eisenbahn. In dieser Zeit begann die industrielle Entwicklung Bayerns.
Der Reichsgründung 1871 schloss sich Bayern nur widerwillig an; es erhielt dafür Sonderrechte: eigene Diplomatie, Post und Eisenbahn, Bier- und Branntweinsteuer.
Aus der Zeit der Monarchie ist besonders ein König im Bewusstsein geblieben: König Ludwig II. (1845–1886). Er baute die Schlösser Neuschwanstein, Herrenchiemsee und Linderhof, die heute zu den größten Touristenattraktionen Bayerns gehören. Auch förderte er den Komponisten Richard Wagner, der durch die großzügige Unterstützung sorgenfrei arbeiten konnte. In den letzten Jahren seines Lebens zog sich Ludwig immer mehr zurück und wandte sich seinen Traumwelten zu. Am 13. Juni 1886 ertrank er unter nicht ganz geklärten Umständen im Starnberger See. Die Bayern nennen ihn noch heute ihren „Kini"; sein Bild ist auf Maßkrügen, Bierdeckeln und Aufklebern zu finden, sogar ein Bier, das „König Ludwig Dunkel", ist nach ihm benannt. König-Ludwig-Clubs halten sein Andenken lebendig.
1918 wurde die Republik ausgerufen. Die Konflikte zwischen Bayern und dem Reich bestimmten die folgenden Jahre. 1923 sammelten sich rechtsradikale Kreise in München und putschten unter Adolf Hitler erfolglos gegen die Reichsregierung in Berlin. Unter den Nationalsozialisten wurde München darum „Stadt der Bewegung" genannt.

Schloss Neuschwanstein

Der Komponist Richard Wagner (1813–1883)

Wirtschaft: Bayern hat sich nach dem Krieg von einem überwiegenden Agrarland zum modernen High-Tech-Industrie- und Dienstleistungsstandort gewandelt. München zog die größten internationalen Unternehmen der Soft- und Hardware-Industrie sowie der Luft- und Raumfahrt an. Hinzu kommen die Maschinenbau-Industrie (MAN), die Auto- (BMW), Elektro- und Elektronikindustrie (Siemens). In Hunderten von Brauereien wird in Bayern das berühmte Bier gebraut.
Der 1992 eingeweihte Großflughafen schafft neue Kapazitäten im internationalen Luftverkehr.

Landschaft und Landwirtschaft: Die Fläche Bayerns ist zu 50 % landwirtschaftlich genutzt (Getreide, Hopfen, Viehzucht), davon ein Drittel von der Forstwirtschaft. Diese hat allerdings große Probleme wegen zunehmender Umweltschäden.

Die Donau trennt Bayern in einen nördlichen Teil mit Franken und den Mittelgebirgen, wie dem Bayerischen Wald, dem Fichtelgebirge und dem Oberpfälzer Wald, und einen südlichen Teil, dem Voralpenland und dem beginnenden Hochgebirge. Durch die Eiszeit wurden im Voralpenland viele Flüsse und Seen geschaffen, die den Reiz dieser Landschaft ausmachen: der Chiemsee – 82 km^2, der Starnberger See – 57 km^2, der Ammersee – 48 km^2 und der Tegernsee – 9 km^2.
Zu allen Jahreszeiten strömen Touristen nach Bayern, vor allem an die Seen, nach München und zu den bayerischen Schlössern.

Münchens Innenstadt

Städte: München ist Universitätsstadt, Messestandort, Film- und Medienstadt und beherbergt eine Vielzahl von Verlagen.
Die im spätgotischen Stil erbaute Frauenkirche ist das Wahrzeichen der Stadt. – Die Wittelsbacher – Könige ab 1806 – machten ihre Stadt zu einer Kunststadt von europäischem Rang.
Versailles stand Pate für das Schloss und

Nymphenburger Schloss

den Park Nymphenburg, die Sommerresidenz der bayerischen Könige. Münchens Innenstadt wurde nach italienischen Vorbildern gestaltet; wiederum andere Bauwerke und Straßenzüge entstanden nach klassizistischen Mustern. Besondere Anziehungskraft besitzt das Deutsche Museum, das eines der größten technisch-wissenschaftlichen Museen der Welt ist (siehe S. 133).

Eine weltbekannte Touristenattraktion ist das jährlich stattfindende Oktoberfest, das Millionen von Besuchern aus aller Welt nach München holt und das rund um den Globus Nachahmung findet.

Dürerhaus in Nürnberg

München hat einen hohen Freizeitwert: Hochgebirge und Seen liegen „direkt vor der Haustür". Aber das hat seinen Preis: die Mieten und die Lebenshaltungskosten sind fast unerschwinglich hoch und die Traumstadt droht für viele zur Alptraumstadt zu werden.

Eine andere Bezeichnung für München ist „heimliche Hauptstadt Deutschlands". Seit aber Berlin wieder stärker in den Brennpunkt des Interesses rückt, hat München in der kommenden Hauptstadt starke Konkurrenz bekommen.

Nürnberg in Mittelfranken, erstmalig 1050 erwähnt, war im Mittelalter freie Reichsstadt

und ein wichtiger Fernstraßenknotenpunkt. Auch im künftigen europäischen Fernstraßennetz soll es eine Schlüsselrolle spielen: zwischen Neapel und Stockholm, Lissabon, Prag und Warschau. In Nürnberg wurde die Taschenuhr („das Nürnberger Ei") und der Globus erfunden. Die Stadtmauer, das wiedererbaute Dürerhaus und die Kaiserburg sind Zeugen von Nürnbergs mittelalterlicher Vergangenheit. Hier wohnten der Maler Albrecht Dürer und der Bildhauer Veit Stoß. (Germanisches Nationalmuseum siehe S. 132 f.)

Der Raum Nürnberg – Fürth ist heute ein industrielles Ballungsgebiet mit Maschinenbau, Elektro- und Spielwarenindustrie.

Nürnberg ist aber auch Zeuge dunkler Tage. In Nürnberg wurden von 1933 bis 1938 die „Reichsparteitage" der Nationalsozialisten veranstaltet. Während eines „Reichsparteitages" wurden die Nürnberger Gesetze verkündet, die die Ausgrenzung für die jüdische Bevölkerung im Dritten Reich bedeuteten. – Nach dem Ende des Zweiten Weltkrieges wurden die Kriegsverbrecher in den Nürnberger Prozessen abgeurteilt.

Augsburg wurde vor mehr als 2000 Jahren zur Zeit des römischen Kaisers Augustus gegründet. In Augsburg entwickelte sich der Handel mit Textilien; im Mittelalter gab es direkte Handelsbeziehungen zu Venedig. Das Bankhaus der berühmten Fugger-Familie finanzierte Kaiser und Könige und hatte vom 15. bis zum 16. Jahrhundert einen entsprechend großen politischen Einfluss in Europa.

Weitere wichtige Städte: Regensburg (Römer-Stützpunkt an der Donau; erhaltenes mittelalterliches Stadtbild); Würzburg (Bischofssitz seit dem 8. Jahrhundert, prächtige Barockbauten); Bamberg (Dom mit dem berühmten Standbild des Bamberger Reiters); Rothenburg ob der Tauber (Stadtmauer aus dem 14. Jahrhundert); Bayreuth (Stadt der Wagner-Festspiele).

Woher man kommt, ist doch wurscht!

Wir sind gleicher als wir denken.

Wir wollen nichts beschönigen. Zwischen Ost und West gibt es noch große Unterschiede, vor allem wirtschaftliche und soziale. Und trotzdem gibt es zwischen den Menschen in den alten und den neuen Bundesländern mehr Verbindendes als Trennendes. Wir sprechen die gleiche Sprache. Wir haben die gleiche Kultur. Wir haben gleiche, typisch deutsche Unarten. In Ost und West wie in Nord und Süd. 40 Jahre Kapitalismus oder Kommunismus haben daran nichts ändern können. ... Schauen wir deshalb nicht auf Trennendes, arbeiten wir lieber am Gemeinsamen. Europa kann nur zusammenwachsen, wenn auch wir zusammenwachsen.

Aufgaben

1. Die Aktion Gemeinsinn, eine Vereinigung
   unabhängiger Bürger in Deutschland, veröffentlichte die Anzeige auf Seite 56. Lesen
   Sie zuerst den Anzeigentext und bearbeiten
   Sie dann die folgenden Aufgaben:
   a) Finden Sie eine Überschrift zu Text und
   Bildern.
   b) Würste sind für bestimmte Gegenden – in
   Ost und West – etwas besonders Typisches.
   Ordnen Sie den Fotos zu: Original Frankfurter, Thüringer Bratwurst, Bayerische
   Weißwurst, Grünkohl mit Pinkel aus Bremen.
   c) Kennen Sie den umgangssprachlichen Ausdruck „Das ist (mir) wurscht" für „Das ist
   (mir) egal"? Die Hauptüberschrift lautet:
   „Woher man kommt, ist doch wurscht!"
   Was möchte die Anzeige mit dieser Aussa-
   ge erreichen?

2. An welche Städte denken Sie, wenn Sie die
   Namen und Abkürzungen sehen? Was be-
   deuten sie?

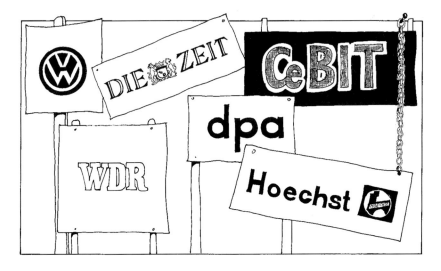

3. Stellen Sie sich vor, Sie bereiten eine Rund-
   reise durch Deutschland vor. Schauen Sie
   sich die Fotos an. Sagen Sie,
   a) was Sie sehen und
   b) in welche Stadt und in welches Bundes-
      land das Motiv gehört.
   c) Suchen Sie auf den vorhergehenden Sei-
      ten die Fotos, aus denen die Ausschnitte
      stammen.

   Und jetzt legen Sie Ihre Reiseroute fest.
   Schreiben Sie die Zahlen in die Kästchen.

3. Soziales

Die Familie

Die Familie ist ein Spiegel der Gesellschaft. Auffallend ist, dass
– heute jeder dritte Haushalt aus nur einer Person besteht (vor 30 Jahren war es jeder fünfte). Es gibt ca. 13 Millionen Menschen, die allein leben, die Hälfte davon ist über 50 Jahre alt.
– die Zahl der Eheschließungen seit 1960 ab- und die der Scheidungen deutlich zugenommen hat. Die Ehe hat zwar nicht an Bedeutung verloren, aber idealisierte Vorstellungen und unrealistische Forderungen an den Partner sind oft der Hauptgrund für das Scheitern vieler Ehen. Heute wird jede dritte Ehe geschieden. Gründe hierfür sind aber auch:
  1. die höhere Lebensdauer der Partner,
  2. die ökonomische Unabhängigkeit der Frauen.
– nichteheliche Lebensgemeinschaften mit und ohne Kinder heute zur gesellschaftlichen Normalität gehören. Das betrifft vor allem junge Paare, die beide noch in der Ausbildung sind, und ältere Paare, die berufstätig sind und oft schon eine Scheidung hinter sich haben.
Circa 60 Prozent aller Paare wollen ihre Gefühle zuerst grundsätzlich testen, bevor sie heiraten. Hinzu kommt, dass Partner, die beide berufstätig sind, im Durchschnitt mehr verdienen als eine Familie mit Kindern. Nachteilig ist, dass nicht eheliche Gemeinschaften rechtlich eindeutig schlechter gestellt sind als die Familie, die unter dem Schutz des Staates steht. Kleine Fortschritte in der Rechtsprechung hat es allerdings gegeben: Das Bundesverfassungsgericht definierte die Lebensgemeinschaft als „eine auf Dauer angelegte Verbindung". Die Partner müssten „in den Not- und Wechselfällen des Lebens" füreinander da sein und dürften „keine weitere Lebensgemeinschaft gleicher Art" führen. Seit 1998 sind Kinder aus solchen Partnerschaften gleichberechtigt und erben wie eheliche Nachkommen.

– die Zahl der Wohngemeinschaften eher abgenommen hat. „Typische" Wohngemeinschaften haben drei, selten mehr Mitglieder und setzen sich aus jungen Leuten zwischen 20 und 25 Jahren zusammen, die in der Ausbildung sind und den Austausch und die Diskussionsbereitschaft in der Gruppe einer Zweierbeziehung vorübergehend vorziehen.

Aufgaben

1. In welchem Maß haben nichteheliche Lebensgemeinschaften zugenommen? Was können Sie aus der Statistik ablesen?

Innerhalb der letzten 100 Jahre nahm der Anteil der Mehrpersonenhaushalte in Deutschland stetig ab. Derzeit lebt in jedem dritten Haushalt jemand alleine. Die Statistik von 1970–1999 zeigt, dass die Haushalte mit einer Person jährlich zugenommen haben ('99: 13,5 Mio.), die mit zwei Personen ebenfalls ('99: 12,6 Mio.). Die Haushalte mit drei Personen haben dagegen abgenommen ('99: 5,6 Mio.), die mit vier ebenfalls ('99: 4,4 Mio.). Ständig im Sinken sind vor allem die Haushalte mit fünf und mehr Personen ('99: 1,7 Mio.).
(Quelle: Statistisches Bundesamt 2000)

2. Bilden Sie vier Gruppen und entscheiden Sie sich jeweils für eine bestimmte Lebensweise: Großfamilie, Kleinfamilie, Single, Wohngemeinschaft. Tragen Sie jeweils Argumente für Ihre Lebensform vor und bestimmen Sie einen Diskussionsleiter für die anschließende Diskussion.

3. Lesen Sie den folgenden Artikel zum Thema „Partnerschaft".

Wie würden Sie entscheiden?
Kennen Sie ähnliche Fälle?
Wäre ein solcher Konflikt in Ihrem Land möglich?

4. Bereiten Sie ein Referat vor, in dem Sie Gemeinsamkeiten und Unterschiede zwischen Ihrem Land und Deutschland vortragen.

5. Diskutieren Sie das Thema unter dem Aspekt kultureller und religiöser Unterschiede.

Rechtsfälle

Liebe weg – Geld her?

Wenn die Liebe ohne Trauschein zerbricht

Rund drei Millionen Paare leben in Deutschland zusammen, ohne verheiratet zu sein. Solange sich die Partner gut verstehen, gibt es kaum rechtliche Probleme. Wenn die Ehe ohne Trauschein aber zerbricht, wird oft genauso erbittert gestritten wie bei Scheidungen. Doch im Gegensatz zu Ehescheidungen ist die Rechtsprechung bei nichtehelichen Lebensgemeinschaften nicht einheitlich geregelt. Im Steuer-, Sozial- und Familienrecht werden „wilde" und „zivilisierte" Ehen unterschiedlich behandelt: Väter haben für uneheliche Kinder kein Sorgerecht, unverheiratete Partner erhalten keine Steuervorteile. Sie müssen sich aber gegenseitig unterstützen, wenn einer von ihnen arbeitslos wird. Thema Partnerschaftsvertrag: Als Ulrike in eine Kleinstadt zu ihrem Freund Robert zieht, gibt sie Freundeskreis, Wohnung und Job auf. Zu Ulrikes Absicherung vereinbart das Paar in einem Partnerschaftsvertrag, dass sie 40 000 Mark von Robert erhält, wenn er die Beziehung beendet. Nach einigen Jahren des Zusammenlebens geht Robert „fremd" und will die Trennung. Ulrike verlangt das Geld. Schließlich hat sie für ihn die Unabhängigkeit aufgegeben und den Haushalt geführt. Ihr Ex-Partner weigert sich aber, den Vertrag einzuhalten. Wer hat Recht?

(nach: SZ, Programm vom 13.–19. April 1993)

Wohnen heute und morgen

Wohnen in den alten Bundesländern

Die Veränderung der sozialen Strukturen (siehe S. 60) hat tief greifende Folgen für den Wohnungsmarkt. Jüngere allein Stehende nehmen ihre Wohnungen meistens zur Miete; sie möchten mobil bleiben und haben deshalb weniger Interesse, Eigentum zu erwerben. Sie bevorzugen die Stadtzentren, in denen Wohnraum besonders teuer ist. Das Stadtleben, die Nähe zu den Freunden, zu Lokalen und kulturellen Veranstaltungen ist für sie unentbehrlicher Bestandteil des Lebens. Ältere Singles ziehen den Kauf einer Wohnung vor. Sie beanspruchen oft Wohnraum, der für mehrere Personen reichen würde, für sich allein.

„Sage mir, wie du wohnst, und ich sage dir, wer du bist" – dieser Spruch ist eine alte Volksweisheit, die besagt, dass die Wohnform und der Wohnort Ausdruck eines persönlichen Lebensgefühls ist. Die Deutschen sind keine mobile Nation, sie ziehen nur ungern um. Die meisten nehmen in ihrem Leben keinen Ortswechsel vor. Dort, wo sie leben, wollen sie sich wohl fühlen. Sie entwickeln ein lokales Heimatgefühl. Die Kontakte zu den Nachbarn sind allerdings nur lose, man grüßt und fertig. Der größte Traum für die Menschen in West und Ost ist ein Häuschen im Grünen (in den neuen Bundesländern „Datscha" genannt) mit freundlichen Nachbarn.

Aufgaben

1. Welche der folgenden Anzeigen sind Mietgesuche, welche sind Mietangebote?
2. Wie beurteilen Sie die Mietansprüche der Deutschen?
3. Wie sieht nach diesen Anzeigen der „ideale" Mieter aus?
4. Wie findet man eine neue Wohnung in Ihrem Land? Spielen Sie den Reporter und machen Sie Interviews in der Klasse.

Bremen, beste Wohnlage, 1 Zimmer, Küche, Diele, Bad, 38 qm, 573,– + Nebenkosten zum 1.5. Chiffre …

Berlin-Charlottenburg, individuelle Dachgeschosswohnung, ca. 110 qm, 3 Zimmer, große Südwestterrasse, Neubauerstbezug 1.5. .., Miete DM 2145,– monatlich zzgl. Heiz- und Nebenkostenvorauszahlung.

Für anspruchsvolle Neu-Berliner, Erstbezug, Neubau, erstklassige City-Lage im Westteil Berlins: 110 qm, teilmöblierte Maisonette-Wohnung, sofort bezugsfertig, 3850,– warm.

Garten erwünscht? Kaiserslautern, bevorzugte Wohnlage, 4 Zimmer, Küche, Diele, 2 Bäder, ca. 125 qm + Hobbyraum und Garage, alleinige Gartenbenutzung in 2-Familien-Eckhaus, ab sofort frei, 1650,– langfristiger Vertrag.

Chefarzt sucht Einfamilienhaus bis 4000,– Kaltmiete. Für Anbieter kostenfrei. Maklerbüro …

Eine Jahresmiete im Voraus! Nette Freiberuflerin (40) sucht dringend Wohnung bis 1000,– DM.

Nürnberg, 2-Zimmer-Komfort-Wohnung, 75 qm, Küche, Diele, Bad, Südbalkon, Marmorböden, 1. OG*, teilmöbliert. Gesamtmiete einschl. PKW-Stellplatz, Nebenkostenvorauszahlung, Putzfrau, 1600,–, Provision 2 Monatsmieten, Fünfjahresvertrag.

1000,– DM Belohnung für eine 1- bis 2-Zimmer-Wohnung, zentral, bis 800,– DM warm, an solvente, allein Stehende 30-jährige Frau.

Junger Mann, angestellt in Bäckerei, sucht Einzimmerwhg. bis 400,–.

Marburg, Ruhiglage, schöne Zweizimmer-Wohnung, 72 qm, Sonnenbalkon, Parkettboden, 920,–, Nebenkosten (Mieter ab 40).

Freiburg, gemütliche Zweizimmerwohnung mit großer Küche, Diele, Bad, ca. 60 qm, ab 1.4., 780,– zuzügl. Nebenkosten. DM 5000,– für Übernahme Gasetagenheizung und Teppichböden seitens des Vormieters erwünscht. Besichtigung nur Samstag 15–17 Uhr. Chiffre–Nr. …

Dortmund, komfortable Whg., 90 qm, 1100,– kalt, Bochum-City, 70 qm, 950,– warm.

Drei nette Studenten suchen Wohnung ab 100 qm in Göttingen oder Umgebung, maximal 1200,– warm, Elternbürgschaft.

(aus: TIP 3/91, S. 23)

In den Ballungsräumen München, Berlin, Düsseldorf und Hamburg sind die Mieten und Kaufpreise am höchsten. Junge Familien und Durchschnittsverdiener haben große Probleme, eine günstige Wohnung zu finden. Der Soziale Wohnungsbau, der vom Staat subventioniert wird, versucht, Abhilfe zu schaffen. Besonders stark zurückgegangen ist der Bau von Mehrfamilienhäusern. Die Gemeinden ziehen die Ansiedlung von Gewerbebetrieben vor. Ein Plus dagegen gab es bei teuren Einfamilienhäusern.

* OG = Obergeschoss

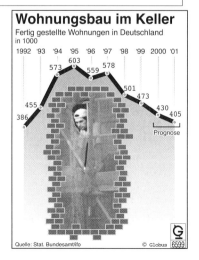

Wohnungsbau im Keller
Fertig gestellte Wohnungen in Deutschland
in 1000
1992 '93 '94 '95 '96 '97 '98 '99 2000 '01
386 455 573 603 559 578 501 473 430 405
Prognose
Quelle: Stat. Bundesamt/ifo   © Globus 6599

Im Steigen begriffen ist die Zahl der Obdachlosen; das sind allein Stehende ohne festen Wohnsitz, die auf der Straße leben oder Schlafplätze in Übernachtungsstätten haben. Gründe für ihre Obdachlosigkeit sind unter anderem Arbeitslosigkeit, Mietschulden, Familientragödien oder besondere Schicksalsschläge.

Alle Zahlen sind grobe Schätzungen und können durchaus höher liegen. Eine ausreichende Statistik gibt es bisher nicht.

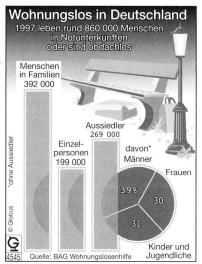

Wohnungslos in Deutschland
1997 leben rund 860 000 Menschen in Notunterkünften oder sind obdachlos

Menschen in Familien 392 000

Aussiedler 269 000

Einzelpersonen 199 000

davon* Männer

Frauen

39 %

30

31

Kinder und Jugendliche

*ohne Aussiedler

© Globus

4545   Quelle: BAG Wohnungslosenhilfe

Aufgaben

1. Wie viele Menschen waren im Jahr 1997 ohne eigene Wohnung?
2. Wie sehen die Wohnprobleme in Ihrem Land aus? Notieren Sie die Unterschiede bzw. die Parallelen zu Deutschland.

Die relativ kleinen Wohnungen entsprachen einer bestimmten Norm, denn Geld und Wohnraum waren knapp. Dafür waren die Mieten extrem niedrig (ca. ein Zehntel einer vergleichbaren Wohnungsmiete im Westen). Die Folge dieser Wohnpolitik war, dass die Mietpreise für eine Instandhaltung nicht ausreichten; zudem fühlten sich die Mieter für die Wohnungen nicht verantwortlich, da sie dem Staat gehörten. Die Neubauten verfielen ebenso wie die Altbauten und historischen Altstadtviertel vieler Städte. Nach der Wende hatte sich die soziale Situation besonders in den Plattenbau-Siedlungen verschlechtert, weil Einrichtungen wie Kindertagesstätten und Jugendclubs geschlossen wurden (siehe Seite 67). Sanierungsprojekte haben danach die Wohnqualität u.a. durch den Einbau sanitärer Anlagen und moderner Heizungen verbessert, Schulen und Geschäfte entstanden. Der Erfolg blieb aber vielfach aus: Heute stehen 1 Million Wohnungen in den Innenstädten leer und sollen abgerissen werden. Die Bewohner haben sich nach einer komfortableren Wohnumgebung umgesehen.

Die Lebensbedingungen in Deutschland West und Ost nähern sich langsam an. Die Mieten haben schon fast das Westniveau erreicht, nur die Plattenbauten sind günstiger.
Die stufenweise Angleichung der Löhne geschieht in den einzelnen Branchen unterschiedlich; Das Westniveau ist aber noch nicht erreicht.

Wohnen in den neuen Bundesländern

Zwischen Elbe und Oder werden Milliarden investiert, um verfallene Häuser zu sanieren und zu modernisieren. Die Bausubstanz hat in den vierzig Jahren der kommunistischen Herrschaft stark gelitten, umweltschädliche Heizsysteme haben die Luft verpestet. In der ehemaligen DDR entstanden seit den 60er-Jahren eintönige Bauten aus fertigen Betonplatten.

Plattenbauten in Berlin (Stadtteil Marzahn)

Aufgaben

Der folgende Artikel berichtet von einer interessanten Entwicklung, die einen Sprung in die Zukunft bedeutet.

Wohnen der Zukunft
Überall entstehen Öko-Dörfer

Karlstadt steht für eine Reihe anderer Gemeinden, die umweltschonende Baukonzepte verwirklichen. In Burkartshain bei Leipzig entsteht ein Öko-Dorf. Im badischen Schopfheim vergibt die Stadt Grundstücke nur noch an Bauherren, die ökologisch planen: Das Haus muss weniger als 65 Kilowattstunden pro Quadratmeter und Jahr verbrauchen. Auch in Freiburg darf man auf städtischen Grundstücken nur noch Niedrig-Energie-Häuser bauen. Außerdem gilt in Freiburger Wohngebieten Tempo 30, verkehrsberuhigte Zonen durchziehen die Stadt. Bremen plant das erste autofreie Wohnviertel Deutschlands. Einzelne Gemeinden machten es vor, der Staat zieht nach. Das Bauministerium startete das Forschungsprojekt „Modell-Stadt-Ökologie": 51 Gemeinden und Unis sollen Ideen für ökologische Stadtentwicklung liefern. In Schwabach organisiert das Ministerium ein Planspiel: Stadtrat und Bürger entwerfen die „umweltgerechte Stadt" mit weniger Autoverkehr und Schadstoffen, mit niedrigem Energieverbrauch, viel Sonnenenergie und biologischen Baustoffen.

(aus: Magazin zu „Das Haus" 5/93, S. 40)

1. In diesem Artikel kommen neue Wortbildungen vor. Was stellen Sie sich unter einem „Öko-Dorf" und unter „Niedrig-Energie-Häusern" vor?

2. Wo haben Sie den Zusatz Öko- schon einmal gelesen? (Öko-Gemüse z.B.) Nennen Sie Wörter in dieser Zusammensetzung.

Die Frau, die Familie und der Beruf

Umfragen haben immer wieder ergeben, dass sich junge Familien zwei oder mehr Kinder wünschen. In Wirklichkeit wird die Zahl der Kinder oft davon abhängig gemacht, ob die Frau berufstätig bleiben möchte oder nicht. 40 % der Frauen (bei 30–40-Jährigen 60 %) in den alten Bundesländern streben nach einer durchschnittlich 7-jährigen Pause wieder das Berufsleben an und möchten Beruf und Familie „unter einen Hut bringen". Anreiz ist „das eigene Geld", d.h. die Unabhängigkeit, weniger der Kontakt zu Menschen oder der höhere Lebensstandard der Familie (nach: Greiffenhagen, a.a.O., S. 132). Viele Frauen ziehen dann eine Teilzeitbeschäftigung vor. Im Anschluss an den Mutterschutz kann man einen bis zu dreijährigen Erziehungsurlaub nehmen. Maximal zwei Jahre lang bekommen dann die Mutter, der Vater oder auch beide Erziehungsgeld („Babygeld"), wenn sie sich dem Kind widmen wollen. In dieser Zeit kann der Mutter bzw. dem Vater nicht gekündigt werden. Das Verständnis für die Berufswünsche der Frauen wächst zwar, aber für die Rolle als Hausmann entscheiden sich nur die wenigsten Väter (Anteil weniger als 2 %).

▶ Das Stichwort: *Mutterschutz*

Schutzfrist für berufstätige Mütter. Sie dürfen sechs Wochen vor und acht Wochen nach der Geburt nicht arbeiten und bekommen Geld in der Höhe ihres Gehalts. Der Arbeitsplatz ist während dieser Zeit garantiert.

In den neuen Bundesländern ist für die meisten Frauen die Erwerbstätigkeit unverzichtbar, nicht nur aus wirtschaftlichen Gründen. 91% der Frauen waren vor der Wende berufstätig. Sie definieren Gleichberechtigung vor allem über den Beruf und nehmen die Doppelbelastung in Kauf. Nur 3% ziehen die Hausfrauenrolle vor. Umso gravierender ist deshalb, dass die Arbeitslosigkeit in den neuen Bundesländern in sehr viel stärkerem Maße die Frauen als die Männer getroffen hat. Die Frauen stellen zwei Drittel der Arbeitslosen.

Um die Frauenbewegung, die in den Siebzigerjahren sehr stark war, ist es ruhig geworden. Damals war die Selbstverwirklichung auf die Fahnen geschrieben. Inzwischen ist die Debatte tot. Eine Bildungsexplosion hat stattgefunden: Frauen sind heute besser ausgebildet, 50 % und mehr der Studierenden sind Frauen. Sie haben ein neues Selbstwertgefühl und damit höhere Ansprüche und Erwartungen an ihr Berufs- und Privatleben. Sie sind ökonomisch unabhängiger geworden und setzen ihre Fähigkeiten im Beruf entsprechend erfolgreich ein. Gleichzeitig möchten sie aber auf Familie und Kinder nicht verzichten.
Bei der Lehrstellenwahl sind Mädchen auf dem Vormarsch: immer mehr Fachfrauen erobern „typische" Männerberufe wie Konditor, Uhrmacher, Gärtner, Schriftsetzer sowie auch die technischen Berufe.
Auch im Haushalt bewegt sich einiges. Immer öfter fühlen sich beide Partner fürs Putzen und Kochen zuständig. Im Großen und Ganzen aber gilt noch immer die alte Rollenverteilung, dass kleinere Reparaturen oder Renovierungsarbeiten eine männliche Domäne sind und Frauen sich um die Aufgaben des Haushalts kümmern, Verwandte pflegen und Kinder betreuen. Festgestellt wurde, dass ostdeutsche Männer konventioneller in ihrem Rollenverhalten als westdeutsche sind; sie interessieren sich deutlich weniger für Haushalt und Kinder und repräsentieren wertemäßig

eine herkömmlichere Gesellschaft (nach: Greiffenhagen, a.a.O., S. 132/133).
Im öffentlichen Leben leisten Frauen einen großen Teil der sozialen und einen nicht zu unterschätzenden Teil der politischen ehrenamtlichen Tätigkeiten; in Führungspositionen des öffentlichen Lebens, in Verwaltung und in der Privatwirtschaft sind sie dagegen unterrepräsentiert, besser sieht es in der Politik aus. Auch verdienen Männer in den alten und den neuen Bundesländern – als Angestellte und als Arbeiter – deutlich mehr als Frauen.

„Männer und Frauen sind gleichberechtigt", heißt es im Grundgesetz. Und im Jahre 1993 wurde eine allgemeine Formulierung hinzugefügt: „Der Staat fördert die tatsächliche Durchsetzung der Gleichberechtigung von Frauen und Männern und wirkt auf die Beseitigung bestehender Nachteile hin." 1999 beschloss die Bundesregierung das Aktionsprogramm „Frau und Beruf". Ziel dieses Programms ist es, Arbeitschancen und Aufstiegsmöglichkeiten zu verbessern, den Frauenanteil an den Universitäten zu erhöhen, Nachteile bei Existenzgründungen und beim Einkommen generell zu beseitigen und die Vereinbarkeit von Familie und Beruf zu fördern. In der Politik und Verwaltung sind so genannte Frauenquoten keine Seltenheit. Sie besagen, dass ein bestimmter Frauenanteil bei der Vergabe von Positionen berücksichtigt werden muss. Diese Regelung ist aber nicht im Grundgesetz verankert.

Eine besondere Form der Gleichberechtigung hat 2000 eine junge Frau vor dem Europäischen Gerichtshof erstritten. Seitdem ist der Dienst in Kampfverbänden der Bundeswehr erlaubt. Die Verfassung wurde geändert, denn die Väter des Grundgesetzes hatten nach der Erfahrung des Krieges festgelegt, dass Frauen „auf keinen Fall Dienst an der Waffe leisten" dürfen.

Ein Fortschritt ist das neue Namensrecht, das seit 1993 gilt. Bisher musste ein gemeinsamer Ehename gewählt werden. Jetzt können Mann und Frau ihre Namen behalten; die Kinder erhalten dann den Familiennamen des Vaters oder der Mutter.

In Bezug auf Kinderbetreuung und Kindertagesstätten ist Ostdeutschland nach wie vor besser versorgt als der Westen, dort gibt es erheblichen Nachholbedarf. Große Unternehmen haben mit Frauenförderung gute Erfahrung gemacht, z. B. beim Erziehungsurlaub, bei günstigen Teilzeitregelungen und der Qualifizierung von Frauen. Es muss sich noch herumsprechen, dass Frauenförderung auf jeden Fall auch Wirtschaftsförderung ist.

Aufgaben

1. Lesen Sie zuerst den Artikel über einen „Fall", der häufig vorkommt.

**Sekretärin –
das war's nicht**

*Warum Frauen
noch einmal die
Schulbank drücken*

Wenn Frauen vom Aussteigen träumen, dann träumen sie meist sehr realistisch. Diese Erfahrung hat Antje Pukke gemacht, als sie für die Sendung „Eine zweite Chance gibt es immer" unterwegs war. Ihre Interview-Partnerinnen hatten alle sehr konkrete Vorstellungen vom Aus- und Umsteigen in einen neuen Job. Und sie hatten auch fast alle die gleiche Vorgeschichte. Nämlich Eltern, die sie mit dem Argument „Du heiratest ja sowieso" in einen untergeordneten Beruf gedrängt hatten.

Zum Beispiel Ursula T.: Zwölf Jahre lang arbeitete sie – auf elterlichen Wunsch – als Chefsekretärin. Dann kam das Gefühl: „Das kann doch nicht alles gewesen sein." Als Antwort darauf beschloss die Münchnerin, das Abitur nachzuholen. Der Ehemann war zwar nicht begeistert, zeigte aber Verständnis für den Bildungswunsch seiner Frau. Frau T. ist inzwischen 45 Jahre alt, die harte Zeit des Lernens hat sie nicht bereut: „Ich wollte zeigen, dass ich das schaffe", sagt sie. Sie hat es mehr als geschafft: Mit dem Nachweis der Hochschulreife in der Tasche hat sie studiert und ist jetzt Lehrerin für Deutsch und Englisch. Und sehr zufrieden mit sich.

Das Gefühl der Zufriedenheit, die Möglichkeit, sich im Beruf zu entfalten, Selbstbestätigung zu finden, war für alle Interview-Partnerinnen von Antje Pukke wichtig, weniger das Bewusstsein, Karriere zu machen oder eine Machtposition zu erreichen – hat die Autorin festgestellt.

Antje Pukke hat zu diesem Thema eine ganz persönliche Beziehung. Auf elterliche Anordnung musste sie Hauswirtschaftshelferin lernen. Sie hat diesen Beruf nicht ausgeübt, sondern sich in sieben Jahren durch Begabten-Abitur und Hochschule für Politik zur Diplom-Politologin hinaufgearbeitet.

(aus: SZ, Fernsehen/Hörfunk 9.–15.2.93)

Ordnen Sie zu.

aussteigen   Karriere machen
umsteigen   einen anderen Beruf
                           erlernen
aufsteigen   aufhören zu arbeiten
absteigen   einen weniger qualifizierten Beruf annehmen

2. Was halten Sie von einer Quotenregelung? Ist diese geeignet, die gesellschaftliche Gleichstellung der Frauen zu erreichen?

3. Wie ist die Rolle der Frau in Ihrem Land? Machen Sie sich ein paar Notizen und stellen Sie Ihr Land aus dieser Sicht vor.

Jugendliche seit der Wende

Meinungen und Reaktionen seit der Wende

Nach der Wende häuften sich die Studien über Jugendliche in Ost und West. In der Studie „Jugend '92" waren Ost- und Westdeutsche positiv gestimmt, als sie nach ihren Zukunftsplänen befragt wurden. Demnach ging die jüngere Generation optimistisch in die Vereinigung hinein und hat diesen Optimismus auch danach noch beibehalten.

Dieses Bild ist natürlich einseitig, denn die Realität bietet andere Extreme. In den neuen Bundesländern war die Vereinigung ein krasser Einschnitt. Innerhalb kürzester Zeit mussten sich die Jugendlichen völlig neuen Lebensbedingungen anpassen. Die sozialistische Einheitspartei (SED) der ehemaligen DDR hatte das gesellschaftliche Leben geprägt. Gute sozialistische Bürger sollten sie werden, vor allem in Geschichte und Staatsbürgerkunde wurden sie entsprechend unterrichtet. Wehrkunde für die Jungen sollte der Verteidigung des sozialistischen Vaterlandes dienen. Kinder und Jugendliche waren in der ehemaligen DDR in ein Schule und Freizeit umspannendes System eingebunden. Als Kinder waren sie „Junge Pioniere", als Jugendliche gingen sie meist in die FDJ (= „Freie Deutsche Jugend"); „Junge Pioniere" und FDJ waren wie die Schule staatliche Kinder- und Jugendorganisationen. Heute sind Schule und Freizeitaktivitäten getrennt und es bestehen noch große Defizite. Trotz Aufbau Ost fehlen Personal und Räume für die Freizeit und die Jugendarbeit und -sozialarbeit sowie Jugendtreffs und Clubs mit sozialpädagogischer Betreuung. Reale Existenzängste waren nach der Wende die unausbleibliche Folge. Neben der Freude an der neu gewonnenen Freiheit verbreitete sich Unsicherheit, welcher Beruf unter den radikal veränderten Bedingungen überhaupt eine Zukunftschance bietet, ob die Arbeitsplätze auch vorhanden sein werden usw. Viele passten sich schnell an, andere konnten sich nicht behaupten und fühlten sich als Verlierer.

Einschätzung der gesellschaftlichen Zukunft
(15-24 Jahre in Prozent)

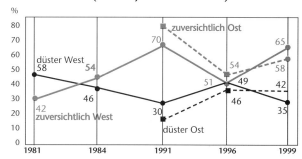

13. Shell Jugendstudie Jugend 2000,
im Auftrag des Jugendwerks der Deutschen Shell

Orientierungslosigkeit und Frustration waren ihre Antwort. Arbeitslosigkeit ist ein zentrales Thema. Hier treffen die Probleme von Ost und West zusammen, besonders bei Jugendlichen ohne oder mit schlechter Berufsausbildung. Dazu gehören Gruppen ostdeutscher, aber auch ausländischer, vor allem türkischer Jugendlicher.

Die katastrophale Lage auf dem Lehrstellenmarkt hat sich deutlich verbessert. Zur Jahrtausendwende wurden zum ersten Mal wieder zahlenmäßig mehr Lehrstellen angeboten als benötigt werden. Neue Stellen entstehen in Industrie und Handel, im Handwerk und bei den freien Berufen, und zwar sowohl im Osten wie im Westen. Ausbildungsplätze werden zum Teil auch mit Hilfe öffentlicher Mittel in Form von Sofortprogrammen geschaffen.

Aufgaben

Lesen Sie zuerst die kurze Mitteilung.

Jugendliche in Ost und West

Das Zentralinstitut für Jugendforschung in Leipzig und Wissenschaftler in Nordrhein-Westfalen führten zwischen Mai und Juni 1990 die erste gesamtdeutsche Jugendstudie durch. Sie befragten 2577 Schüler und Schülerinnen zwischen 7 und 17 Jahren aus Nordrhein-Westfalen und der Region Halle-Leipzig. Wichtigstes Ergebnis: Es gibt mehr Gemeinsamkeiten als Unterschiede. Allerdings scheinen die Jugendlichen im Osten kritischer und sensibler zu sein als ihre Altersgenossen im Westen. Sie setzen aber die gleichen Prioritäten für ihr Leben. Eindeutig an erster Stelle steht das Lebensziel „gute Freunde haben" (76 % im Westen und 67 % im Osten). Auf den weiteren Plätzen: Erfolg im Beruf (60 % / 62 %), die eigene Familie (49 % / 58 %), Unabhängigkeit (44 % / 45 %), Selbstverwirklichung (31 % / 32 %) und modische Kleidung (31 % / 31 %).

(aus: TIP 3/91, S. 34)

1. Welche Prioritäten setzten die Jugendlichen? Markieren Sie 1 (für die erste Priorität) bis 6.

die Jugendlichen		Ihre Meinung
☐	modische Kleidung	☐
☐	Selbstverwirklichung	☐
☐	die eigene Familie	☐
☐	Unabhängigkeit	☐
☐	Erfolg im Beruf	☐
☐	gute Freunde haben	☐

2. Welche Prioritäten setzen Sie?

Schüler-Stimmen kurz nach der Wende

Ich gehöre zu den 10 jungen Menschen, die 1985 das berühmte Loch in die Mauer der Bernauer Straße geschlagen haben und dafür von der West-Berliner Polizei verhaftet wurden. Deshalb freue ich mich als Wessi nach wie vor über die Einheit. Trotz aller Probleme, die es beim Zusammenwachsen gibt. Gemeinsam werden wir sie lösen. Wir dürfen nur nicht länger hinnehmen, dass einige Politiker uns nach dem jahrzehntelangen Traum von der Einheit nun Alpträume der Uneinigkeit einreden wollen!
Gert, 27

Auch vor der Wende konnte hier in der Schule jeder sagen, was er wollte. In den West-Schulbüchern steckt auch viel Ideologie. Im Westen wird auch gelogen.
Mandy, 17

Ich war kein Mitglied der FDJ oder der Jungen Pioniere. Die Entscheidung gegen die SED-Jugendverbände trafen meine Eltern. Weil ich nicht zur Armee wollte, durfte ich auch nicht zur Spezialschule für Naturwissenschaften. Meine Lehrer wollten mich immer überreden, in die FDJ einzutreten. Irgendwann haben sie es aufgegeben. Jetzt bin ich Klassensprecher – nicht ganz zufällig.
Dietrich, 18

Einige der Lehrer müssen gehen. Sie können keinen modernen Unterricht machen. Viele Lehrer sind aber auch locker geworden. Das heißt, sie sind nicht mehr so streng. Ich war früher Sekretär in der FDJ (Freie Deutsche Jugend; staatliche Jugendorganisation in der DDR). Niemand wollte den Posten, da habe ich mich beworben. Außerdem kam das gut bei den Behörden an, wenn man studieren wollte. Mit Begeisterung für den Sozialismus hatte das aber nichts zu tun.
Arne, 18

Mit gemischten Gefühlen
in die Zukunft
Ergebnisse der Shell Studien 1997 und 2000

Die gesellschaftliche Krise hat die Jugend erreicht, das war das ernüchternde Ergebnis der Shell Studie 1997. Anfang der 80er-Jahre gab es eine gehörige Portion Pessimismus, aber der bezog sich auf die Angst vor Atomkrieg und Zerstörung der Umwelt und änderte nichts daran, dass dieselben Leute oft recht optimistisch in die eigene Zukunft blickten. Diese optimistische Grundstimmung ist in der Shell-Studie 2000 deutlich belegt. Zuversicht ist allerdings nicht mit Unbekümmertheit gleichzusetzen, vielmehr zeichnet sie sich durch eine klare Lebensplanung aus mit dem Willen, die Ziele mit Ausdauer und Leistungsbereitschaft zu erreichen. Das betrifft natürlich vor allem Jugendliche, die bessere Voraussetzungen mitbringen, in Bildung, Unterstützung durch die Eltern und entsprechenden Persönlichkeitsressourcen. Wesentlich pessimistischer sehen diejenigen die Zukunft, die schlechteren Bedingungen unterworfen sind. Das sind vor allem auch ausländische Jugendliche, die in der Studie 2000 zum ersten Mal berücksichtigt wurden.

Das politische Interesse der Jugendlichen sinkt weiter. Die Jungen gehen nicht in die Politik, weil sie sich nichts mehr davon versprechen. Eine ganze Generation glaubt nicht, dass die etablierte Politik – Parteien, Parlament, Regierung – für sie noch irgendwie von Nutzen ist. „Für uns tun die gar nichts" heißt es immer wieder in den biographischen Portraits und Interviews der Studie sowie in den 2100 Fragebögen repräsentativ ausgewählter junger Leute. Demokratie ist schon recht, nur leider ist denen nicht zu trauen, die im demokratischen Deutschland hauptberuflich die Politik machen. Parteien haben ein besonders schlechtes Image bei der jungen Generation. Für Europa interessieren sich die meisten nur mäßig.

Die Jugendlichen unpolitisch zu nennen, wäre trotzdem falsch: Natürlich haben sie einen ziemlich anderen Begriff von Politik als die Generationen zuvor. An irgendeine reine Lehre können sie nicht glauben, jedenfalls gibt es niemanden, der den Sozialismus wieder einführen möchte oder gar den Kapitalismus zu seiner Religion erklärte. Die Mitarbeit in einer Partei kommt für die meisten allerdings noch viel weniger in Frage, weil es doch „Spaß machen muss, wenn ich mich engagiere", und weil es nur wenig Spaß macht, „sich den Arsch in einem Gremium platt zu sitzen".

Politisch ist, wer in einer Aidshilfe arbeitet oder bei einem Bürgerbegehren mitmacht gegen die Schließung eines Schwimmbads, wer eine Jugendumweltgruppe gründet oder Greenpeace unterstützt. Es macht halt mehr Spaß, sich im Kleinen zu engagieren, wenn man im Großen kaum etwas bewirken kann. Deutlich wird in der Studie auch, dass ein breiter Konsens darin besteht, dass man Beruf und Familie vereinbaren möchte, und zwar bei Jungen und bei Mädchen. Die Eltern werden als Vertrauenspersonen wahrgenommen, nicht so sehr unter dem Aspekt materiellen Nutzens wie früher; die Familie ist eher Ort von Verlässlichkeit und persönlichem Rückhalt.
Jugendliche sind flexibler als früher und damit lebenstüchtiger und auch sehr viel realistischer als viele Erwachsene. Sich anpassen zu können, sich die Lebenslust trotzdem nicht durch das ewige Grübeln kaputt machen zu lassen, bewahrt sie vor dem Schlimmsten. Man erlebt sich als Schmied des eigenen Glücks.
Die Unterschiede in Ost und West sind eher größer geworden. Jugendliche im Osten erleben ihre Situation als belasteter. Es ist nicht mangelnder Wille, es sind die ungünstigeren Lebensverhältnisse, die auf die Stimmung drücken.

Aufgaben

1. Wie schätzen Sie das Lebensgefühl der Jugendlichen ein?
2. Kommentieren Sie die Shell Studie.

3. Ein Leserbrief.

Meine Meinung

Es häufen sich Berichte über Gewalt in Ostdeutschland. Sicher habt ihr die Bilder gesehen. Warum sind die Menschen so? Die einen sagen: wegen der hohen Arbeitslosigkeit. Die anderen glauben: In der DDR waren Ausländer gettogleich in Heimen ausgegrenzt, es gab keine Möglichkeit sich auszutauschen. Ich glaube, beide Meinungen sind richtig. Ich denke, dass wir große Probleme mit dem Wandel von Werten und Kultur haben. Zu schnell sind „Ostprodukte" auf dem Müll gelandet: Kulturprogramme, Jugendhäuser usw. Stattdessen importierte man aus dem Westen. Jugendclubs schließen, Diskotheken sind teuer. Einige können das bezahlen, die meisten nicht. Hier entsteht Frust. Die Straße wird zum Schauplatz der Unzufriedenheit. Die Politiker sind erschrocken. Doch wissen sie, was zu tun ist? Ich denke, dass man den Jugendlichen Angebote für ihr zukünftiges Leben machen muss. Man muss sie bei Projekten unterstützen und ihre Kultur dulden.
Euer Stefan

(aus: JUMA 1/93, S. 44, aktualisiert 1999)

Was sagen Sie zu Stefans Vorschlägen?
Ein politisches System ist zusammengebrochen. Notieren Sie die Folgen aus Ihrer Sicht. Tragen Sie Ihre Punkte vor und geben Sie das Wort für eine Ergänzung oder Gegendarstellung weiter.

4. Eine Meinung und viele Fragen

Ein Jugendlicher aus der „Dritten Welt" würde den Kopf darüber schütteln, dass deutsche Jugendliche von Sorgen, Zukunftsängsten und Pessimismus geplagt sind. Niemand verhungert, niemand erfriert. Aus der Nähe besehen gibt es jedoch schon ernsthafte Probleme und es geht keineswegs ausschließlich um die materielle Existenz. Da sind die Ängste der ganzen Gesellschaft, die sich auch auf die Jugendlichen übertragen. Ganz persönliche Probleme kommen hinzu: Finde ich für meine Fähigkeiten den entsprechenden Beruf in dem rasanten technischen Wandel? Wofür lohnt es sich zu leben? Werde ich als Jugendlicher überhaupt von der Gesellschaft gebraucht? Wer gibt mir Gelegenheit, meine Ideen, meine Einsatzbereitschaft, meine gute Laune, meine eigene Person einzubringen? Da stellen sich natürlich auch Ängste, Sorgen und Befürchtungen ein; und es fehlt nicht an falschen Propheten, die das ausnutzen.

(aus: Halt! Keine Gewalt, a.a.O., S. 10)

Stimmen Sie dem Schreiber dieses Artikels zu? Wenn nicht, warum nicht?
In welchem Land leben Sie? Welche Fragen haben Sie sich selbst auch schon gestellt?

5. Optimismus hat Zukunft. – Im Folgenden sind einige Ideen zusammengetragen, die das belegen. Können Sie zustimmen oder sind Sie eher pessimistisch?

Deutschland war die geographische Schnittstelle im Ost-West-Konflikt. Der ist überwunden. Die Waffenarsenale und Armeen werden verringert, auch aus wirtschaftlichen Gründen. Vielleicht doch eine Chance für mehr Frieden?

Viele junge Menschen engagieren sich für den Umweltschutz, in der Familie, in der Schule, in der Gemeinde oder in Verbänden und Parteien. Umweltschutz hat nur noch europa- und weltweit eine Chance. Deutschland kann gerade in der Umweltpolitik wichtige Akzente setzen.

Deutsche Jugendliche reisen gerne ins Ausland, mit der Familie, mit der Schule, mit Inter-Rail oder mit Reisegesellschaften. Viele Jugendbegegnungen finden auf Grund besonderer Austauschprogramme statt, z.B. im Rahmen des Deutsch-Französischen Jugendwerks, in neuen Partnerschaften mit Polen, in deutsch-israelischen Begegnungsprogrammen oder internationalen Camps. Dabei können Kultur, Spracherwerb, Aufbauarbeiten oder Kriegsgräberpflege im Vordergrund stehen. Begegnung führt zu mehr Toleranz und trägt dazu bei, Konflikte mit friedlichen Mitteln auszutragen.

Die Zahl der Kriegsdienstverweigerer ist hoch, in den alten Bundesländern höher als in den neuen. Besonders der Golfkrieg und der Kosovo-Konflikt ließen die Anträge steigen. Der Zivildienst dauert länger als der Grunddienst bei der Bundeswehr. Die jungen Männer leisten ihn in Krankenhäusern oder Pflegeheimen, in Sozialstationen oder bei „Essen auf Rädern", eine Organisation, die alten Menschen das Essen ins Haus bringt. Wohlfahrtsverbände könnten ohne die Zivildienstleistenden – „Zivis" genannt – ihre wachsenden Aufgaben nicht mehr erfüllen. (Gefahr droht von einer weiteren Verkürzung des Zivildienstes und von der möglichen Abschaffung des Wehrdienstes und damit auch des Zivildienstes.)

(z.T. nach „Optimismus hat Zukunft", aus: Halt! Keine Gewalt, a.a.O., S. 11)

Jugendorganisationen – Jugendprogramme

Zuständig für die Jugendarbeit – für ein Angebot an Sportvereinen, Musikschulen usw. – sind in der Bundesrepublik die Kommunen. Bund und Länder sind verantwortlich für die rund 80 überregionalen Jugendverbände, in denen sich etwa ein Viertel der Jugendlichen organisiert. Die meisten Verbände sind im Deutschen Bundesjugendring zusammengefasst: die Deutsche Sportjugend, das Deutsche Jugendherbergswerk, der Bund Deutscher PfadfinderInnen und viele Jugendorganisationen mehr. Beliebt ist das Deutsch-Französische Jugendwerk, das sich die Verständigung über Grenzen hinweg durch Begegnung und gemeinsame Aktivitäten zum Ziel gesetzt hat. Es fördert auch die deutsch-französische Zusammenarbeit und Austauschprogramme in den Bereichen der beruflichen, schulischen und außerschulischen Bildung. Das DFJW wurde schon 1963 durch den Vertrag über die Zusammenarbeit zwischen der Bundesrepublik Deutschland und Frankreich gegründet; sein Haushalt wird zum größten Teil von der Bundesregierung und der französischen Regierung finanziert. Der Erfolg dieser Programme hat die Verantwortlichen in Polen und Deutschland bewogen, auch ein Deutsch-Polnisches Jugendwerk ins Leben zu rufen.

Deutsches Jugendherbergswerk

Bund deutscher PfadfinderInnen

Auszug aus einer Information des Bayerischen Jugendrings.

Jugendverbände
im Bayerischen Jugendring

Nehmen wir an, Sie wollen unter Menschen kommen. Sie wollen mal Ihre Meinung sagen, Sie wollen „etwas tun" oder Sie wollen in der Gemeinschaft junger Menschen leben, dann ... dann finden Sie diese Sätze in einer Broschüre, mit der die KJG, die Katholische Junge Gemeinde, Jugendliche auf sich aufmerksam machen möchte.

Die KJG ist eine von mehr als 400 Jugendorganisationen, die sich in Bayern im Bereich der Jugendarbeit engagieren. Die Schwerpunkte, die diese Verbände in ihrer Arbeit setzen, sind sehr unterschiedlich; sie liegen auf humanitärem, sportlichem, ökologischem, politischem oder auch religiösem Gebiet.

Das Spektrum der Aktivitäten ist breit, es reicht vom Fußballspiel bis zur Diskussion über das Thema Abrüstung, von der Altpapiersammlung bis zur Pflanzaktion, von der Bergwanderung bis zum Volkstanz, von der Behindertenbetreuung bis zum Zeltlager, von der Meditation bis zur Straßensammlung für einen wohltätigen Zweck. Die Aufzählung ließe sich beinahe beliebig ergänzen.

(aus: Eine Information des Bayerischen Jugendrings (BJR), teilweise Nachdruck aus: Schule aktuell 1/90)

Rechtsradikalismus – Zwei Artikel zu einem schwierigen Thema

Eine rechte Kulturrevolution im Osten? Ein Kind läuft mit

Ratlos erlebt ein Lehrerehepaar in Brandenburg, dass der Sohn den Hitlergruß übt. Berlin im November – Die Familie Buschnick lebt in einem flachen Haus mitten im Land Brandenburg am Rande eines Dorfes, wo der Blick frei ist auf Wiesen und Wälder. Das Haus ist nett eingerichtet, nicht spartanisch, nicht pompös. Vereinzelt ein bisschen Kitsch wie eine Miniaturlokomotive und ein Landschaftsbild.

Im Wohnzimmer sitzt Renate Buschnick. Sie heißt in Wirklichkeit anders, denn sie möchte wie auch ihr Sohn nicht mit richtigem Namen beschrieben werden, wegen des Themas und des kleinen Ortes. Sie ist Schuldirektorin, eine energische fröhliche Frau mit rot gefärbten Haaren. Sie erzählt, wie sie es gemerkt hat. „Zuerst an den Aufklebern. In Manuels Hausaufgabenhefter stand dieser Spruch: Ich bin stolz, ein Deutscher zu sein. In der Brieftasche: Ausländer raus. Das muss so in der 7., 8. Klasse gewesen sein."
Der Sohn ist nach rechts gedriftet, nach ganz rechts, wie so viele im Osten. Jungen und Mädchen, die aus der Mitte der Gesellschaft kommen, nicht vom armen Rand. Es passiert so leicht, so unmerklich, was spielt sich da bloß ab.

Manuel: „Ich bin durch kopierte Kassetten von Kumpels dazu gekommen", sagt er. „Die erste war von Freikorps. Hat mir gefallen." Renate Buschnick meint, eher fragend als feststellend: „Vielleicht hatten wir zu wenig Zeit für ihn. Es ging ja meistens ruck zuck. Was Neues in der Schule? – Nö. Alles in Ordnung." Sie macht sich heute deswegen Vorwürfe. Andererseits sagt sie sich, das kann nicht der Grund sein, dass er in die rechte Ecke driftete. Das reicht ja wohl nicht als Grund.

Er begann eine Lehre als Automechaniker und ging früh aus dem Haus, traf sich mit Freunden und kam spät zurück. Es blieb das Mittagessen am Wochenende. „Ich habe gegessen", sagt er „und sie haben geredet. Dann bin ich aufgestanden. Ich hatte kein Verhältnis zu meinen Eltern. Mir war es egal."
So wie es bei vielen zwischen Kindheit und Erwachsensein ist. Die Gruppe ist stärker als die Eltern. Und Manuels Gruppe war und ist rechts. Und immer wieder das Argument von der „tollen Gemeinschaft".

(Nach: SZ vom 26.11.1998)

Braune Wurzeln

Rechte gab es in der DDR seit Anfang der 80er-Jahre. Und mitgemacht haben Söhne von Offizieren, Journalisten, Parteikadern. Sie wollten auf rabiate Art Ordnung hineinbringen in die desorganisierte unehrliche DDR, in der ihnen von den Eltern Opportunismus vorgelebt wurde. Es kam ihnen alles lasch vor, klebrig. Und je mehr das Land verfiel, umso deutlicher traten sie hervor.

Einerseits gab es da diesen Antifaschismus, der war ernst gemeint. Aber gleichzeitig hatte die DDR eine völkisch-nationale Komponente, die rechtsextremes Denken begünstigte. Die wenigen Ausländer gettogleich in Extraheimen untergebracht. Die vielen Inländer nur in bestimmtes, kleines, ähnliches Ausland gelassen. Der eigene Sozialismus immer als den besten bezeichnet und den der Bruderländer unter der Hand als Schrott. Sanfter Rassismus unterm Parteiabzeichen.

Z.B. der Rechte Peter Hähnel: Jeder kennt irgendwas nicht, aber bei ihm hat es viel

mit Prinzipien zu tun. Er geht auch nicht zum Italiener, was er sehr gewählt begründet. „Ich will nicht dazu beitragen, dass Ausländer hier ihre Lebensgrundlagen finden." Da verpassen Sie aber was, platzt es aus einem heraus. Da stutzt er erst, wegen der ganz anderen Ebene, auf der das Thema nun ist, und sagt dann so leise und verächtlich: „Ich brauche das nicht. Ich bin kein Genussmensch."

Er ist ein Parteiarbeiter, der nur an einem interessiert ist, daran, das System zu beseitigen. Es sei ein glitzerndes Gebäude mit nichts drin, sagt er. Diese Vereinzelung, keine Gemeinschaft. Und die Wirtschaft lebt vom Volk und nicht fürs Volk. „Wir wollen wieder Solidarität und das Kapital soll nicht ins Ausland wandern. Es soll alles hier produziert werden, dezentral in gleichberechtigten Regionen." Alles? – „Ja."
Was er sagt, funktioniert hinten und vorn nicht in einer arbeitsteiligen Welt. Aber den vielen Ostdeutschen, die alt genug sind, klingt es vertraut. Es sind Zeichen aus einer überschaubaren Zeit. Parolen, die sie vom Parteilehrjahr und vom Staatsbürgerkundeunterricht kennen, Wissensersatz. Und besonders fliegen die Leute auf den Wert der Gemeinschaft. Sie haben da etwas verloren, bei der Arbeit, im Haus, und sie ahnen, dass sie es nicht wiederfinden werden.

So waren die Gruppen stark geworden: über Gewalt und Androhung von Gewalt. Eher zögerliche Jugendliche haben sich entschieden, sich ihr lieber nicht auszusetzen und sich denen anzuschließen, die die Gewalt ausüben. Zeichen und Rituale wurden von anderen aufgegriffen. Schritt für Schritt entwickelte sich die Bomberjackenkultur. Rechter Lifestyle.

(Nach: Birk Meinhardt, in: SZ vom 23.11.1998)

Aufgaben

1. Was würden Sie als Mutter oder Vater tun? Nützen Verbote?
2. Lesen Sie die folgende Mitteilung.

Universität Bielefeld erforscht rechte Gewalt

Bonn (dpa) – Das Bundesjustizministerium hat der Universität Bielefeld einen Forschungsauftrag über die psychischen und sozialen Ursachen für rechtsextreme Gewalt bei Jugendlichen erteilt. ... Die Ergebnisse sollen ... „gezielt umgesetzt" werden. Die Ministerin wies darauf hin, dass gerade in den neuen Bundesländern Neonazis versuchten, Jugendliche durch Freizeitangebote zu ködern.

(aus: SZ vom 28.12.1993)

1995 erschien als Ergebnis die Studie „Fremdenfeindliche Gewalt junger Menschen". Grundlage sind Interviews; untersucht wurden familiäre Erfahrungen, politische Orientierungen, Gruppenzugehörigkeit und Strafen. Als Gründe für Gewaltbereitschaft und Gewalttätigkeit werden genannt: emotionale Gleichgültigkeit in der Familie, Verlust des Vertrauens in die Politik, Erlebnis der Diskrepanz zwischen Reden und Handeln, Gewalt als Prinzip der Ordnung. Gefordert wird eine Politik für Jugendliche: mehr Möglichkeiten der Entfaltung und Anerkennung, weniger Leistung und mehr Menschlichkeit, konkrete Maßnahmen gegen Arbeitslosigkeit.

Die Zukunft gehört den Alten

1

Eine „Revolution" kommt auf uns zu, darüber sind sich viele einig, die einschneidender sein

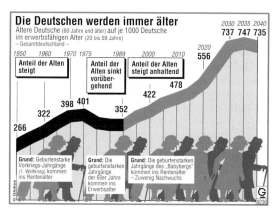

Die Deutschen werden immer älter
Ältere Deutsche (60 Jahre und älter) auf je 1000 Deutsche im erwerbsfähigen Alter (20 bis 59 Jahre) – Gesamtdeutschland –

| 1950 | 1960 | 1970 | 1975 | 1989 | 2000 | 2010 | 2020 | 2030 | 2035 | 2040 |

Anteil der Alten steigt — Anteil der Alten sinkt vorübergehend — Anteil der Alten steigt anhaltend

266 322 398 401 352 422 478 556 737 747 735

Grund: Geburtenstarke Vorkriegs-Jahrgänge (1. Weltkrieg) kommen ins Rentenalter

Grund: Die geburtenstarken Jahrgänge der 60er Jahre kommen ins Erwerbsalter

Grund: Die geburtenstarken Jahrgänge des „Babybergs" kommen ins Rentenalter – Zuwenig Nachwuchs

wird als ein politischer Umsturz: die Gesellschaft ergraut. Was passiert? Die Bundesbürger werden heute dreimal so alt wie vor 200 Jahren und gleichzeitig werden weniger Kinder geboren. Die Erscheinung betrifft alle Industrieländer, die westlichen und zunehmend auch die östlichen. Lag der Anteil der über sechzigjährigen Deutschen im Jahre 1990 noch bei 21 Prozent, so wird er nach der Jahrtausendwende schon bei 26, im Jahr 2035, dem Höhepunkt der Entwicklung, sogar bei satten vierzig Prozent liegen, darunter überproportional viele Frauen (deren Lebenserwartung die der Männer um sechs Jahre übersteigt). Der Anteil der unter Zwanzigjährigen aber dürfte dann auf etwa 18 Prozent gesunken sein.

Der demographische Umsturz wird die politische Landschaft und die Märkte verändern. Er wird den Arbeitsmarkt und den Freizeitsektor erfassen, neue Lebensstile und Leitbilder hervorbringen.

2

Wer sind die Alten? Allen Zerrbildern vom „vertrottelten Greis" zum Trotz meistert die Mehrheit ihren Alltag mit ziemlicher Kompetenz und bei guter Gesundheit. Die Oldies von heute haben eine bessere Allgemeinbildung, sind besser informiert und lernwilliger als früher. Eine Studie ermittelte, dass es sich nicht um eine homogene Gruppe handelt, und unterscheidet „junge Alte" zwischen 55 und 70, mittelalte Alte und Uralte mit 80 und darüber. Wissenschaftler und Politiker fragen sich bereits, was die Ruheständler in Zukunft machen werden. Bloß am Fernseher sitzen und den lieben Gott einen guten Mann sein lassen? Oder etwa mitgestalten und die politische Landschaft umpflügen? Das ist nicht unwahrscheinlich, denn schon heute ist ein Drittel der Wähler über sechzig. Denkbar ist auch, dass sich die Bildungs- und Medienlandschaft verwandelt und dass eigene Bildungskurse, Fernsehprogramme, Zeitschriften usw. für sie geschaffen werden.

Eine Senioren-Selbsthilfegruppe
Kennen Sie Senioren, die auch einfach „anpacken", wo sie gebraucht werden?

3

Ungeklärt ist allerdings, wie das sozial funktionieren soll: Immer weniger Aktive müssen bei immer kürzeren Arbeitszeiten immer mehr Ruheständler finanzieren und die Jüngeren treten immer später ins Arbeitsleben ein, weil die Ausbildungszeiten so lang sind. Wird der Arbeitnehmer wieder länger arbeiten müssen? Werden „altersgerechte" Arbeitsplätze geschaffen werden?
Da müsste sich der Trend in der Personalpolitik der Wirtschaft gründlich ändern. Bisher darf doch, wer mit 45 einen Jobwechsel anstrebt, davon ausgehen, von – selbst meist angegrauten – Chefs die Tür gewiesen zu bekommen. Ein absurder Jugendfetischismus – denn ältere Arbeitnehmer sind durchaus flexibel und belastbar. Wenn Personal aus wirtschaftlichen Gründen abgebaut wird, fängt man bei den Älteren an und schickt sie in den Vorruhestand. Inzwischen kommen die meisten sehr gut mit diesem Lebensabschnitt zurecht; viele haben eine gute Rente, reisen und haben viele Hobbys. Nur wenige sehnen sich an den Arbeitsplatz zurück.

4

Die „junge Alten" helfen den Kindern bei täglichen Erledigungen, springen ein im Urlaub, passen auf die Enkelkinder auf. Sie leben am liebsten im eigenen Haushalt, möglichst in der Nähe der Familie. Die Frauen kümmern sich gleichzeitig um die hochbetagten Eltern. Einsam und seelisch belastet sind zunehmend Alte, die keine Familie haben, und Uralte, die in Pflegeheimen ihr Lebensende erwarten.

5

Innovativ können die „jungen Alten" auf die Struktur der Gesellschaft wirken. „Selbstverwirklichung", „Konsum" und „Mobilität" stehen bei einem Viertel der 55- bis 70-Jährigen hoch im Kurs. Man macht in Kultur, pflegt teure Hobbys, setzt sich noch einmal in Universitätsseminare und studiert Kant und Hegel. Optimistisch denken Sozialwissenschaftler darüber nach, wie die Alten einbezogen werden können. Sie könnten für die Jüngeren und Älteren verantwortlich werden. Wäre das vielleicht ein Weg, Werte der „Reife" zu stärken und Egoismus und Egozentrik zu Gunsten von Solidarität zurückzudrängen? Auch im Arbeitsleben wird man wieder stärker auf die Älteren achten müssen. Eine flexiblere Lebensarbeitszeit als Folge des sozialen Strukturwandels ist im Kommen.
(gekürzt; nach: Michael Scholing, in: Vorwärts, März 1993, S. 6/7)

Aufgaben

1. Welche soziale Rolle spielen die Alten in Ihrem Land?
2. Können durch die Älteren neue bzw. alte Werte in die Gesellschaft eingebracht werden? Wie wäre das möglich?
3. Sind Sie der Meinung, dass die Situation der älteren Menschen in diesem Artikel zu positiv gesehen wird? Dann lesen Sie die folgenden Auszüge aus einem Zeitungsartikel:

Der Wert des Lebens – eine Kostenfrage

Unter immensen Opfern der Angehörigen werden zwei Drittel aller Pflegebedürftigen zu Hause betreut. Mehr als 1,7 Millionen Pflegefälle gibt es in Deutschland. 1,2 Millionen werden zu Hause gepflegt, 450 000 in einem Heim. Bei 70% der meist alten Menschen reicht die Rente nicht für die Heimkosten von 4000 bis 5000 Mark im Monat, die Sozialhilfe muss einspringen. (nach: Globus Nr. 9730 und 5094)

Es ist oft der Zufall, der die häusliche Pflege bestimmt – ob es Angehörige gibt, an welche Hilfsorganisationen die alten Menschen geraten, ob dort Kapazitäten frei sind. Es ist Zufall, ob eine Schwester morgens eine Stunde lang als Hilfe kommt oder erst mittags und nur für zehn Minuten, so dass nur Fließbandpflege möglich ist.

(nach: Heidrun Graupner, Der Wert des Lebens – eine Kostenfrage, in: SZ vom 8./9.5.1993; aktualisiert 1999)

1995/96 ist eine lang diskutierte Reform verwirklicht worden, die hilfsbedürftige Bürger gegen das finanzielle Risiko absichert. Diese soziale Pflegeversicherung hilft bei der Pflege zu Hause oder im Heim. Auch Angehörige, die die Pflege zum Beispiel ihrer alten Eltern übernehmen, können Geld bekommen. Die meisten Pflegebedürftigen sind nämlich 85 Jahre

und älter. In die Pflegekassen zahlen je zur Hälfte Arbeitnehmer (1,7 % des Gehaltes) und Arbeitgeber.

Die Erfahrungen mit der neuen Versicherung sind gespalten: Im professionellen Pflegebereich mangelt es an Personal. Bei der häuslichen Pflege sind die Angehörigen überfordert. Alte Menschen, die sich selbst versorgen, werden einsam.

Der Staat zieht sich wegen Geldmangels aus vielen sozialen Verpflichtungen zurück. Die Pflege ruht vor allem auf den Schultern von Hilfsorganisationen, die mit Laienhelfern und Zivildienstleistenden arbeiten. So kommt es, dass staatliche und private Initiativen nebeneinander arbeiten, oft unkoordiniert. Es stellt sich die Frage nach einer Qualitätskontrolle privaten Engagements und der Vernetzung der unterschiedlichen Initiativen, um die Effizienz der Hilfe zu erhöhen.

▶ Das Stichwort: *Sozialhilfe*

   Finanzielle Hilfe der Kommunen für Menschen, die nicht genügend Geld für ihren Lebensunterhalt zur Verfügung haben. Zu den Empfängern von Sozialhilfe gehören Arbeitslose, ältere Menschen mit niedriger Rente, allein erziehende Mütter und Pflegebedürftige.

▶ Das Sichwort: *Hilfsorganisationen*

   Altenarbeit leisten die Seniorenorganisationen der Kirchen, der Gewerkschaften und der Parteien, die großen Wohlfahrtsverbände wie das Rote Kreuz, die Caritas und die Arbeiterwohlfahrt, außerdem Selbsthilfegruppen, die Interessenvertretungen der Senioren und private Initiativen (siehe S. 71). Bei der Betreuung Hilfs- und Pflegebedürftiger haben sich besonders die Sozialstationen bewährt. Das sind lokale Einrichtungen der Wohlfahrtsverbände. Ihre bezahlten Fachkräfte, Helferinnen und Helfer kommen ins Haus und leisten medizinisch-pflegerische Hilfe.

Zu ihren Diensten gehört auch die Versorgung mit warmem Essen, das als „Essen auf Rädern" von Helfern in die Wohnung gebracht wird.

Freizeit und Sport

Was tun in der Freizeit?

Dass unsere Gesellschaft eine „Freizeitgesellschaft" ist, hört man oft. Richtig ist auf jeden Fall, dass die Deutschen viel Urlaub haben, nämlich durchschnittlich 30 Arbeitstage im Jahr. Das sind ganze sechs Wochen.
Neben den freien Wochenenden haben die Deutschen etliche Feiertage, vor allem kirchliche Festtage. Die Zahl der jährlichen Arbeitsstunden ist deshalb in der Bundesrepublik (alte Bundesländer) gegenüber allen anderen Ländern am niedrigsten (nach: Globus Nr. 1133).
Nicht berücksichtigt bei dieser Statistik sind allerdings geleistete Überstunden, die besonders in bestimmten Berufen, wie z.B. den EDV-Berufen, anfallen. Überstunden machen vor allem außer Tarif bezahlte Angestellte. Das sind Arbeitnehmer, die mehr als die mit den Gewerkschaften ausgehandelten Tariflöhne verdienen. Eine 50- oder 60-Stunden-Woche ist zunehmend keine Seltenheit mehr. Auch

andere Mitarbeiter arbeiten oft länger als 38 Stunden, um zu zeigen, ich bin fleißig, ich werde gebraucht.
Und die verbleibende Freizeit? Was machen die Deutschen da? Sport, Disco, Fernsehen rangieren bei jungen Leuten ganz oben; der Bundesbürger kümmert sich um die Familie, die Hobbys und treibt etwas Sport: Wandern und Spazierengehen ist weit verbreitet.
Abends sitzt er vor dem Fernseher, oft geht er auch mit Freunden ausgiebig und gut essen. Viele Menschen nützen ihre Freizeit zur Weiterbildung jeglicher Art: Sprachen lernen, Tanzen, auch Yoga, kulturelle Veranstaltungen und vieles mehr.
Wenn man der Statistik glauben darf, gehört die Hälfte der Deutschen einem oder mehreren Vereinen an. Am beliebtesten sind die Sportvereine, es folgen Kegelclubs, kirchliche Vereine, Gesang- und Schützenvereine, Wander-, Tier- und Naturschutzvereine und nicht zuletzt die Kleingartenvereine (nach: Globus 1488).

Spiel und Sport im Urlaub

Von je 100 Bundesbürgern haben während ihrer Urlaubsreise 1991 diese Sportarten ausgeübt: (Mehrfachnennungen)

Sportart	Prozent
Schwimmen	65
Wandern	53
Ball-, Bewegungsspiele	24
Radfahren	17
Tischtennis	9
Jogging	8
Rudern, Paddeln	7
Gymnastik	7
Klettern, Bergsteigen	6
Tennis	5
Motorboot fahren	5
Tauchen	4
Kegeln, Bowling	4
Windsurfen	3
Angeln	3
Segeln	3

Quelle: Studienkreis für Tourismus © Globus 9812

Welche Sportart mögen Sie am liebsten?

Feste soll man feiern, wie sie fallen … so heißt es im Sprichwort. An erster Stelle stehen die kirchlichen Feste, die das Jahr begleiten: das Osterfest zum Tag der Auferstehung Christi, Fronleichnam mit seinen feierlichen Prozessionen, Pfingsten und Weihnachten, das Fest der Geburt Jesu. Die vorweihnachtliche Adventszeit und Weihnachten sind verbunden mit einer unverwechselbaren Stimmung, mit Festvorbereitungen, dem Schmücken des Weihnachtsbaums, mit Geschenken, Verwandtenbesuchen, aber auch mit Hektik und übertriebenem „Kaufrausch".

Unüberschaubar sind die Feste, die an bestimmte Regionen und Orte gebunden sind. Auf dem Lande bestimmte schon immer die Ernte das festliche Leben, in den Städten waren es seit dem Mittelalter die Bürger und die Handwerkszünfte, die Umzüge und Festlichkeiten organisierten. In dieser Tradition stehen der rheinische Karneval (Köln), die schwäbisch-alemannische Fasnet und der Münchner Fasching.

Andere Feste gehen auf historische Ereignisse zurück, zum Beispiel das berühmte Münchner Oktoberfest auf ein Pferderennen anlässlich der Vermählung des Kronprinzen im Jahr 1810. Und wenn in München das „größte Volksfest der Welt" beginnt, finden auch die Weinfeste zur Weinlese an Rhein und Mosel, in Baden, der Pfalz und in Franken statt.

Gesetzliche Feiertage sind bestimmte kirchliche Feste, außerdem der 1. Mai als „Tag der Arbeit" und der 3. Oktober, der „Tag der deutschen Einheit".

Für den Arbeitnehmer kann ein weiterer freier Tag unvermutet hinzukommen. Jährlich veranstalten viele Betriebe so genannte Betriebsausflüge. Kolleginnen und Kollegen, die sich sonst nur während der Arbeit sehen, verbringen miteinander einen von der Firma organisierten Tag. Sie fahren gemeinsam mit der Bahn, dem Bus oder dem Auto aufs Land oder zu einem sehenswerten Ausflugsziel, trinken und essen und freuen sich über diese angenehme Abwechslung im Arbeitsleben.

Bei der Gestaltung des Urlaubs oder auch nur einiger freier Tage zwischendurch hat das Reisen höchste Priorität.

Schüler reisen heute öfter, länger und auch zu weiter entfernten Zielen, bis in die USA oder nach Australien. Der Schüleraustausch macht es möglich, dass Schüler einige Wochen oder Monate im Ausland verbringen und dort in einer Gastfamilie wohnen, zum Teil sogar am Ort zur Schule gehen.

Erwachsene reisen individuell oder in der Gruppe bis in die entferntesten Länder. Neben Erholungs- und Aktiv-Reisen werden auch häufig Bildungsreisen gebucht. Politische Krisen und klimatisch bedingte Erschwernisse haben die Reiselust der Deutschen bisher nicht wesentlich bremsen, nur regional verlagern können. Eher werden wirtschaftliche Gründe den Reiseboom etwas dämpfen. In Europa sind Spanien, Italien und Österreich die beliebtesten Reiseziele; innerhalb Deutschlands ist es das Bundesland Bayern rund ums Jahr und Ost- und Nordsee im Sommer.

Aufwendige Sportarten, die gute Ausrüstung und viel Training erfordern, haben in Westdeutschland von Jahr zu Jahr zugenommen.

Oktoberfest München

Fastnacht in Rottweil

Sie sind für viele ein wichtiger Bestandteil von Freizeit und Urlaub. Neben Schwimmen, Joggen, Radfahren sind besonders Skifahren, Surfen und Reiten beliebt. Hinzu kommen etliche Sportarten für Wagemutige, zu denen Outdoor-Aktivitäten wie Canyoning, Free Climbing, Kajakfahren und Paragliding gehören.

Nach der Wende gab es einen Tourismus völlig neuer Art. In der DDR waren die Reisemöglichkeiten der Bürger beschränkt: Man reiste im eigenen Land, vorzugsweise an die Seen im Norden oder an die Ostsee oder fuhr in die „Bruderländer" im östlichen Ausland. Vielfach waren es die betriebseigenen Erholungsstätten, wo man samt Familie und gemeinsam mit seinen Arbeitskollegen den Urlaub verbrachte. Nach der Öffnung der Grenzen setzte ein gewaltiger Reisestrom Richtung Westen ein. Die neuen Bundesbürger versuchten, das Versäumte nachzuholen, und fuhren im eigenen Auto oder mit Bussen in die alten Bundesländer. Oder sie flogen in Länder des westlichen Auslands, die bis dahin unerreichbar für sie gewesen waren.

Freizeit ist für viele Menschen die Abkehr vom Alltagstrott, verbunden mit einem Gefühl von „Freiheit", das sich in dem Wunsch nach grenzenloser Mobilität manifestiert. Das Mittel dazu ist der eigene Pkw. Die Folgen sind ständig wachsender Verkehr, Staus, Luftverschmutzung, Umweltschäden in Landschaft und Tierwelt. Während 1954 noch die Hälfte der Reisenden mit der Bahn fuhr und je ein Viertel mit Bus oder Auto, ist heute der Anteil der Bahnfahrer unter 10 % gesunken. Weit über die Hälfte fährt mit dem eigenen Pkw in den Urlaub und mehr als 20 % nehmen das Flugzeug.
Besonders der Massentourismus hat deutlich die Gefahren für Natur und Umwelt aufgezeigt: 40 000 Skipisten in den Alpen brachten Waldrodungen und Geländekorrekturen mit

sich. Diese Eingriffe in die Natur führen immer häufiger zu gefährlichen Bergrutschen und im Winter zu Lawinenabgängen.
Der Bund für Umwelt und Naturschutz Deutschland (BUND), eine bundesweit tätige Naturschutzorganisation, wirbt für einen „sanften Tourismus", der die natürlichen Ressourcen wie Wasser und Energie schont.
Im Fremdenverkehr spielt umweltgerechtes Verhalten eine immer größere Rolle. Hinweisschilder in der Landschaft oder Informationsbroschüren der Fremdenverkehrsämter versuchen, die Touristen zum richtigen Verhalten in der Natur „zu erziehen".

Die Alpen
sind Lebensraum- und Wirtschaftsraum für 11 Millionen Einwohner und Erholungsraum für rund 100 Millionen Menschen der ganzen Welt.

Somit ist der Tourismus heute der wichtigste Wirtschaftszweig, doch er trägt zunehmend auch zur starken Belastung von Mensch und Natur bei.

ALPENRAUM
MEHR WISSEN - WENIGER BELASTEN
Eine Initiative der CIPRA-Deutschland e.V.

(CIPRA = Commission Internationale pour la Protection des Alpes, Internationale Alpenschutzkommission)

Breitensport und Spitzensport

Sport in Deutschland heißt zum großen Teil Breitensport, d. h. er steht dem Bundesbürger vom Kindes- bis zum Seniorenalter offen. Basis der Sportbegeisterung sind die über 75 000 Sportvereine, die im Deutschen Sportbund (DSB) zusammengefasst sind. Nicht nur Fußball am Bildschirm, im Stadion oder im Verein ist der Favorit, auch Tennis ist für breite Bevölkerungsschichten attraktiv. Die Spitzenleistungen von Steffi Graf, Michael Stich und Boris Becker waren lange die Vorbilder.
Der Deutsche Fußballbund (DFB) ist mit seinen 5,3 Millionen Mitgliedern der größte Fachverband in Deutschland, nicht zu übersehen sind aber auch der Deutsche Turnerbund, der Deutsche Tennisverband, der Deutsche Schützenbund oder der Deutsche Leichtathletikverband; dazu die Wintersportler, Reiter und Segler. Sehr beliebt sind Aktionen des DSB wie Volksläufe oder Marathon-Läufe, die Tausende von sportlich trainierten Menschen anziehen.
Der DSB verleiht das Sportabzeichen in Gold, Silber und Bronze, das jährlich Hunderttausende in allen Altersgruppen in den Disziplinen ihrer Wahl erwerben. Das Silberne Lorbeerblatt als höchste Auszeichnung erhalten allerdings nur Spitzensportler, und zwar aus der Hand des Bundespräsidenten.

Mit der Vereinigung begann für die Spitzensportler der ehemaligen DDR eine neue Ära. Sie waren zu DDR-Zeiten in ein umfassendes Sportsystem eingebunden, das auf Hochleistung getrimmt war. Ein hierarchisches Gebilde von Kinder- und Jugendsportschulen, Sportschulen und vom Staat bezahlten Betreuern und Trainern sollte die Überlegenheit des Sozialismus beweisen. Dass Einzelleistungen zum Teil durch staatlich verordnetes Doping erkauft waren, stellte sich erst nach der Wende heraus.

Nachteilig für den Sport in den neuen Bundesländern wirkte sich aus, dass viele Sportler in den Westen gingen. Auch war der Neuanfang insofern schwer, als der DDR-Sport wie alle gesellschaftlichen Bereiche vom Stasi-Spitzelsystem (S. 117) durchsetzt war.

Aufgabe

Der Schriftsteller Martin Walser schrieb einen langen Artikel über Boris Becker. Hier ein paar Zeilen:

> Man kann, wenn man selber den Schläger in der Hand hat, von diesen fabelhaften Schlägen träumen. Man wird dadurch nicht besser. Aber wenn man den Ball zum Aufschlag hochwirft, schwebt einem doch Boris Becker vor. Wie sich seine Zunge rollt, dass sie ihm wie ein Zigarillorest aus der linken Mundwinkelhälfte steht. Wie er sich vor dem Aufschlag noch biegt und biegt, bis zum Zerreißen biegt und dann schlägt. As. Oder Fehler. „So ein Endspiel entscheidet der Geist", hat er gesagt. Darum ist wahrscheinlich das Tennis so attraktiv: ein Körperkampf, den doch der Geist entscheidet. Und ohne Blutvergießen.

(aus: Martin Walser, Dramen, Passionen, a.a.O.)

Übernehmen Sie die Rolle von Boris Becker oder eines anderen Sportidols und geben Sie eine Pressekonferenz.

Ein Text für Anspruchsvolle – Thema „Individualisierung"

1   Die bürgerliche Gesellschaft im Industriezeitalter war bisher relativ stabil. Sie hatte die Fähigkeit, wirtschaftliche und politische Krisen produktiv zu überwinden. Diese Fähigkeit scheint ihr immer mehr verloren zu gehen.

2   Löst sich die Gesellschaft auf? wird heute von Soziologen gefragt. Über „Individualisierung" wird geklagt; gemeint ist eine schwindende Solidarität in einer Gesellschaft der „Ellbogenfreiheit".

3   Dabei handelt es sich um etwas Uraltes, um ein Grundphänomen der sich entfaltenden Moderne. Ende des 19. Jahrhunderts wurden die Menschen aus den Bindungen ihres Standes und der Religion entlassen in die Welt der Industriegesellschaft. Der Lohnarbeiter wurde doppelt frei: befreit von seinen traditionellen Bindungen und ausgesetzt allen Gefahren am Arbeitsmarkt.

4   Heute geschieht der nächste Schritt: Die Menschen werden aus den Sicherheiten der Industriegesellschaft, wie sie über Jahrzehnte erkämpft wurden, entlassen in die Turbulenzen der Weltkrisengesellschaft. Ihnen selbst wird nun das Leben mit widersprüchlichen und persönlichen Risiken zugemutet.

5   Individualisierung meint nicht Beziehungslosigkeit oder Emanzipation, sondern Ablösung von den Lebensformen der Industriegesellschaft: der Familie, der Geschlechterrolle, der Gesellschaftsschichten.
Ersetzt wird dies durch Lebensformen, in denen die Individuen ihre Biographie selbst herstellen und inszenieren müssen. Auch moralische, soziale und politische Bindungen werden selbst gestaltet unter gewissen Vorgaben wie Ausbildung, Arbeitsmarkt usw. Die traditionelle Ehe wird nun gewählt und als persönliches Risiko gelebt. Früher bestimmten Traditionen die Entscheidungen und verpflichteten zu Gemeinsamkeiten, heute baut der Einzelne sein eigenes Leben, bei Strafe ökonomischer Benachteiligungen. Gemeinsamkeiten können von nun an nicht verordnet

werden, sie werden abgesprochen und begründet, wie es Bürgerinitiativen zum Beispiel zeigen.

6   In einer Zeit, in der Arbeitslosigkeit wächst und soziale Sicherheit abnimmt, verschärfen sich soziale Gegensätze. Menschen erleben dies als persönliche Schuld, nicht als gesellschaftliche Krise, um die es sich eigentlich handelt.

7   Damit wächst die Gefahr irrationaler Ausbrüche, auch in Form von Gewalt gegen alles, was als „fremd" etikettiert wird: Rasse, Hautfarbe, Geschlecht, ethnische Zugehörigkeit, Alter, körperliche Behinderung.

8   Bleibt die Frage, ob es gelingt, neue Sinnzusammenhänge zu vermitteln und den einzelnen und seine persönlichen, sozialen und politischen Belange neu einzubinden.
(nach: Ulrich Beck, Vom Verschwinden der Solidarität, in: SZ vom 14./15. Februar 93)

Aufgaben

1. Ordnen Sie die stichwortartigen Notizen den einzelnen Abschnitten zu:

Abschnitt

Soziale Gegensätze verschärfen sich   ☐

Jeder macht seine Biographie selbst   ☐

Menschen lösten sich aus traditionellen Bindungen   ☐

Menschen in Turbulenzen der Weltkrisen   ☐

Gefahr irrationaler Ausbrüche von Gewalt   ☐

Neue Sinnzusammenhänge müssen vermittelt werden   ☐

Fähigkeit, Krisen zu überwinden   ☐

Solidarität schwindet   ☐

2. Entscheiden Sie sich für oder gegen die obigen Thesen. Fassen Sie den Artikel kurz zusammen bzw. notieren Sie Ihre Gegenargumente.

3. Sehen Sie Zusammenhänge mit dem zunehmenden Risikoverhalten junger Leute? Selbstzerstörerische Verhaltensweisen werden schon bei Kindern zwischen 10 und 13 Jahren beobachtet. Bis zur Altersgruppe der 16- und 17-Jährigen steigen Zigaretten- und Alkoholkonsum und die unkontrollierte Einnahme von illegalen Drogen beginnt in ersten Schritten. Können Schule und Familie helfen oder liegt die Schuld bei den gesellschaftlichen Rahmenbedingungen?

4. Die Süddeutsche Zeitung veranstaltete eine Podiumsdiskussion mit dem Titel „Zukunft der Bürgerarbeit".
Das Ergebnis: Die Bereitschaft, soziale Verantwortung zu übernehmen, wächst. 16 Millionen Menschen engagieren sich bürgerschaftlich in Ehrenämtern. Das Ehrenamt hat aber einen Wandel durchgemacht: Vor allem Jugendliche wollen nicht mehr von Institutionen bestimmt sein – von Parteien, Kirchen und Vereinen –, sondern ihr Engagement selbst bestimmen. Die „Ichlinge" suchen die Gemeinschaft. Die „Klage über soziale Kälte und Egoismus ist ein altes Klischee", hieß es. Die Menschen suchen erreichbare Ziele in einer begrenzten Zeit, um Anerkennung und Spaß zu finden. Aktiv sind besonders junge, arbeitslose Akademiker und junge Alte, die nicht mehr im Beruf sind, sich aber fit fühlen. So entstehen Privatinitiativen und Selbsthilfegruppen, die sich um Migranten, Suchtprobleme, Arbeitslosigkeit, Familienselbsthilfe, Nachbarschaftshilfe usw. kümmern, zum Teil mit öffentlicher finanzieller Unterstützung.

Kennen Sie Beispiele für Hilfe und Hilfsbereitschaft? Überwiegen positive oder negative Erfahrungen?

4. Politik und öffentliches Leben

Konrad Adenauer (erster Bundeskanzler) unterzeichnet das Grundgesetz am 23. Mai 1949.

Das Europäische Parlament

Das parlamentarische Regierungssystem

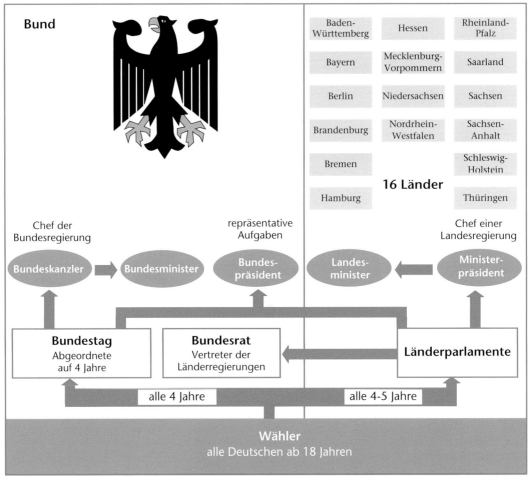

Bund

Baden-Württemberg	Hessen	Rheinland-Pfalz
Bayern	Mecklenburg-Vorpommern	Saarland
Berlin	Niedersachsen	Sachsen
Brandenburg	Nordrhein-Westfalen	Sachsen-Anhalt
Bremen		Schleswig-Holstein
Hamburg	**16 Länder**	Thüringen

Chef der Bundesregierung

repräsentative Aufgaben

Chef einer Landesregierung

Bundeskanzler → Bundesminister   Bundes-präsident   Landes-minister ← Minister-präsident

Bundestag
Abgeordnete auf 4 Jahre

Bundesrat
Vertreter der Länderregierungen

Länderparlamente

alle 4 Jahre   alle 4-5 Jahre

Wähler
alle Deutschen ab 18 Jahren

Die erste Sitzung des Bundestages im Reichstag in Berlin 19.04.1999

Artikel 1

Die Würde des Menschen ist unantastbar.

Artikel 20

Die Bundesrepublik Deutschland ist ein demokratischer und sozialer Bundesstaat.

Artikel 20

Alle Staatsgewalt geht vom Volke aus.

Artikel 21

Die Parteien wirken bei der politischen Willensbildung des Volkes mit.

Grundlagen der politischen Ordnung

Die Grundrechte und die wesentlichen Elemente des parlamentarischen Systems sind im Grundgesetz festgelegt.

Der erste Repräsentant des Staates ist der Bundespräsident. Er wird von der Bundesversammlung (= die Bundestagsabgeordneten und die Wahlmänner und -frauen, die von den Länderparlamenten bestimmt werden) für fünf Jahre gewählt. Durch seine Autorität soll er zwischen den verschiedenen gesellschaftlichen Gruppen ausgleichen. Er ist überparteilich und hat kaum politische Entscheidungsgewalt. Der Bürger erlebt ihn bei Ansprachen zu Gedenktagen (siehe S. 86) oder zum neuen Jahr, bei Staatsempfängen oder auf Reisen als Repräsentant der Bundesrepublik Deutschland. Seine Amtszeit ist auf zehn Jahre begrenzt.

Die Bürger wählen in freier und geheimer Wahl die Abgeordneten für den Deutschen Bundestag und die Länderparlamente sowie die Vertreter auf kommunaler und regionaler Ebene. Wahlberechtigt sind alle volljährigen deutschen Staatsbürger. (Volljährig ist, wer das 18. Lebensjahr vollendet hat.) Gewählt wird nach dem Verhältniswahlrecht.

▶ Das Stichwort: *Verhältniswahlrecht*

Jeder Wähler hat zwei Stimmen: Mit der ersten Stimme wählt er den Direktabgeordneten seines Stimmkreises, mit der zweiten Stimme eine Partei. Die Sitze im Parlament werden dann im Verhältnis der abgegebenen Stimmen verteilt. Eine adäquate Vertretung der Minderheit ist damit gesichert. Eine Zersplitterung des Parlaments in zu viele Parteien wird durch die 5 %-Klausel (siehe S. 86) verhindert.

Der Bundestag beschließt die Gesetze und wählt auf Vorschlag des Bundespräsidenten den Bundeskanzler. Der Bundeskanzler wiederum bestimmt die Minister und bildet zusammen mit ihnen die Bundesregierung. Er legt die Richtlinien der Politik fest.
Im Bundesrat sind die Bundesländer vertreten. Ihre Mitglieder sind Vertreter der Landesregierungen. Bei der Verabschiedung von Gesetzen wirkt der Bundesrat mit; in bestimmten Fällen ist seine Zustimmung erforderlich.

Neben Bundesregierung (= Exekutive), Bundestag und Bundesrat (= Legislative) ist das Bundesverfassungsgericht (= Judikative) in Karlsruhe der dritte unabhängige Träger der Staatsgewalt. Dieses höchste Gericht überwacht die Einhaltung des Grundgesetzes. In den Jahren nach der Wende ist das Verfassungsgericht ungewöhnlich oft angerufen worden, zum Beispiel auch in der Frage des Asylrechts. Einzelne Bürger können sich mit einer Verfassungsbeschwerde an dieses Gericht wenden, wenn sie ihre Grundrechte verletzt sehen und alle anderen Rechtswege bereits beschritten wurden.

Das Grundgesetz wurde 1949 als Provisorium geschaffen. Es bewährte sich als Grundlage einer freiheitlich-demokratischen Gesellschaft.

Es kann nur mit einer Zweidrittelmehrheit von Bundestag und Bundesrat geändert werden.

Im Einigungsvertrag wurde eine Überarbeitung in der Folge der deutschen Einheit vorgesehen. Eine Verfassungskommission arbeitete 1992 bis 1993 verschiedene Erweiterungen aus. Als Staatsziele wurden schließlich der Schutz der natürlichen Lebensgrundlagen, die Förderung der Gleichberechtigung von Frauen und Männern sowie der Schutz Behinderter aufgenommen. Der neue Europa-Artikel 23 wurde eingefügt, der die Mitwirkung von Bundestag und besonders Bundesrat bei der Herstellung der Europäischen Union regelt. Nicht berücksichtigt wurde u. a. eine direkte Beteiligung der Bürger an politischen Entscheidungen (Referendum, Wahl des Bundespräsidenten). Kritiker werten die nur partielle Überarbeitung als Enttäuschung, eine historische Chance sei vertan worden. (Elemente der direkten Demokratie sind dagegen in den neu geschaffenen Landesverfassungen der neuen Bundesländer und Berlins enthalten.)

Richard von Weizsäcker, Bundespräsident von 1984–1994, hat durch seine Reden international große Achtung erworben. Hier ein Auszug aus einer Ansprache zum 40. Jahrestag des Kriegsendes am 8. Mai 1985:

> Schuld oder Unschuld eines ganzen Volkes gibt es nicht. Schuld ist, wie Unschuld, nicht kollektiv, sondern persönlich.
> Es gibt entdeckte und verborgen gebliebene Schuld von Menschen. Es gibt Schuld, die sich Menschen eingestanden oder abgeleugnet haben. Jeder, der die Zeit mit vollem Bewusstsein erlebt hat, frage sich heute im Stillen selbst nach seiner Verstrickung.

> Der ganz überwiegende Teil unserer heutigen Bevölkerung war zur damaligen Zeit entweder im Kindesalter oder noch gar nicht geboren. Sie können nicht eine eigene Schuld bekennen für Taten, die sie gar nicht begangen haben. Kein fühlender Mensch erwartet von ihnen, ein Büßerhemd zu tragen, nur weil sie Deutsche sind. Aber die Vorfahren haben ihnen eine schwere Erbschaft hinterlassen.
> Wir alle, ob schuldig oder nicht, ob alt oder jung, müssen die Vergangenheit annehmen. Wir alle sind von ihren Folgen betroffen und für sie in Haftung genommen. Jüngere und Ältere müssen und können sich gegenseitig helfen zu verstehen, warum es lebenswichtig ist, die Erinnerung wachzuhalten.
> Es geht nicht darum, Vergangenheit zu bewältigen. Das kann man gar nicht. Sie lässt sich ja nicht nachträglich ändern oder ungeschehen machen. Wer aber vor der Vergangenheit die Augen verschließt, wird blind für die Gegenwart. Wer sich der Unmenschlichkeit nicht erinnern will, der wird wieder anfällig für neue Ansteckungsgefahren.

(aus: Richard von Weizsäcker, Von Deutschland aus, a. a. O., S. 19/20)

Die Parteien und die ersten gesamtdeutschen Wahlen

Im Grundgesetz ist festgelegt, dass die Parteien an der politischen Willensbildung mitwirken. Ihre Gründung ist frei. Sie müssen demokratischen Grundsätzen entsprechen.
Wenn eine Partei in den Bundestag gelangen will, muss sie im Regelfall mehr als 5% der gültigen Wählerstimmen in ihrem Wahlgebiet auf sich vereinen (so genannte 5%-Klausel). Damit soll eine Zersplitterung in viele mittlere und kleine Parteien vermieden werden.

Für eine menschengerechtere Gestaltung der Arbeitswelt

Solidarität der Kulturen

Gerechtigkeit

CDU

Solidarität

Freiheit

„Wir wissen, dass das ‚Paradies auf Erden' nicht geschaffen werden kann. Dennoch sind wir aufgerufen, unermüdlich daran mitzuarbeiten, dass die Welt von morgen eine gerechtere und menschlichere wird."

✗ Mein Kumpel, mein Freund!

Ein Mensch.
Zwei Pässe.

Warum die doppelte Staatsbürgerschaft so wichtig ist.

„Ich bin Berliner, aber in meinem Pass steht, dass ich Türke bin."

F.D.P.
Die Liberalen

Demokratie heißt mitreden. Nicht mitlaufen.

Wir überlassen vieles dem Markt. Aber nichts dem Zufall.

BÜNDNIS 90 DIE GRÜNEN

Nicht für alle. Aber für alle, die Freiheit wollen.

Die GRÜNEN setzen sich ein für eine Republik, in der
– alle Bürgerinnen und Bürger weitgehende demokratische Mitentscheidungsrechte haben,
– Frauen nicht unterdrückt und kulturelle, sexuelle und nationale Minderheiten nicht diskriminiert werden,
– Armut und Arbeitslosigkeit überwunden sind,
– dem Schutz der Natur Vorrang vor ständigem Wachstum eingeräumt wird,
– Gewalt kein Mittel der Innen- und Außenpolitik mehr ist.

CSU

Politischer Frühschoppen

Bürgersicherheit im Alltag

Wer ist das, die

Wer Zukunft will, muss die Gegenwart verändern.

Vorschlag der PDS
Für ein zukunftorientiertes Sofortprogramm
Aktive Struktur- und Beschäftigungspolitik in den neuen Bundesländern

Herzlich willkommen

Nachdem die DDR der Bundesrepublik nach Artikel 23 Grundgesetz (dieser Artikel ist heute der Europa-Artikel) am 3.10.1990 beigetreten war, konnten die ersten gesamtdeutschen Wahlen am 2.12.1990 stattfinden. Diesen Wahlen gingen folgende Ereignisse voraus:

1. Die neuen Bundesländer wurden konstituiert.
2. Ein einheitliches Wahlverfahren wurde erarbeitet.
3. Die Parteien ordneten sich neu.

Die CDU mit Helmut Kohl ging als Sieger aus dieser Wahl hervor. Die Regierungsparteien CDU/CSU hatten den Vereinigungsprozess vorangetrieben; sie hatten einen Konjunkturaufschwung vorausgesagt, der die Einheit fast automatisch finanzieren werde. Zahlreiche Stimmen, die vor den Folgelasten der deutschen Einheit warnten, fanden kein Gehör, zumal der Prozess der Vereinigung nicht aufzuhalten war. In den folgenden Jahren zeigte sich Unzufriedenheit, und zwar im Osten wie im Westen. Die Ostdeutschen hatten ein schnelleres Tempo erwartet. Die versprochenen „blühenden Landschaften" waren in einer Zeit weltweiter wirtschaftlicher Rezession nicht zu realisieren. Arbeitsplatzabbau und Betriebsstilllegungen drückten auf die Stimmung; DDR-Nostalgie breitete sich aus. Gleichzeitig kamen auf die Westdeutschen finanzielle Belastungen zu und die Arbeitslosenzahlen stiegen bedrohlich. Die Diskussion um die Einheit Deutschlands verengte sich zeitweise von der politischen und intellektuellen Ebene auf die rein wirtschaftliche Komponente.

Es gibt folgende größere Parteien:

CDU/CSU (= Christlich Demokratische Union und Christlich Soziale Union in Bayern)

SPD (Sozialdemokratische Partei Deutschlands)

F.D.P. (Freie Demokratische Partei = Die Liberalen)

Bündnis 90/Die Grünen

▷ Das Stichwort: *Bündnis 90*

Vereinigung ostdeutscher Bürgerrechtsgruppierungen („Demokratie jetzt", „Initiative für Frieden und Menschenrechte", Teile des „Neuen Forums"). Die Bürgerbewegungen hatten im Herbst 1989 durch ihre Appelle und Proteste wesentlichen Anteil am Sturz des SED-Regimes. Als Einzelgruppierungen haben sie sich später in der demokratischen Parteienlandschaft nicht durchsetzen können. Sie schlossen sich 1993 mit der in Westdeutschland organisierten Partei der Grünen zusammen.

In der Partei der Grünen hat sich der realpolitische Flügel (Realos) gegenüber den „Fundamentalisten" (Fundis) durchgesetzt. Wachsende Erfolge bei verschiedenen Wahlen machten die Grünen als Bündnispartner für die anderen Parteien interessant.

PDS (– Partei des Demokratischen Sozialismus = Nachfolgepartei der SED, der Sozialistischen Einheitspartei Deutschlands der ehemaligen DDR)
Die PDS ist die mitgliederstärkste Partei in den neuen Bundesländern. Besonders im Ostteil Berlins wählten viele Bürger diese Partei. In den alten Bundesländern konnte sie sich kaum durchsetzen. Innerhalb der Partei brechen immer wieder die Gegensätze zwischen jungen Reformern und betagten, diskussionsunwilligen Dogmatikern der DDR-Vergangenheit auf.

Mit der Zunahme rechtsextremistischer Gewalttaten 1991 stiegen auch die Mitgliederzahlen rechtsextremistischer Vereinigungen. Bundeskriminalamt und Verfassungsschutz

warnten 1992 vor dem wachsenden Organisationsgrad der Rechtsradikalen. Sie beobachteten eine zunehmende Vernetzung und Kontakte zu ausländischen radikalen Parteien und Extremisten-Organisationen. Mehrere Vereinigungen wurden verboten, die Urheber von Brandstiftungen und Mordtaten (siehe S. 165) wurden zu langjährigen bzw. lebenslangen Gefängnisstrafen verurteilt. Die Zahl der rechtsextremistischen Straftaten ist im Jahr 2000 dennoch gestiegen.
(nach: Lexikon der Gegenwart '94, a.a.O., S. 414/415; aktualisiert 2000)

Aufgabe

Rechtsextreme Parteien, darunter die Republikaner, werden jetzt als rechtsextremistisch eingestuft. Schon seit geraumer Zeit gelten sie als inkompetent und politikunfähig.

Verfassungsschutz stuft Republikaner als grundgesetzfeindlich ein
Das Bundesamt für Verfassungsschutz betrachtet die Republikaner als rechtsextremistische, verfassungsfeindliche Partei. So steht es im Entwurf des Verfassungsschutzberichtes 1995, den das Kölner Amt ... vorgelegt hat.
... der Bundesverfassungsschutzbericht hatte 1994 die Republikaner noch als lediglich rechtsradikale Partei eingestuft, allerdings „mit rechtsextremistischen Tendenzen". Die Einstufung als „radikal" hat freilich keine weiteren Konsequenzen; als „radikal" wird von Verfassungsschützern zum Beispiel auch die PDS bezeichnet. Erst die Qualifizierung als „extremistisch" bedeutet auch Verfassungsfeindlichkeit.

Sammeln Sie Zeitungsausschnitte zu dem Thema „Rechtsextremismus" und fassen Sie den derzeitigen Stand kurz zusammen.

Bürgerinitiativen

Bürgerinitiativen sind Formen der „direkten Demokratie". Es sind Zusammenschlüsse von Bürgern, die sich aus persönlicher Betroffenheit gegen bestimmte Zustände oder Entwicklungen wehren. Das können öffentliche Planungen, Missstände oder befürchtete Fehlentwicklungen sein. Bürgerinitiativen werden unmittelbar tätig oder versuchen, in der Öffentlichkeit Gleichgesinnte zu mobilisieren.

In der Bundesrepublik gab es bis Ende der Sechzigerjahre kaum Versuche von Bürgern, bestimmte Entscheidungen der Gemeinden, der Bundesländer oder des Bundes direkt zu beeinflussen. Als eine der ersten großen Bürgerinitiativen gilt eine Aktion in Hannover, die 1969 gegen Fahrpreiserhöhungen der städtischen Betriebe Front machte. Die Zahl wuchs während der Studentenunruhen und der Zeit der außerparlamentarischen Opposition; von der ersten sozialliberalen Bundesregierung kam der Aufruf, mehr Demokratie zu wagen. Bald gab es Tausende von Bürgerinitiativen, wobei niemand ihre wirkliche Anzahl überschauen konnte. Das Vertrauen in die Bürgerinitiativen und die Bereitschaft mitzumachen waren groß – und das gilt auch nach wie vor.

Die Gründe für die Entstehung von Bürgerinitiativen sind vielfältig: zunehmende Umweltbelastung, die Zerstörung von Landschaften und Wäldern, Lärm und schlechte Luft in den Innenstädten, Großverkehrsprojekte – insgesamt negative Folgen des wirtschaftlichen Wachstums. Gleichzeitig spielt die Forderung nach Mitsprache- und Mitwirkungsrechten im öffentlichen Leben eine wichtige Rolle. Über Deutschlands Grenzen hinaus bekannt wurden die Initiativen gegen die Rechtschreibreform. Viele Aktionen haben persönliche Gründe; sie wenden sich gegen Missstände am Ort, z.B. im Bereich Wohnen, Verkehr,

Umweltschutz, Kindergärten oder Spielplätze. Überregional protestieren sie gegen den Bau von Autobahnen, Kernkraftwerken, Flughäfen oder militärischen Anlagen.

Die Bürgerinitiativen wenden sich im Allgemeinen an eine größere Öffentlichkeit durch Unterschriftensammlungen, Flugblätter, Demonstrationen oder Blockaden. Sie sind im Grunde gewaltfrei. Zu begrenzten Konflikten kam es bei Blockaden oder Demonstrationen, wie z.B. in Brokdorf bei Hamburg, als gegen die Errichtung eines Atomkraftwerks – letztlich mit Erfolg – protestiert wurde.

Viele Bürgerinitiativen gingen mit anderen Protestbewegungen zusammen, wie der Friedens- oder der Ökologiebewegung. Andere organisierten sich in Grünen oder Alternativen Listen und nahmen in Konkurrenz zu den etablierten Parteien an Wahlen teil.

AKTION SAUBERES MEER

Eine weitere Form der Initiative ist die Selbsthilfe. Diese wird ausschließlich für einen engeren Kreis aktiv und tritt weniger nach außen in Erscheinung. Dazu gehören Nachbarschaftshilfen, Kinderladeninitiativen, Schularbeitszirkel oder Beratungsstellen für Drogenabhängige, Behinderte und Minderheiten (siehe S. 82).

Aufgaben

1. Kennen Sie Bürgerinitiativen aus eigener Erfahrung? Wenn ja, berichten Sie darüber. Oder erkundigen Sie sich bei deutschen Bekannten.
2. Gibt es vergleichbare Initiativen in Ihrem Land? Wenn ja, wie sind diese organisiert und in welchen Bereichen arbeiten sie?

Zukunft Europa

Schon nach dem Zweiten Weltkrieg zeichneten sich die ersten Umrisse der Idee eines vereinten Europa ab. Heute haben verschiedene Staaten ihre Gegensätze, die über Jahrhunderte bestanden – wie z.B. die zwischen Frankreich und Deutschland –, abgebaut, nicht zuletzt auf Grund ihrer Einbindung in übernationale Institutionen. Die Euphorie nach der Vereinigung – die ehemalige DDR wurde dadurch Teil der EG – fiel zusammen mit dem Beginn des Europäischen Binnenmarktes. Inzwischen ist allerdings die begeisterte Aufbruchstimmung eher Nachdenklichkeit und Pragmatismus gewichen.
1949 wurde zunächst der Europarat gegründet, der sich europaweit um die Zusammenarbeit seiner Mitgliedstaaten auf sozialem, kulturellem, wirtschaftlichem und wissenschaftlichem Gebiet bemüht. In seinem Rahmen werden zwischenstaatliche, völkerrechtlich verbindliche Verträge abgeschlossen. Das herausragendste Abkommen ist die Europäische Menschenrechtskonvention aus dem Jahr 1950. Der Europarat erklärt sich gegen Fremdenfeindlichkeit, für Minderheitenrechte und für die Demokratisierung in bestimmten Ländern. Auch mittel- und osteuropäische Länder sind in ihm vertreten oder haben die Mitgliedschaft beantragt.

Die eigentliche Geburtsstunde Europas aber war im Jahre 1951 die Gründung einer Europäischen Gemeinschaft für Kohle und Stahl (EGKS), später bekannt als Montanunion. Die Römischen Verträge 1957 führten zur Gründung der Europäischen Wirtschaftsgemeinschaft (EWG) und der Europäischen Atomgemeinschaft (EURATOM). Die EWG zählte sechs Gründungsmitglieder: Belgien, die Bundesrepublik Deutschland, Frankreich, Italien, Luxemburg und die Niederlande. Man einigte sich auf die Freizügigkeit der Arbeitnehmer in den Mitgliedstaaten und auf eine einheitliche Agrarpolitik. In der Folge schufen allerdings die Überschüsse in der Landwirtschaft, die „Butterberge" und die „Milchseen", fast unlösbare Probleme. Dennoch blieb die Gemeinschaft – nach der Zusammenlegung von EWG, EGKS und EURATOM Europäische Gemeinschaft = EG genannt – so attraktiv, dass 1973 Großbritannien, Irland und Dänemark beitraten, 1981 Griechenland, 1986 Portugal und Spanien. Wichtiger Grund war das Europäische Währungssystem (EWS), das eine gewisse währungspolitische Stabilität sicherte.
Ein weiterer Schritt auf dem Wege nach Europa war Anfang 1993 der Beginn des Europäischen Binnenmarktes (siehe S. 142 ff.). Am 1. Januar 1994 traten die EFTA-Länder Finnland, Island, Norwegen, (Liechtenstein,) Österreich und Schweden ohne die Schweiz dem Europäischen Binnenmarkt bei und schufen – unter Berücksichtigung vieler Sonderwünsche – den Europäischen Wirtschaftsraum (EWR). Drei von ihnen gehören seit Anfang 1995 zur EU (siehe Tabelle unten links).

Der weitere Fahrplan ist 1992 im holländischen Maastricht – Maastrichter Vertrag – festgelegt worden. In drei Stufen wird die Wirtschafts- und Währungsunion Europas vollendet. 1998 wurden die Kriterien für den Eintritt in die Währungsunion überprüft: Das sind ein geringer Preisanstieg, ein geringes Haushaltsdefizit und ein niedriger Zinssatz. Elf Länder sind seit dem 1. Januar 1999 „Euroland": Belgien, Deutschland, Finnland, Frankreich, Holland, Irland, Italien, Luxemburg, Österreich, Portugal und Spanien. Drei EU-Länder sind nicht dabei: Dänemark, Großbritannien und Schweden. Griechenland wurde am 1.1.2000 Mitglied.
Seitdem sind die Wechselkurse zwischen den Euroländern fest: 1 Euro = 1,8553 DM. Mitte des Jahres 2002 wird die Mark aus dem Verkehr gezogen und es gilt nur noch der Euro. Viele bedauern das Ende der stabilen Mark, der Euro muss sich noch bewähren.
Der Maastrichter Vertrag wird aus drei Säulen gebildet: 1. der oben beschriebenen Wirtschafts- und Währungsunion, 2. der gemeinsamen Außen- und Sicherheitspolitik und 3. der innen- und justizpolitischen Zusammenarbeit der EU-Staaten. Seitdem der Vertrag in Kraft getreten ist, heißt die EG offiziell Europäische Union (EU).
Für die Erweiterung der Union empfehlen sich 13 Bewerberländer, die sich politisch und wirtschaftlich für die Union fit machen müssen. Gefordert sind politische und wirtschaftliche Stabilität, Wettbewerbsfähigkeit, um dem Druck des Binnenmarktes standzuhalten, sowie eine rechtsstaatliche Ordnung. Vorbedingung ist die Übernahme des Gemeinschaftsrechts in mehr als 25 000 Rechtsakten, von der Telekommunikation über die Land-

Der Europäische Wirtschaftsraum (EWR)

EU (Europäische Union)	EU-Mitglieder seit 1.1.1995	EFTA
Belgien*	Finnland*	Island
Dänemark	Österreich*	Liechtenstein
Deutschland*	Schweden	Norwegen
Frankreich*		Schweiz**
Griechenland		
Großbritannien		
Irland*		
Italien*		
Luxemburg*		
Niederlande*		
Portugal*		
Spanien*		

* Euro-Währung seit 01.01.1999
** kein Mitglied des EWR

EFTA = European Free Trade Association
        (Zahlreiche Abkommen mit der EU; seit 1997
        Freihandelszone mit Kanada)

wirtschaft bis hin zu demokratischen Grundnormen. Polen, Ungarn und Tschechien, Estland, Slowenien und Zypern gehören zur ersten Gruppe der aussichtsreichsten Kandidaten. Größere Anstrengungen sind von Bulgarien, Lettland, Litauen, Malta, der Slowakei und Rumänien gefordert. Kandidatenstatus hat seit 2000 auch die Türkei, die Schritt für Schritt Recht, Verwaltung, Politik und Wirtschaft auf die Vereinbarkeit mit Europa überprüft.
Bis 2006 stehen in den Strukturfonds 85 Milliarden Mark pro Jahr zur Verfügung, die den neuen Mitgliedern den Übergang erleichtern sollen.

Das Europäische Parlament wird seit 1979 von der wahlberechtigten Bevölkerung aller Mitgliedstaaten direkt gewählt. Die Abgeordneten bleiben fünf Jahre im Amt. Ihre Zahl richtet sich nach der Größe des Mitgliedslandes. Seit 1994 verfügt Deutschland als das bevölkerungsstärkste Land über die meisten Sitze: zusammen mit den 18 Europa-Abgeordneten für die neuen Bundesländer über insgesamt 99, Frankreich, Großbritannien und Italien über je 87 (Siehe Lexikonartikel, S. 93). Es gibt keine europäische Partei; die Parteien der Länder schicken nach der Europa-Wahl ihre Abgeordneten ins Parlament.

Die EU-Kommission ist so etwas wie die „Regierung" der Europäischen Union. Sie bringt Gesetzentwürfe ein und überwacht die Einhaltung und Anwendung der gemeinsamen Verträge in der EU. Sie hat auch die Stationen zur Verwirklichung des Europäischen Binnenmarktes ausgearbeitet. Die Kommission setzt sich aus 20 EU Kommissaren zusammen, die von den Regierungen der Mitgliedstaaten ernannt werden. Diese Kommissare bekleiden als Europäer Ministerressorts wie in einer nationalen Regierung, sind aber nicht demokratisch gewählt. (Diese Unabhängigkeit wird mit Recht stark kritisiert.) Die Präsidentschaft wechselt alle sechs Monate. Den EU-Präsidenten stellt turnusmäßig eines der Mitgliedsländer. Aufgabe des Präsidenten ist vor allem, den Konsens zwischen den einzelnen Ländern herzustellen. Der Hauptsitz der Kommission ist Brüssel.

Der EU-Ministerrat ist der „Gesetzgeber"; er berät über die Entwürfe der Kommission. Seine Verordnungen gelten in den Mitgliedstaaten wie Gesetze. Der Rat besteht aus Ministern der einzelnen Mitgliedsländer, und zwar aus den Außenministern und den für das jeweilige Thema zuständigen Fachministern oder Staatssekretären. Den Vorsitz übernehmen die Minister der Länder halbjährlich in alphabetischer Reihenfolge. Der Ministerrat tagt in Brüssel oder in Luxemburg.

Im Europäischen Rat, der kein eigentliches EU-Organ ist, treffen sich die Staats- und Regierungschefs der Mitgliedsländer. Der Europäische Rat darf nicht mit dem Europarat (siehe S. 90) verwechselt werden, der mit der EU nichts zu tun hat.

Der Europäische Gerichtshof in Luxemburg befasst sich in erster Linie mit der Auslegung und Anwendung des Gemeinschaftsrechts.

So funktioniert die EU

Europäischer Rat
Grundsatzentscheidungen der 15 Regierungschefs

Kommission
„Regierung" (Exekutive)
20 Kommissare
je 2 aus D, E, F, GB, I
je 1 aus den
übrigen Ländern

······ Vorschläge ······

◄···· Entscheidungen ····

Ministerrat
„Oberhaus"
der Legislative
(Gesetzgebung)
15 Mitglieder
je 1 pro Mitgliedsland

Beratung

Beratung

Wirtschafts-
und Sozial-
ausschuß

Ausschuß
der
Regionen

Anfragen,
Kontrolle,
Vertrauens- u.
Mißtrauens-
votum,
Zustimmung
zur Besetzung der
Kommission

Wächter über die Verträge

Europäischer
Gerichts-
hof

Ausgabenkontrolle

Europäischer
Rechnungs-
hof

Haushalts-
beschlüsse,
Anhörung,
Mitent-
scheidung

Europäisches Parlament
„Unterhaus"
der Legislative
626 Abgeordnete

Portugal	25	
Österreich	21	
Großbritannien	87	
Dänemark	16	
Spanien	64	
	15	Irland
	31	Niederlande
	6	Luxemburg
	25	Italien
	87	Griechenland
	87	Frankreich
	25	Belgien
	99	Deutschland
	16	Finnland
	22	Schweden

© Globus
5599

Die Europaflagge ist Symbol für die europäische Einigung und offizielle Flagge des Europarates. Sie ist blau und trägt einen Kreis aus 12 gelben Sternen. Die Sterne stehen für die europäischen Mitgliedstaaten und der Kreis für die Einheit. Die Flagge ist in den europäischen Ländern überall an öffentlichen Gebäuden und an den Grenzübergängen zu sehen.

Lexikonartikel über das Europäische Parlament.

Europäisches Parlament

Abkürzung: EP
Sitz: Straßburg (Frankreich)
Sitzungsorte: Straßburg (Frankreich), Brüssel (Belgien)
Sekretariat: Luxemburg
Gründung: 1958
Abgeordnete: 626
Funktion: Volksvertretung der EU

Der Amsterdamer Vertrag von 1997 erweiterte die Rechte des EP.
Das EP hat folgende Rechte:
- Haushaltsrecht: Der von der Europäischen Kommission ausgearbeitete EU-Haushalt wird vom EP beraten.
- Widerspruchsrecht: in Angelegenheiten der Wirtschafts- und Währungsunion.
- Mitentscheidungsrechte: bei verschiedenen Gesetzen, Inkrafttreten kann auch verhindert werden.
- Zustimmungsrechte: Der Präsident der Kommission wird mit Zustimmung des EP nominiert. Zusammen mit ihm werden die Mitglieder der Kommission ernannt und als Ganzes bestätigt.
Die Zustimmung des EP ist notwendig bei der Aufnahme neuer EU-Mitglieder und bei internationalen Verträgen.

Eine politische Union ist ohne die weitere Stärkung des EP nicht denkbar.

(nach: Lexikon der Gegenwart 1999, a.a.O., S. 545/546)

Die Medien – Presse, Rundfunk und Fernsehen

Die Presselandschaft

Das Grundgesetz garantiert das Recht auf freie und öffentliche Meinungsäußerung und die Freiheit der Presse, des Hörfunks und des Fernsehens.

In Deutschland erscheinen Tageszeitungen mit einer Gesamtauflage von 26,14 Millionen Exemplaren. Hinzu kommen Sonntagsblätter mit 4,91 Millionen Exemplaren und Wochenzeitungen mit durchschnittlich 2 Millionen Exemplaren (nach: Lexikon der Gegenwart '94 und '95 a.a.O.). Die meistgekaufte Tageszeitung ist die „Bild"-Zeitung (4,3 Mio Exemplare), es folgen die „Süddeutsche Zeitung" (1,1 Mio) und die „Frankfurter Allgemeine Zeitung" (960 000). Die bekannte Wochenzeitung „DIE ZEIT" hat inzwischen Konkurrenz bekommen: von der neu gegründeten „Die Woche" und der seit 1993 auch in Westdeutschland angebotenen „Wochenpost". Konkurrenz für den „SPIEGEL", dem seit 1947 einzigen Nachrichtenmagazin (1,2 Mio), ist seit Anfang 1993 das ebenso erfolgreiche Magazin „Focus".

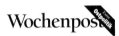

Unüberschaubar ist der Zeitschriftenmarkt mit seinen über 20 000 Titeln. Allein 600 auf Unterhaltung und Freizeit

zielende Publikumszeitschriften sind erhältlich (so zum Beispiel „stern", „Bunte"). Zugenommen haben vor
allem die so genannten „Special-Interest"-Zeitschriften, die sich an bestimmte Käufergruppen wenden und begrenzte Themen behandeln, vom Tennis, Angeln, Segeln bis zur Elektronik und zum Computerwissen („auto, motor und sport", „Eltern", „essen & trinken", „Yacht" usw.).
Neu am Markt sind ca. 40 Obdachlosenzeitungen (z.B. „Hinz und Kunz" oder die „Stadtzeitung"), die aus der Sicht von Betroffenen berichten, und Arbeitslosenzeitungen (z.B. „Pro Job"), die bei der Jobsuche helfen.

In Deutschland werden zahlreiche fremdsprachige Zeitungen angeboten. Manche wollen bewusst das Heimatland aus anderer Sicht betrachten als die Zeitungen zu Hause und packen auch heiße Eisen an. Informationen erhalten Ausländer in Deutschland neben der Presse auch über die Ausländerprogramme der Rundfunk- und Fernsehanstalten der ARD. Diese Sendungen wurden in den sechziger Jahren für Gastarbeiter eingerichtet und suchen heute nach neuen Konzepten. Nicht mehr Brücke zur Heimat und Orientierungshilfe wollen sie sein, sondern den Lebensalltag der hier lebenden Ausländer zum Thema machen, um einen Dialog der Kulturen in Gang zu setzen. Besonders ausgezeichnet hat sich diesbezüglich SFB 444 Radio MultiKulti und das WDR-Magazin „Babylon".

Aufgabe

Beliebtheitsskala der Massenmedien
In einer Meinungsumfrage entschieden sich die meisten für das Fernsehen als die beliebteste Freizeitbeschäftigung.

89%	Fernsehen
76%	Radio hören
76%	Zeitungen/Zeitschriften lesen
30%	CD/Kassetten hören
36%	Bücher lesen

(nach: Medien Bulletin vom 24.4.92, S. 17)

Öffentlich-Rechtliche gegen Private

Hörfunk und Fernsehen fallen in die Verantwortung der Bundesländer. Bis in die Achtzigerjahre gab es nur den öffentlich-rechtlichen Rundfunk, dann wurden auch private Sender zugelassen. Heute gilt das „duale System", d.h. das Nebeneinander von öffentlich-rechtlichen und privaten Sendern. Zu den Öffentlich-Rechtlichen gehören folgende Landesrundfunkanstalten: der Bayerische Rundfunk (München), der Hessische Rundfunk (Frankfurt am Main), der Norddeutsche Rundfunk (Hamburg), Radio Bremen, der Saarländische Rundfunk (Saarbrücken), der Sender Freies Berlin (Berlin), der Süddeutsche Rundfunk (Stuttgart), der Südwestfunk (Baden-Baden), der Westdeutsche Rundfunk (Köln), der Ostdeutsche Rundfunk Brandenburg (Potsdam) und der Mitteldeutsche Rundfunk (Leipzig). Sie strahlen ein gemeinsames Fernsehprogramm aus, das „Erste Programm", unter dem Namen ARD (= Arbeitsgemeinschaft der öffentlich-rechtlichen Rundfunkanstalten Deutschlands); daneben produzieren diese Sender eigene regionale „Dritte Programme", die besonders im Osten des Landes durch die Orientierung auf die Ost-Vergangenheit identitätsstiftend geworden sind.

Nach der Auflösung der zentral gelenkten Massenmedien der ehemaligen DDR wurde das Sendegebiet der ARD auch auf die neuen Bundesländer ausgedehnt. Der Rundfunk in Brandenburg wurde gegründet sowie der für Sachsen-Anhalt, Sachsen und Thüringen zuständige Mitteldeutsche Rundfunk. Der Norddeutsche Rundfunk (Hamburg) sendet auch in Mecklenburg-Vorpommern.

Ein weiteres nationales Fernsehprogramm, das „Zweite Programm", wird vom Zweiten Deutschen Fernsehen (ZDF) in Mainz ausgestrahlt. Das ZDF ist eine reine Fernsehanstalt, im Gegensatz zu den anderen Anstalten, die auch Hörfunkprogramme senden.

Die öffentlich-rechtlichen Sender haben den Auftrag, die kommunikative Grundversorgung der Bevölkerung zu sichern. Bildung, Kultur und Unterhaltung sollen in einem ausgewogenen Verhältnis zueinander stehen. Sie finanzieren sich aus den Rundfunk-Gebühren und der Werbung, die aber auf bestimmte Sendezeiten beschränkt ist. Spielfilme werden nicht – wie bei den privaten Sendern – durch sogenannte Werbe-Inseln unterbrochen.

Private Sender finanzieren sich im Gegensatz zu den öffentlich-rechtlichen Anstalten ausschließlich aus der Werbung, die sie rund um die Uhr senden. Die Folge ist ein erbitterter Kampf um die Einschaltquoten, d.h. um die Marktanteile, denn die Quote bedeutet bares Geld. Je mehr Zuschauer ein Sender der Werbekundschaft bietet, umso mehr kann er für eine Minute Werbung verlangen. Ziel der Privaten ist es deshalb, im Interesse der Werbewirtschaft vor allem kaufkräftige Bevölkerungsgruppen anzusprechen. Die Programme sind laut und billig und bieten im Wesentlichen Unterhaltung. Unterbrechungen sind das Prinzip, zum Nachdenken bleibt keine Zeit mehr. Die Öffentlich-Rechtlichen sind dadurch gefordert, mit Qualitätsprogrammen die breite Bevölkerung zu interessieren und dabei gleichzeitig zu unterhalten. Sie sind die beliebtesten Fernsehsender geblieben, aber sie wurden wegen der Quote den Privaten ähnlicher und die Qualität sinkt. Kultursendungen haben es immer schwerer; sie erhalten Sendezeiten gegen Mitternacht.

Neue Sender

Seit 1992 gibt es den Arte-Kanal, der feierlich mit einer Live-Übertragung aus der Straßburger Oper eröffnet wurde. Arte steht für „Association relative à la télévision européenne" (Vereinigung in Verbindung mit dem europäischen Fernsehen). Es ist ein deutsch-französischer Kulturkanal mit Sitz in Straßburg, der zu gleichen Teilen von Frankreich und Deutschland getragen wird.

Der Satelliten- und Kabelkanal 3sat wurde 1993 neu geschaffen. Er wird gemeinsam von ZDF, ORF (Österreichischer Rundfunk), SRG (Schweizerische Radio- und Fernsehgesellschaft) und ARD betrieben. Sein Programm besteht aus Informations- und Kultursendungen.

Verschiedene Hörfunksender wurden nach der Wende neu strukturiert.

Der Deutschlandfunk hatte in der Vergangenheit vor allem Informationen für Ostdeutschland und das osteuropäische Ausland gesendet. Mit der Wende war sein Auftrag weggefallen. Zusammen mit dem Rias (West-Berlin) und dem Deutschlandsender Kultur (DS Kultur, Ost-Berlin) wurde dann die öffentlich-rechtliche Anstalt „DeutschlandRadio" (Köln und Berlin) für das gesamte Bundesgebiet gegründet. Seine beiden Vollprogramme haben die Schwerpunkte Information und Kultur. Eine wichtige Funktion dieses Senders soll es sein, die innere Einheit in Deutschland mitzugestalten. Er soll ein Sender der Weltoffenheit in einem zusammenwachsenden Europa sein.

Die Deutsche Welle (Köln) ist im Wesentlichen bestehen geblieben. Sie sendet in über 30 Fremdsprachen – auch in Deutsch natürlich – in alle fünf Kontinente. Ihr Programm umfasst Information, Politik, Wirtschaft, Kultur, Gesellschaft und Sport.

Aufgaben

1. Führende Politiker treten in Talkshows auf, um Sympathien zu gewinnen. Politiker werden zu Medienstars. – Sagen Sie Ihre persönliche Meinung dazu.
2. Brauchen wir mehr Jugendschutz in Bezug auf das Fernsehen?
3. Man glaubt, was man sieht. Welche Verantwortung hat das Fernsehen?
4. Was wollen Sie im Fernsehen sehen?
5. Hat Deutschland Ihrer Meinung nach ein gutes Fernsehen oder nicht?
6. Sollte Arte weiterhin ein unabhängiger Sender bleiben, der sich staatlicher Regulierung entzieht? Welches sind die Vorteile?

Medienmacht

In seinem neuen Buch „Von der Parteiendemokratie zur Mediendemokratie" bringt der Autor Albrecht Müller die Sache auf den Punkt: Die Talkshow ersetzt die Parteiendiskussion. Der langjährige Wahlkampfmanager der SPD hat auf 123 Seiten den Bundestagswahlkampf 1998 analysiert. Dazu untersuchte er die Wahlkampfberichterstattung der 5 größten Fernsehsender ARD, ZDF, RTL, Sat1 und Pro Sieben. Mehr als 350 Sendungen wurden aufgezeichnet und ausgewertet.

Ergebnis: Die Medien haben die Themen bestimmt und die Entscheidungen stark beeinflusst, so bei der Auswahl des SPD-Kanzlerkandidaten oder in der Benzinpreisdebatte. Zugleich hätten die Medien aber auch daran mitgewirkt, so Müller, Themen nicht auf die Agenda zu setzen, wie die Umweltproblematik oder die Vermögens- und Einkommensverteilung. Sein Fazit: „Im Wahljahr 1998 ist die öffentlich diskutierte Machtverschiebung von den Parteien zu den Medien sichtbar geworden. Parteimitglieder und -gliederungen hatten im Vergleich zu den Medien nicht mehr viel zu sagen." Wenn man verfassungspolitisch konsequent sein wolle, schreibt der Autor, müsse Artikel 21 des Grundgesetzes lauten: „Die Medien wirken an der Willensbildung mit." Als unbefriedigend bewertet Müller die meisten Medienbeiträge im Wahlkampf. Statt kritischer Fragen und Aufklärung habe es eine „stereotype Thematisierung von Steuer- und Rentenreform mit den immer gleichen Wertungen" und eine „stereotype Wiederholung von Fragen zu Koalitionen, Personen und Umfragen" gegeben. Die Bilanz Müllers: „Viele Medien haben die Inhaltslosigkeit des Wahlkampfes 1998 beklagt, jedoch selbst stark zu dieser Inhaltslosigkeit beigetragen."

(nach: vorwärts NEWS 2/99)

Telekommunikation

Immer mehr Menschen surfen durch das weltweite Datennetz auf der Suche nach Informationen oder Unterhaltung, zum virtuellen Shopping oder zum Austausch von Nachrichten. E-Mails beschleunigen das Tempo, die Wirtschaft nutzt die neuen Techniken.

Lesen Sie hierzu den Text, der einen Blick in die Zukunft wagt.

Das Geschäft mit der Zukunft

„Bitte einschalten." Das Telefon der Zukunft reagiert auf Zuruf. Und nicht nur das Telefon. Wozu brauchen Sie noch Schlüssel, wenn die Haustür Ihre Stimme erkennt und das Auto auf Ihr Kommando anspringt? „Wir reden doch alle den ganzen Tag", sagt Burghard Schallenberger. Spracherkennung sei deshalb ein Schwerpunkt der Siemens-Forschung. Als Verantwortlicher für Technologie und Innovation bei Siemens Communication Devices in München ist Schallenberger zuständig für die Entwicklungen der Zukunft. Kein einfacher Job, denn nicht immer reagieren die Kunden so wie die Erfinder es erwarten. Beispiel Bildtelefon: In privaten Haushalten hat es sich bislang nicht durchgesetzt. Die Bildtelefonie wird, so Schallenberger, trotzdem Furore machen, als mobiles Gerät. „Der Mobilfunk der 3. Generation wird Skizzen, Fotos und bewegte Bilder in Echtzeit und guter Qualität übertragen können", sagt Schallenberger.

Das Beispiel ist typisch für viele Entwicklungen der Zukunft: Telefon und Computer wachsen zusammen. Statt eines Terminplaners gibt es den Persönlichen Assistenten – digital, klein und handlich. Mit dem kann man Briefe schreiben und verschicken, elektronische Post empfangen und noch mal schnell die Hypothekenkosten für die neue Wohnung durchrechnen. „Wir werden in einer Welt leben, die von Rechnern umgeben ist", sagt Schallenberger. Schon jetzt stecke in einem Oberklassewagen mehr Elektronik als im Apollo-Programm. Der neue Küchenherd wird ebenso von einem Rechner gesteuert wie Fenster, Licht und Heizung. Die gefrorene Lammkeule in den Backofen legen, Gewicht eingeben, in zwei Stunden ist der Braten fertig. Aus der Ferne die Heizung höher stellen, weil man in einer Stunde zu Hause ist? Kein Problem, alles schon da.

Und noch eins ist klar: Die technischen Möglichkeiten der Datenübertragung sind unbegrenzt. Schon jetzt verdoppeln sich die Informationen im Internet alle 100 Tage. Die Zukunft gehört deshalb den Suchmaschinen, die aus der Datenflut das Gesuchte schnell herausfischen können.

Natürlich würden wir gerne wissen, wie die Welt der Telekommunikation im Jahr 2030 aussehen wird. Aber dazu kann Schallenberger wenig konkrete Auskunft geben. Die Entwicklung sei zu rasant, die einzige Begrenzung ist unsere Fantasie. „Ich glaube kaum, dass sich vor 30 Jahren ein Mensch vorstellen konnte, dass wir heute mit Mobiltelefonen in der Gegend herumlaufen."

(nach: vorwärts SPECIAL 3/99)

Schule und Studium

In Deutschland sind die Länder (= Bundesländer) für die kulturellen Belange, also auch für allgemein- und berufsbildende Schulen, für die Erwachsenenbildung und Weiterbildung sowie für die Hochschulen zuständig. Für die öffentliche Schule besteht Lernmittelfreiheit, d.h. die Schüler bekommen die Schulbücher kostenlos. Andere Lernmittel (Hefte, Stifte usw.) müssen von den Eltern und Schülern gekauft werden. Jedes Land hat sein eigenes Kultusministerium oder ein Ministerium für Wissenschaft, Forschung und Kultur. Schüler, die innerhalb der Bundesrepublik umziehen, müssen sich deshalb auf andere Schulbücher und zum Teil auf ein anderes pädagogisches Konzept einstellen. Studenten müssen sich bei einem Hochschulwechsel neu orientieren. Die KMK (= die Ständige Konferenz der Kultusminister der Länder) berät u.a. länderübergreifende Angelegenheiten im Schul- und Hochschulwesen, wie z.B. die gegenseitige Anerkennung von Schulabschlüssen. Die Beschlüsse sind Empfehlungen und können in die Gesetzgebung der Bundesländer übernommen werden.
Die Hochschulen haben Selbstverwaltung und geben sich im gesetzlichen Rahmen eine eigene Verfassung. Das Bundesbildungsministerium in Bonn ist für allgemeine Grundsätze im Hochschulwesen und für den außerschulischen Teil der Aus- und Weiterbildung verantwortlich.

Die Schule

Schulpflicht besteht bis zum 18. Lebensjahr. Nach vier (Berlin und Brandenburg: sechs) Jahren Grundschule haben die Schüler die Wahl zwischen verschiedenen Schularten des Sekundarbereichs I, zwischen der Hauptschule, der Realschule, dem Gymnasium oder der Gesamtschule. Außerdem gibt es Sonderschulen mit speziell ausgebildeten Lehrern für lernschwache und behinderte Kinder.

Der Religionsunterricht ist ordentliches Lehrfach, wobei die Eltern über die Teilnahme entscheiden. Ab 14 können die Schüler selbst bestimmen, ob sie dabeibleiben wollen oder nicht. Anstelle des Religionsunterrichts wird in fast allen Ländern Ethik-Unterricht angeboten. In Brandenburg ist LER (Lebensgestaltung – Ethik – Religionskunde) ordentliches Unterrichtsfach und Ersatz für den Religionsunterricht. Die interkulturelle Pädagogik, die die Hereinnahme der verschiedenen kulturellen, ethnischen und religiösen Lebenswelten ausländischer Schülerinnen und Schüler als gesellschaftliche Aufgabe begreift, befindet sich derzeit in der Phase der Organisation und der Modellversuche.

▶ Stichwörter:

Die *Hauptschule*
ist eine Schulart des Sekundarbereichs I im Anschluss an die Grundschule und vermittelt grundlegende allgemeine Bildung. Sie wird nach dem 9. oder 10. Schuljahr mit dem „Hauptschulabschluss" beendet. Die meisten machen anschließend eine Lehre und besuchen gleichzeitig die Berufsschule. Wer keine Lehrstelle gefunden hat, kann mit einem Berufsvorbereitungsjahr beginnen.

Die *Realschule*
ist eine Schulart des Sekundarbereichs I im Anschluss an die Grundschule und vermittelt eine erweiterte allgemeine Bildung. Sie wird nach dem 10. Schuljahr mit dem „Realschulabschluss" beendet. Dieser mittlere Schulabschluss berechtigt zum Besuch einer Berufsfachschule oder Fachoberschule. Er gilt als Voraussetzung für eine mittlere Laufbahn in Wirtschaft oder öffentlichem Dienst.
Die Realschule ist heute dabei, die Hauptschule zu verdrängen.

Grundstruktur des Bildungswesens in der Bundesrepublik Deutschland

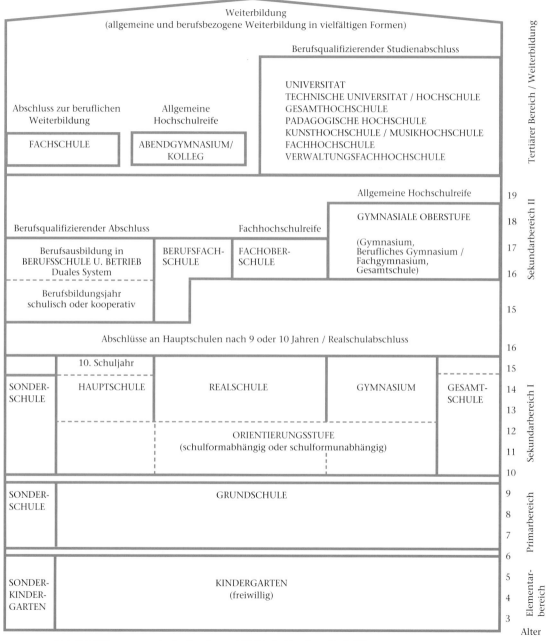

(aus: Das Bildungswesen in der Bundesrepublik Deutschland, a.a.O., S. 20)

Das *Gymnasium*
ist eine Schulart des Sekundarbereichs I
und II und vermittelt eine vertiefte allgemeine Bildung, die nach 13, in den
neuen Bundesländern teilweise nach
12 Schuljahren mit dem Abitur abgeschlossen wird und zur Hochschulreife
führt. In der 11.–13. Klasse gibt es ein
Kurssystem. In den Kursen wählen die
Schüler die Fächer, die sie besonders interessieren.
Es gibt in Deutschland kein Zentralabi-
tur. Die Meinungen, aus welchem Bundesland die besten Abiturienten kom
men, sind geteilt.

Hilfe

Diese Karikatur wurde in den neuen Bundesländern
veröffentlicht. Was drückt sie aus?

In verschiedenen Bundesländern diskutieren Bildungspolitiker die Einführung
der Ganztagsschule, die es in Deutschland bisher nicht gibt. Wegen des Lehr-
kräftemangels und der Kosten wird die
Halbtagsschule noch länger die Regel-
schule in Deutschland bleiben.

Die *Gesamtschule*
umfasst alle drei Schularten – Hauptschule, Realschule, Gymnasium. In der
Regel betreut sie die Kinder bis zum

10. Schuljahr. In einzelnen Ländern
führt sie bis zum Abitur.

In den neuen Bundesländern wurde die einheitlich aufgebaute zehnklassige Polytechni-
sche Oberschule der DDR in das bundesrepu-
blikanische Schulsystem überführt.
Mit der Wende 1989 galten für die 2,5 Millionen Schüler in den neuen Bundesländern
neue Schulgesetze. Die neuen Lehrbücher kamen aus den alten Bundesländern.
Rund 60 % aller Schuldirektoren wurden entlassen, denn der kommunistische Staat hatte
sie nach politischen Kriterien ausgewählt. Ihre
Stellen wurden neu ausgeschrieben und die
Kandidaten mussten sich zur freiheitlichen,
demokratischen und rechtsstaatlichen Ordnung bekennen. Alle übrigen Lehrer wurden
auf ihre „persönliche Integrität" hin überprüft
und zu 80 % weiter beschäftigt.

Die Hochschulen

In der Bundesrepublik Deutschland gibt es
ca. 300 staatliche bzw. staatlich anerkannte
Hochschulen. Man unterscheidet Universitäten, Technische Universitäten (TU) und Hochschulen einer bestimmten Fachrichtung (z.B.
Theologie, Medizin), Pädagogische Hochschulen, Kunst- und Musikhochschulen, Gesamt-
hochschulen (Universität mit Fachhochschule; nur in Hessen und Nordrhein-Westfalen)
und Fachhochschulen. Fachhochschulen bieten kürzere Studiengänge und eine praxisbezo-
gene Ausbildung während des Studiums. Eine
weitere Studienmöglichkeit ist das Fernstudi-
um. Das Erststudium an deutschen Universitäten ist kostenlos.

Seit den Sechzigerjahren erleben die westdeutschen Hochschulen einen ständig wachsenden Zustrom an Studenten. Zur Zeit beginnen
in Deutschland über 30% eines Altersjahr-
gangs mit dem Studium an einer Fachhochschule oder Universität. Eine der Ursachen ist,

dass der Stellenwert mittlerer Berufsabschlüsse, vor allem der des Hauptschulabschlusses, stark gesunken ist und die Anforderungen für den Berufseintritt oft unnötig nach oben geschraubt werden. Die Hochschulen sind somit zu den wichtigsten Ausbildungsstätten für junge Leute geworden. Diese Entwicklung spiegelt auch einen Wandel unserer industriellen Gesellschaft wider: Sie legt mehr Wert auf planerisches und konzeptionelles Arbeiten als auf handwerkliches Können.

Kritisiert wird, dass deutsche Hochschulen oft am Markt vorbei ausbilden; deshalb unterstützen Wirtschaftsunternehmen die in den letzten Jahren entstandenen neuen privaten Hochschulen. Merkmale dieser Hochschulen sind ein stärkerer Praxisbezug, ein modernes Management und hohe Studiengebühren. Elite und Wettbewerb sind neue Vokabeln, die zu Chancengleichheit und Gebührenfreiheit kontrastieren. Allerdings sind bisher nur 1% der Studenten an den Privaten eingeschrieben.

In die Hörsäle der alten Bundesländer drängten sich 1999/2000 1,78 Millionen Studenten. Die Studienbedingungen sind nicht optimal: zu wenige Praktikumsplätze, zu wenig Geld für Bibliotheken, zu wenige Studentenwohnungen, Numerus clausus in wichtigen Fächern (d.h. nur eine bestimmte Zahl von Studenten wird für ein Fach zugelassen). Die Folge ist, dass viele der Studenten vorzeitig aufgeben.

Seit 1971 gibt es das BAföG (= Bundes-Ausbildungsförderungs-Gesetz), das Kindern auch aus ärmeren Familien das Studium ermöglichen soll. Die Zahl der BAföG-Studenten ist aber zurückgegangen: 1992 kamen noch 23% der Studenten aus Familien mit niedrigem Einkommen, heute sind es nur noch 14%. Seitdem ein Teil verzinst zurückgezahlt werden muss, wuchs die Angst vor Schulden und die Anträge gingen zurück. Auch reichen die Beträge nicht aus; 60–70% der Studenten jobben neben dem Studium. Dadurch verlängert sich die zum Teil schon geregelte Studienzeit.

In den alten Bundesländern konzentrieren sich die Studierenden bei der Wahl ihres Studienortes auf nur 10 von insgesamt 60 Universitäten: auf die Kölner Universität (60 100), die Ludwig-Maximilians-Universität München (43 000), die Universität in Münster (44 700), die Freie Universität Berlin (41 300) und die Hamburger Universität (39 900). Es folgen Bonn, Aachen mit der größten Technischen Hochschule, Bochum, Frankfurt am Main und die TU (Technische Universität) Berlin. Die 123 Fachhochschulen mit insgesamt 399 800 Studierenden sind gleichmäßiger belegt als die Universitäten und Hochschulen.

(Zahlen nach: Statistisches Jahrbuch 2000)

Die besten Unis im Osten

Rangliste

Platz	Universität	Note
1	TU Ilmenau	2,54
2	Bergakademie Freiberg	2,65
3	TU Dresden	2,66
4	Humboldt-Uni Berlin	2,73
5	Uni Jena	2,75
6	Uni Leipzig	2,86
7	TU Magdeburg	2,89
8	TU Chemnitz-Zwickau	2,90
9	Uni Potsdam	2,94
10	Uni Halle-Wittenberg	2,95
11	Uni Rostock	3,04
12	Uni Greifswald	3,32

Über hundert Jahre war an deutschen Hochschulen das Bildungsideal bestimmend, das Wilhelm von Humboldt in der 1810 gegründeten Universität von Berlin anstrebte: die Einheit von Forschung und Lehre. Die Hochschulen sind heute dabei, Abschied zu nehmen von dieser Tradition, die den Erfordernissen einer modernen Industriegesellschaft nicht mehr zu entsprechen scheint. 70% der Studenten streben derzeit eine berufsspezifische Ausbildung außerhalb der Forschung an. Eine grundlegende Bildungsreform wird damit unausweichlich: erstens die Aufwertung der Fachhochschulen gegenüber den Universitäten, also der beruflichen Bildung (Ingenieurwesen, Wirtschaft, Sozialwesen), und zweitens die zeitliche und inhaltliche Straffung des Studiums. Die Prüfungsstatistiken ergaben, dass die Studenten bei Abschluss deutlich älter sind als Akademiker in anderen Ländern.

Aus einer Umfrage des Manager-Magazins unter 9000 Topmanagern aus verschiedenen Branchen geht hervor, dass die Technische Hochschule Aachen für das Ingenieur-Studium die besten Voraussetzungen bietet, gefolgt von der Eidgenössischen Technischen Hochschule Zürich und der Universität Karlsruhe. Gefragt sind danach eher Generalisten mit Technikverstand als einsame Spezialisten, im Großen und Ganzen also Menschen mit analytischem Denkvermögen, die gleichzeitig kommunikativ und teamfähig sind.

Seit 1998 gibt es an deutschen Universitäten und Fachhochschulen die internationalen Bachelor- und Master-Studiengänge. Seit dem 13. Jahrhundert war der Bakkalaureus der unterste akademische Grad, der aber in Deutschland in Vergessenheit geraten ist.

Nach der Wende gestaltete man das ostdeutsche Hochschulsystem völlig um und „wickelte" politisch belastete Fachbereiche „ab", vor allem die Geistes-, Wirtschafts- und Rechtswissenschaften, d.h. man löste sie auf und gründete sie meist mit Hilfe westlicher Professoren neu. Kommissionen überprüften die Hochschullehrer auf ihre moralische Integrität und besetzten Lehrstühle neu. Ehemalige DDR-Hochschulen wurden zusammengefasst. Fachhochschulen entstanden nach der Wende aus bestehenden Hochschulen.

Die Umgestaltung war insgesamt ein noch nie da gewesener Kraftakt, der Unsicherheit, teilweise Panik, aber auch Zuversicht für einen Neuanfang mit sich brachte. Inzwischen ist nicht nur die Wirtschaft, sondern auch das Bildungssystem auf dem Weg der Erneuerung ziemlich weit gekommen. Insgesamt bekommen die Ost-Hochschulen heute gute Noten: keine überfüllten Hörsäle, gute Studienbedingungen, persönliche Kontakte zu Professoren und Kommilitonen sowie vielfach komplett neu angeschaffte Geräte, Rechner und Einrichtungen. Außerdem werden „auslandsorientierte Studiengänge" und das „Master-plus-Programm" für ausländische Studenten eingerichtet.

Voll belegt	Studierende in den 15 am stärksten besetzten Studienfächern im Wintersemester 1998/99		
Männlich		**Weiblich**	
Betriebswirtschaftslehre	84 213	Germanistik/ Deutsch	58 605
Rechtswissenschaft	60 170	Betriebswirtschaftslehre	52 916
Maschinenbau	52 631	Rechtswissenschaft	50 196
Elektrotechnik/ Elektronik	51 422	Medizin	41 145
Wirtschaftswissenschaft	51 069	Erziehungswissenschaft	40 251
Informatik	45 813	Anglistik/ Englisch	26 556
Bauingenieurwesen	45 172	Wirtschaftswissenschaften	26 454
Medizin	41 188	Biologie	23 620
Architektur	27 529	Psychologie	23 244
Wirtschaftsingenieurwesen	27 029	Architektur	21 879
Physik	23 451	Sozialwesen	20 016
Germanistik/ Deutsch	22 070	Mathematik	14 604
Mathematik	21 194	Sozialpädagogik	12 119
Biologie	17 728	Geschichte	11 556
Chemie	17 561	Bauingenieurwesen	10 841

Quelle: Stat. Bundesamt   © Globus 6030

Aufgaben

1. Stellen Sie gegenüber: Welches sind die Vorteile und welches die Nachteile des deutschen Universitätssystems? Was finden Sie gut? Was würden Sie verbessern?

2. Orientieren Sie sich. Dieses sind Programme der Europäischen Union. Teilnehmen können die Länder der EU und die EFTA-Länder:

LINGUA-Programm
(Action Programme to Promote Foreign-Language Competence in the European Union)
Programm, das die Lehrerfortbildung und den Studentenaustausch, die Bemühungen in der Wirtschaft und auch den Austausch im Bereich der beruflichen Bildung durch Verbesserung der Fremdsprachenkenntnisse unterstützen soll.

SOKRATES-Programm (darin integriert ERASMUS-Programm)
(European Community Action Scheme for the Mobility of University Students)
Die europäische Zusammenarbeit von Hochschulen und die Förderung des Austauschs von Studenten und Hochschullehrern ist das Ziel des Programms. Die Hochschulen erhalten Geld aus Brüssel und genehmigen eine entsprechende Anzahl von Stipendien. Die Semester an der ausländischen Universität werden im Allgemeinen anerkannt.

TEMPUS-Programm
(Trans European Mobility Scheme of University Students)
Ziel des Programms ist die Mithilfe beim Aufbau osteuropäischer Hochschulen, bei Studiengängen, Curricula usw. Vorrangig ist nicht der Studentenaustausch.

Angesichts dieser Möglichkeiten sehen Studenten die europäische Integration positiv. An Hochschulen wird der europaweite Austausch organisiert, wobei auch die osteuropäischen Länder einbezogen sind.

Der DAAD ist die „nationale Stelle" für EU-Programme in Deutschland. 1995 wurden die Programme neu geordnet, der DAAD hat dabei seine Aufgaben ausgeweitet: Er berät und informiert für alle hochschulbezogenen Teile des Sokrates-, Leonardo- (siehe S. 105) und Tempus-Programms. In Sokrates verteilt er Stipendien an die beteiligten Hochschulen, in Leonardo ist er an der Vorauswahl der Projekte beteiligt.

Engagiert arbeitet der DAAD auch bei Beratungsprojekten im Hochschulwesen Mittel- und Osteuropas mit.

▶ Das Stichwort: *DAAD* (Deutscher Akademischer Austauschdienst)

Einrichtung der deutschen Hochschulen mit der Aufgabe, die Hochschulbeziehungen mit dem Ausland vor allem durch den Austausch von Studenten und Wissenschaftlern zu fördern. Seine Programme sind offen für alle Länder und alle Fachrichtungen. Sie kommen Ausländern wie Deutschen gleichermaßen zugute. Der DAAD ist somit tätig in der auswärtigen Kultur- und Wissenschaftspolitik, der Entwicklungspolitik und der nationalen Hochschulpolitik. Seit einigen Jahren vermittelt er bei den Austauschprogrammen der Europäischen Union.
(nach: DAAD Jahresbericht 1992 und 1997; Internet-Seiten 2001)

Kontakt:
Deutscher Akademischer Austauschdienst (DAAD)
Kennedyallee 50
D-53175 Bonn

Haben Sie schon an einem dieser Programme teilgenommen? Wenn ja, geben Sie einen Kurzbericht.

2. Eine Studentenzeitung stellt sich vor.

Buschtrommel im Uni-Dschungel

„Meiers" heißt die erfolgreichste Studentenzeitung in München. Sie ist die Buschtrommel im Münchner Uni-Dschungel: Mit dem Service-Angebot, etwa dem Veranstaltungskalender „Was'n los?", dem Erstsemester-Sonderteil und regelmäßigen Artikeln zu Uni-Wahlen und Hochschulgruppen wie mit „handfesten Geschichten". Geschrieben wird über (fast) alles, solange es einen Studentenbezug hat: Über den Rollstuhlsportler, der nicht Sport studieren darf, über die verschlafene „Hochschuldämmerung" an der LMU (Ludwig-Maximilians-Universität). Aufsehen auch in anderen Medien erregte „Meiers", als es vor den Hochschulwahlen rechtsextreme Listen enttarnte oder unter der Schlagzeile „Pin-up-Fotos in der Vorlesung" die pikanten Lehrmethoden eines Mathe-Professors outete.
Seine Stammleser, so scheint es, halten große Stücke auf das kleinformatige Blatt. Bei einer Umfrage meinten neun von zehn Lesern, „Meiers" sei informativ und vertrete ihre Interessen als Studenten.

(nach: Dietmar Hipp, Buschtrommel im Uni-Dschungel, in: SZ vom 30.12.93)

Stellen Sie die wichtigsten Themen zusammen, die in einer Schülerzeitung bzw. in einer Studentenzeitung vorkommen sollten.

Berufliche Bildung

Für die berufliche Bildung gilt das so genannte duale System, das international großes Ansehen besitzt: Die Auszubildenden (auch „Azubis" genannt oder Lehrlinge) machen eine praktische Lehre in Betrieben der Industrie, des Handels oder Handwerks und besuchen gleichzeitig für zwei bis zu dreieinhalb Jahren eine staatliche Berufsschule. Mit dem 18. Lebensjahr endet die Berufsschulpflicht.

Bei der Berufswahl (siehe S. 105) wird deutlich, dass es die meisten eher in Berufe im Dienstleistungssektor und im Büro zieht, weniger zur Ausbildung als Friseuse, Schreiner oder Bäcker. Es gibt ca. 430 Ausbildungsberufe, aber viele der Jugendlichen interessieren sich seit Jahren für die gleichen Traumberufe: Kfz-Mechaniker, Arzthelfer/in oder Bürokaufmann/frau.
Die IHK (= Industrie- und Handelskammer) hat nun 23 neue Lehrberufe geschaffen, die Alternativen bieten und die Chancen am Arbeitsmarkt verbessern sollen. Diese Lehrberufe sind in den Medien und in der Informations- und Telekommunikationsbranche entstanden: z.B. der Mechatroniker, der Qualifikationen aus der Mechanik mit der Elektrotechnik verbindet. Oder der Mediengestalter, der sich auf Beratung, Design oder Technik spezialisiert. Diese Berufsbezeichnungen sind neu.

Jugendliche von heute blicken im Durchschnitt zuversichtlich in eine Zukunft, die sich technisch rasant verändert. Technische Veränderungen beschleunigen sich, die neue komplizierte Technik fordert hohe Qualifikationen. Geringer Qualifizierte haben automatisch geringere Chancen. Globalisierung, Technisierung und Rationalisierung brauchen gleichzeitig immer weniger Arbeitskräfte. Bei manchen entsteht das Gefühl der Skepsis und Unsicherheit. Mobil, flexibel und teamfähig soll der Schlüssel zum Erfolg sein. Fraglich ist, ob die Schule fähig ist, auf diese Herausforderungen vorzubereiten. Jugendliche, die über ihre Werteskala Auskunft geben sollten, nannten an erster Stelle: „eigene Fähigkeiten entfalten", dann „das Leben genießen" und „unabhängig, durchsetzungsfähig sein". Zu kurz kam, dass neben diesen Qualifikationen auch Werte wie Solidarität, Toleranz und Verantwortungsbewusstsein den Weg zum Erfolg ebnen können. Zum ersten Mal seit langer Zeit ist der Lehrstellenmarkt ausgeglichen. Allerdings liegen die Zahlen im Westen etwas günstiger als im Osten.

Für ausländische Jugendliche haben Industrie, staatliche Stellen und Bildungswerke binationale Ausbildungsgänge geschaffen. Diese Projekte wenden sich an Jugendliche der zweiten Generation, deren Zweisprachigkeit und Bikulturalität gefördert wird. Damit eröffnen sich Chancen in den mehr als 280 000 ausländischen Unternehmen in Deutschland.

Ausländische Jugendliche in Deutschland haben es schwerer als ihre deutschen Altersgenossen. Ihre Schulbildung wird oft mit der Hauptschule beendet, nur wenige erreichen das Gymnasium. Ihre Chancen bei der Berufswahl sind deshalb weniger gut, zumal sich viele Jugendliche zwischen zwei Kulturen bewegen. Sie entscheiden sich für eine noch engere Palette von Berufen als die deutschen Jugendlichen. Ausschlaggebend für die Berufswahl ist das Ziel, eine unabhängige Existenz aufzubauen und den Lebensstandard, auch der Familie, dauerhaft zu verbessern.

In Deutschland muss ein Handwerker, der ein Handwerksunternehmen gründen will, die Meisterprüfung haben. Der Zentralverband des deutschen Handwerks (ZDH) hat damit die Tradition der mittelalterlichen Zünfte in die Gegenwart gerettet. Vorteil ist, dass auf Qualität geachtet wird, Nachteil ist, dass Existenzgründungen verhindert werden und die Zahl der Selbstständigen gegenüber anderen Ländern wie Italien oder Portugal zu gering ist. Es gibt allerdings die Möglichkeit, mit der

finanziellen Hilfe des Meister-Bafögs (Bundesausbildungsförderungsgesetz) die Meisterprüfung nachzuholen.
Seit 1994 gibt es das Leonardo da Vinci-Projekt der EU, das Praktika und Austausch in Industrie, Dienstleistung und Landwirtschaft in einem anderen europäischen Land fördert. Schulen, Verbände und Unternehmen arbeiten zurzeit an der gegenseitigen Anerkennung von Berufsbildung und Praktika, Voraussetzung dafür ist die Schaffung gemeinsamer Standards in der Berufsbildung.

Aufgaben

1. Zu welchen Bereichen der Wirtschaft gehören die beliebtesten Lehrberufe? Wie haben sich die jungen Frauen bzw. Männer entschieden?
2. Lesen Sie die folgende Mitteilung:

Wenige Jugendliche wollen Landwirt werden

Bonn (AP) – Immer weniger Jugendliche wollen Landwirt werden. Zum Ende des Jahres gab es nur noch 8 514 Landwirtschaftslehrlinge, was nach Angaben des Bauernverbandes ein Rekordtief darstellt. 1980 hatte es in Westdeutschland allein noch 19 330 Lehrlinge gegeben.

(nach: Globus vom 26.7.1999)

Die beliebtesten Lehrberufe
Von je 1 000 Auszubildenden in Deutschland lernten im Jahr 1999

Junge Frauen

Bürokauffrau	82
Einzelhandelskauffrau	69
Arzthelferin	67
Friseurin	59
Zahnarzthelferin	55
Industriekauffrau	50
Fachverkäuferin Nahrungsmittel	47
Bankkauffrau	38
Kauffrau f. Bürokommunikation	38
Hotelfachfrau	34

Junge Männer

Kfz-Mechaniker	77
Elektroinstallateur	48
Maler und Lackierer	43
Tischler	36
Gas- u. Wasserinstallateur	32
Maurer	31
Einzelhandelskaufmann	30
Metallbauer	29
Groß- u. Außenhandelskaufmann	28
Koch	24

Quelle: Stat. Bundesamt

Foto: dpa

© Globus 6559

Sinkende Einkommen sind der Grund für die Landflucht. Wie sieht das in Ihrem Land aus?
Welche Folgen hat die Landflucht für die Städte, die Dörfer und für die Landschaft?

4. Thema „Berufswahl": Hierzu ein Artikel und das Porträt einer Schülerin.

Mit lebendigen Vorbildern gegen alte Vorurteile

„Technik entwickeln heißt Zukunft mitgestalten" – unter diesem Motto stand der 4. Münchner „Mädchen-Technik-Tag"; über 300 Gymnasiastinnen, Fach- und Berufsoberschülerinnen drängten sich im Europäischen Patentamt*, um Informationen aus erster Hand zu erhalten. In Gesprächs- und Diskussionsrunden standen engagierte Ingenieurinnen aus den Bereichen Elektrotechnik, Maschinenbau, Physik, Informatik, Mathematik und Wirtschaft einen ganzen Tag lang Rede und Antwort.
Sie versuchten, den Schülerinnen Mut zu machen, in die vermeintliche Männerdomäne „Technik" einzusteigen. Studienberater der Technischen Universität und der Fachhochschule informierten über Studiengänge, Vertreterinnen des Arbeitsamtes über die Lage auf dem Arbeitsmarkt. Obwohl die Berufsaussichten für Ingenieurinnen gut sind, wagen immer noch zu wenige junge Frauen den Einstieg in ein technisches Studium. Nachdem es nicht der Mangel an Begabung ist, der die Frauen bremst, scheint es allzu häufig an Ermutigung zu fehlen. Führende Unternehmen und die Stadtwerke München haben deshalb den Förderkreis „Mädchen-Technik-Tag" ins Leben gerufen. Die Initiative ist mittlerweile auf bundesweites Echo gestoßen.

Annemarie Henke (17)
Schülerin
„So hoppladihopp kann man sich nicht entscheiden"

„Emanze" haben sie hinter mir hergerufen – nur weil ich von Anfang an gesagt habe, dass ich nicht einen der typischen Frauenberufe, sondern einen handwerklichen Beruf erlernen wollte. Was mir am meisten auf den Keks ging: Es waren überwiegend meine Mitschülerinnen, die sich aufregten. Die Jungens haben sich da ganz rausgehalten, einige unterstützten mich sogar. Jeder muss sich seinen künftigen Beruf so auswählen, wie er es für richtig hält. Und wenn ich nun einmal mehr Spaß daran habe, an der Werkbank zu stehen als anderen Leuten die Haare zu waschen oder Briefe zu tippen, dann ist das meine Entscheidung. Das heißt doch nicht, dass ich die anderen Berufe blöd finde, sie gefallen mir nur nicht für mich.
Einen Fehler habe ich allerdings gemacht, den ich, wenn ich noch mal in die Situation käme, unbedingt vermeiden würde: Ich hab' mich nicht frühzeitig genug informiert, was es denn genau sein sollte. Als mir der Berufsberater aufgezählt hat, welche Möglichkeiten ich habe, wäre ich fast vom Schemel gefallen. Die Auswahl war viel größer, als ich dachte. Und so hoppladihopp konnte ich mich nicht entscheiden.

Welche Ausbildung haben Mädchen in Ihrem Land? Geben Sie Kurzberichte und vergleichen Sie.

(Auszüge aus dem Artikel von Bettina Hirschheiter in der Beilage „Jugend und Berufswahl" der SZ vom 5.5.1993)

* Europäisches Patentamt: übernationale Behörde für die Anmeldung von europäischen Patenten. Der Sitz ist München.

Weiterbildung

Der dritte Bildungssektor ist der Bereich der Erwachsenenbildung und der beruflichen Weiterbildung, der in einer sich ständig verändernden Welt immer wichtiger wird. „Lebenslanges Lernen" ist das Stichwort, ohne das heute kaum ein Beruf mehr auskommt. Die technische Ausstattung der Arbeitsplätze fordert Einarbeitung und neues Lernen.
Die Volkshochschulen – das sind öffentlich unterstützte Institutionen – bieten Kurse auf breiter Palette an, von Sprach- und Mathematik- bis zu Hobby-Kursen. Zur Weiterbildung tragen auch die Gewerkschaften, die Stiftungen der Parteien und viele private Institute bei. Die Unternehmen stecken inzwischen ebenso viel Geld in die Fortbildung der Mitarbeiter wie in die berufliche Erstausbildung. Und der Staat unterstützt die berufliche Qualifizierung durch berufsfördernde Maßnahmen der Bundesanstalt für Arbeit in Nürnberg.

Guter Rat für Weiterbildung

Der Bildungsmarkt ist eine kapitale Dienstleistungs- und Wachstumsbranche in Deutschland. Die Vielfalt und Fülle von Weiterbildungsangeboten und Dienstleistern lassen den Markt jedoch unüberschaubar werden. Etwa 35 000 Anbieter sind nach Schätzungen des Instituts der deutschen Wirtschaft auf dem Bildungsmarkt aktiv. Da ist guter Rat bei der richtigen Auswahl gefragt. Das Weiterbildungs-Informationssystem (WIS) ist im Internet unter der Adresse http://infoline.ihk.de/wis kostenlos recherchierbar. Auch über die örtliche Kammer können die Informationen abgerufen werden.

Lernen in Netzen

Schulung per PC spart Zeit –
Bald im Internet
Ein dicker Fisch geht ans Netz. Die Volkswagen Coaching Gesellschaft (VCG), Anbieter von Weiterbildungen mit über 30 000 Teilnehmern pro Jahr, hat kürzlich das Projekt „Lernen in Netzen" gestartet. Über ein firmeneigenes Intranet werden VW-Mitarbeiter online geschult. Erste Erfahrungen zeigen, dass sich mit Computer-Selbstlernprogrammen im Netz Geld und Zeit sparen lassen – und das bei hoher Qualität.

(aus: Nordbayrischer Kurier 23./24.01.1999)

Aufgabe

Was wird am häufigsten angeboten?
Wo liegen die Schwerpunkte?

5. Kulturelles

Orte und ihre Dichter

Weimar und die Klassiker

Die Klassik Ende des 18. und zu Beginn des 19. Jahrhunderts gilt als einer der Höhepunkte der deutschen Literatur. Es war die Zeit nach der Französischen Revolution. Trotzdem ist sie weniger vom Politischen als von der Philosophie, weniger von nationalen Ideen als vom Weltbürgertum beeinflusst. Die Ideale des Guten, Wahren und Schönen, der Menschlichkeit und Harmonie sind ihr Gehalt. Immanuel Kant, der das Gesetz des sittlichen Handelns formulierte, war ihr einflussreichster Philosoph. Bildungsideal der Zeit war die Ganzheit der Persönlichkeit.

Goethe diktiert in seinem Arbeitszimmer

Goethe-Haus in Weimar

Das geographische Zentrum war Weimar, ein „Mittelding zwischen Dorf und Stadt" (Herder), mit kaum mehr als 6000 Einwohnern. Durch Goethe, Schiller und Herder, der die Humanität als Ziel aller Entwicklung sah, wurde diese kleine thüringische Stadt zum geistigen Mittelpunkt Deutschlands. Zwischen Weimar und der Universitätsstadt Jena mit ihren Gelehrten und den Vertretern des Verlagswesens bestanden enge Kontakte.
Heute setzt sich Weimar mit seiner vielfältigen Vergangenheit, mit seinem Kulturerbe und der aktuellen Pflege und Neugestaltung auseinander. Die Stadt liegt in einem neuen Bundesland und war deshalb über Jahrzehnte

für die Bürger Westdeutschlands nicht erreichbar (siehe Seite 146).
Als die Vereinigung schließlich 10 Jahre zurücklag, glätteten sich die Emotionen. Neun Jahre nach dem Fall der Mauer hatten sich Ost- und West-PEN (= Poets, Essayists, Novellists) zum PEN-Zentrum Deutschlands zusammengeschlossen. Die Diskussion um die Stasi-Mitarbeit von Ost-PEN-Mitgliedern und Protestaustritte hatte die Vereinigung lange verhindert.

Aufgaben

1. In Weimar steht das berühmte Schiller-Goethe-Denkmal. – Wem baut man eigentlich Denkmäler?
2. Wann werden Denkmäler gestürzt?
3. Wem würden Sie ein Denkmal setzen? Oder halten Sie nichts von Denkmälern?

Auch nach 200 Jahren ist Goethe und die klassische Dichtung ein lebendiger Bestandteil des kulturellen Lebens. Seine Dramen werden auf allen großen Bühnen gespielt und von bekannten Theaterregisseuren inszeniert. Sein Roman „Die Wahlverwandtschaften" ist erstaunlich modern, seine Lyrik gegenwärtig. Verehrer aus aller Welt besuchen sein Geburtshaus in Frankfurt am Main, das im 18. Jahrhundert zu den schönsten der Stadt zählte, und das Haus am Frauenplan in Weimar, wo er in seinen späteren Jahren vielfältig tätig war.

Johann Wolfgang von Goethe (1749–1832) wurde in Frankfurt am Main als Sohn einer wohlhabenden Bürgerfamilie geboren. Seine Mutter, die „Frau Rat", war liberal erzogen worden und gab dem Haus die entsprechende Atmosphäre. Aus ihrem Briefwechsel mit vielen Menschen aus dem Umkreis ihres Sohnes spricht Gelassenheit, Klugheit und Witz. Nach Studien- und Wanderjahren und dem Zusammentreffen mit Dichtern des Sturm und Drang schrieb Goethe Gedichte und Dramenfragmente. Sein Briefroman „Die Leiden des jungen Werther" machte ihn schon mit 24 Jahren berühmt. Er ging auf Einladung des Herzogs Karl August, der ihn in Frankfurt kennen gelernt hatte, als Hofrat nach Weimar. Später wurde er Minister und musste sich mit Steuern, Straßen, Bergwerken und Erziehung befassen. In Zusammenarbeit mit Friedrich Schiller leitete er das Weimarer Hoftheater.

Während seiner Italienreise 1786 bis 1788 studierte er die Klarheit und Harmonie der antiken Kunst. Höhepunkte seiner klassisch genannten Dichtung sind die Dramen „Iphigenie auf Tauris" (Iphigenie bringt Erlösung durch reine Menschlichkeit), „Egmont", „Torquato Tasso".

▶ Das Stichwort: *Sturm-und-Drang-Dichtung*

Sturm und Drang hieß die Literaturepoche vor der Klassik. Das Erlebnis der Natur und der moralisch geführte Kampf gegen Despotismus waren ihr Programm. Das Drama war die angemessene Form dieser Dichtung. Programm war auch der Kampf für persönliche Freiheit, auch für die Freiheit der Liebe gegen den Standesunterschied. In dem Briefroman „Die Leiden des jungen Werther" von Goethe ist die tragische Liebe Werthers zu einer verheirateten Frau niedergeschrieben, die mit dem Selbstmord des jungen Mannes endet. Werther trägt autobiographische Züge.

Die Tragödie „Faust" gilt als das eigentliche Hauptwerk Goethes, an dem er bis zu seinem Tode gearbeitet hat. Es ist das Drama eines nach Erkenntnis und Erfüllung strebenden Menschen, der dafür sogar den Pakt mit dem Teufel wagt.

Friedrich Schiller (1759–1805) wurde in Marbach am Neckar geboren. Das Sturm-und-Drang-Drama „Die Räuber" (siehe S. 161) machte ihn bekannt. Die Forderung nach Freiheit begeisterte die Menschen in einer Welt der fürstlichen Willkür und der Kleinstaaterei. 1789 holte ihn Goethe als Professor für Geschichte nach Jena. Seit 1794 bis zu Schillers frühem Tod waren beide trotz mancher Ge-

Schiller-Goethe-Denkmal in Weimar

Schiller

Schiller liest
„Die Räuber" vor.

gensätze einander freundschaftlich verbunden.

Schillers Dramen thematisieren die Spannung zwischen Ideal und Leben und das Bemühen um Freiheit und Menschenwürde. In „Don Carlos" tritt Marquis Posa für Freiheit und Menschlichkeit ein, ist jedoch in der Realität zum Scheitern verurteilt. Schillers tragische Weltsicht wird Gestalt in „Wallenstein", „Maria Stuart", „Wilhelm Tell" oder „Die Jungfrau von Orleans". Diese Dramen übten im 19. Jahrhundert einen nachhaltigen Einfluss aus, nicht nur auf das geistige Leben in Deutschland, auch auf die Literatur in den romanischen und angelsächsischen Ländern.

Aufgabe

Die Beschäftigung mit Goethe bringt noch heute neue Aspekte ans Licht. Lesen Sie die Rezension über eine 1993 veröffentlichte Chronik seines Lebens:

Manche meinen, Goethes Werk sei bis ins Detail erklärt und kommentiert; was gebe es denn nach fast zwei Jahrhunderten noch zu erforschen? Ist nicht alles Tag für Tag dokumentiert, sein Leben und seine poetische Arbeit? Man braucht aber nur einen Blick in Steiger/Reimanns Chronik „Goethes Leben von Tag zu Tag" (Band 6: 1814–1820, Artemis Verlag, Zürich / München 1993) zu werfen, um zu bemerken, dass hier viele verstreute Zeugnisse erstmalig chronologisch geordnet wurden. Damit zeigt sich sehr plastisch Goethes Lebensführung mit den verschiedensten poetischen und wissenschaftlichen Arbeitsprojekten, wie wir sie so nicht kannten. Der Band 1814 bis 1820 ist höchst spannend, zu lesen als eine Art „Biographie, vom Terminkalender strukturiert". Steiger/Reimann halten sich in der Auslegung ihrer unendlich vielen Daten und Zitate zurück, aber ihre Chronik wartet auf eine weiterführende erzählerische oder psychologische Auswertung.

(nach: Jörg Drews, An der Pranke kennt man den Löwen, in: SZ vom 28./29.8.1993)

Zürich, die Schweiz und ihre Schriftsteller

Max Frisch (1911–1991) wurde in Zürich geboren und blieb der Schweiz sein Leben lang treu. Er wird oft in einem Atemzug mit seinem Landsmann Friedrich Dürrenmatt (1921–1990) genannt, obwohl beide dies nicht gerne hörten. Sie studierten in Zürich, begannen als Dramatiker und wurden dann auch als Prosaschriftsteller und Essayisten bekannt. Frisch gilt als der Intellektuelle, der Persönlichkeits- und Identitätsprobleme zu seinen Themen machte, während Dürrenmatt dem Kriminalroman literarischen Rang verschaffte. Neben allen Unterschieden ist beiden das Nachdenken über die Schweiz und die Schweizer gemeinsam.

„Was man damals wie heute einen rechten*
Schweizer nannte", heißt es bei Frisch, „– es
gibt einfach Dinge, die ein rechter Schweizer
nicht tut, sein Haar kann dabei blond oder
schwarz sein, das sind nicht seine Merkmale,
Spitzkopf, Rundkopf usw., der rechte Schweizer kann ganz verschieden aussehen. Er muss
nicht Turner sein, Schützenkönig, Schwinger
usw., doch etwas Gesundes gehört zu ihm, etwas Männerhaftes. Er kann auch ein dicker
Wirt sein; das Gesunde in der Denkart. ...
Maßgeblich ist der Sinn fürs Alltägliche. Der
rechte Schweizer lässt sich nicht auf Utopien
ein, weswegen er sich für realistisch hält. Die
Schweizergeschichte, so wie sie gelehrt wird,
hat ihm noch immer Recht gegeben. Daher
hat er etwas Überzeugtes, ohne fanatisch zu
werden. Er gefällt sich als Schweizer, wenn er
mit andern rechten Schweizern zusammen ist,
... Ausländer mögen ihn als grobschlächtig
empfinden, das stört einen rechten Schweizer
überhaupt nicht, im Gegenteil; er ist kein Höf-
ling, macht keine Verbeugungen usw. Daher
mag er's nicht, wenn er schriftdeutsch antworten soll; das macht ihn unterwürfig und
grämlich. Dabei hat der rechte Schweizer kein
Minderwertigkeitsgefühl, er wüsste nicht wie-
so. Das Gesunde in der Denkart: eine gewisse
Bedächtigkeit, alles schnelle Denken wirkt sofort unglaubwürdig. Er steht auf dem Boden
der Tatsachen, hemdärmlig und ohne Leich-
tigkeit. Da der rechte Schweizer eben sagt, was
er denkt, schimpft er viel und meistens im
Einverständnis mit andern; daher fühlt er sich
frei." (a.a.O., S. 298/399)

Auch der bedeutendste Schweizer Schriftsteller
nach Frisch und Dürrenmatt, der 1934 geborene Adolf Muschg, lebt in Zürich. Seine Romane und Erzählungen faszinieren durch ihre
subtile Psychologie. Muschg engagierte sich
kurzzeitig in der Politik, kehrte aber in die
nuancenreiche Diktion der Literatur zurück.

* recht = richtig, echt
** Anm.: Die Schweiz ist
   dem EWR nicht beigetreten, siehe S. 91.

Adolf Muschg

Im Folgenden zwei Auszüge aus einem Interview:
Frage: Was könnte die Schweiz für Europa
sein?
... Das Schöne an der Schweiz ist, dass sie keine Nation, kein homogener Staat ist. Und deshalb könnte sie etwas für Europa zu bieten haben, unter der Voraussetzung, dass sie ein
gepflegtes, ein kultiviertes Konfliktverständnis
aus sich heraus entwickelt hätte. Das ist aber
nicht der Fall. Die unterschiedlichen Landes-
teile reagieren nicht aufeinander, sie versuchen nicht, einander zu verstehen, sondern
sie existieren eher Rücken an Rücken. Die
Schweiz ist ein defektes supranationales Modell und das beginnen wir erst langsam zu be-
greifen. Es gibt eine gemeinsame politische
Kaste, eine gemeinsame Währung und vor allem den gemeinsamen Wohlstand, aber keine
gemeinsame Idee. ...

Frage: Sehen Sie beim Stichwort „Europa der
Kulturen" die Gefahr einer Einheitskultur?
Ich sehe diese Gefahr auf der Ebene der Men-
talitäten noch lange nicht. Noch gibt es ja z.B.
die beiden Appenzeller Kantone mit ihrer
skurrilen Eigenständigkeit, und das ist auch
gut so. Diese Art von Eigensinn muss koexis-
tieren können mit dem großen Horizont.
Natürlich gibt es Probleme, die nur global
gelöst werden können, darunter fallen alle
ökonomischen Probleme, aber das gilt eben
nicht ohne weiteres für den Bereich der Kultur. ... Die entscheidende Frage lautet: Wie
viel kulturellen Föderalismus, wie viel Gegen-
den-Strom-Schwimmen verträgt die Einheit
des Wirtschaftsraumes**? Das müssen wir aus-
probieren gegen alle Widerstände und Be-
quemlichkeiten. Darin besteht für mich die
Staatskunst. (aus: Konturen 1/1994, a.a.O.,
S. 16/17)

Die Bühne ist ein freier Platz im hellen Licht.

Es beginnt damit, daß einer schnell über ihn wegläuft. De Carvalho

Noch einer aus der anderen Richtung Sebert
Zwei die einander kreuzen Lohse/Böll
Ein **dritter** und ein **vierter** in der Diagonale folgend Feifel/Wüpper

■

Seine **Insasssen** auf dem Baumpflock, am Wegrand
Wüpper/Stadelmann/Feifel
Einer in panischer Eile mit einem Vertreterkoffer Böll
Isaak, Abraham als **Todmüden** im Gefolge, zurückkehrend Münster/Lohse
Eine, die sich auf den **Knien** nähert Del Degan

■

...

Eine **Patrouille** mit Handschellen und Schlagstöcken Wüpper/Riehm
General der Kinderschuhe vor sich herträgt Hauer
Ein **Wanderer** durch tiefes Laub gehend Rostagno
Der **Großvater** mit einer Schlange im Stockspalt Lohse
Die **Portugiesin** Del Degan
Das **Mädchen aus Marseille** am Hafenquai Ott
Die **Jüdin** aus Herzliya, die Gasmaske in die Gasse werfend Koren
Die **Mongolin** mit ihrem Falken Pocher
Die **Patronin** von Toledo mit Löwenfell Gabilondo
Kreuz- und **Quer**geher Ensemble
Chaplin der beiläufig vorbeiflaniert Tittelbach
Einer als **Kellner** der einen Aschenbecher leert Sebert
Eine mit einem **Sekt**glastablett Gaylord
Einer episodisch als müßiger **Geschäftsmann** van Lee
Ein **Läufer** mit der Lehmskulptur eines Kindes Feifel
Der Erste **Zuschauer,** sich von seinem Sitz losreißend
Der Zweite **Zuschauer,** sich auf die Szene schwingend
Zwei **Frauen** die eine Stange voll mit Wäsche über den Platz tragen Gabilondo/Ott
Dritter **Zuschauer** auf dem Plateau, der sich in den Zug einfädelt

Dann ist der Platz dunkel geworden.

Peter Handke

Graz – Düsseldorf – Paris – Wer ist Peter Handke?

Ob man von einer „österreichischen" Literatur sprechen kann, darüber ist viel diskutiert worden und die Meinungen sind geteilt. Beispiele für typisch Österreichisches in der Literatur und für österreichische Themen gibt es genug, aber auch viele Beispiele für Autoren, deren österreichische Herkunft leicht vergessen wird: Peter Handke (geb. 1942) gehört dazu. Er ist zwar in Kärnten geboren und studierte in Graz, lebte aber meistens in Deutschland und Frankreich. Heute ist er mit seiner Familie in einem kleinen Pariser Vorort zu Hause. 1966 machte ihn sein Bühnenstück „Publikumsbeschimpfung" über Nacht bekannt. Er bricht das traditionelle Verhältnis zwischen Publikum und Bühnengeschehen auf, indem eine Beschimpfung wirklich stattfindet. Sie ist gegen das „alte", „kulinarische" Publikum gerichtet. Bekannt sind auch seine Romane und Erzählungen, zu denen „Die linkshändige Frau" gehört oder die Erzählung „Wunschloses Unglück", die vom Leben und Selbstmord seiner Mutter handelt.

Handke gehört zu den meistgelesenen Autoren des deutschen Sprachraums. In einem Interview sagte er von sich, dass er derselbe geblieben sei, der er zu Beginn seines Schreibens war, dass er nach Wahrhaftigkeit strebe und dass er vielleicht etwas klarsichtiger, aber auch illusionsloser geworden sei. Immer stärker halte er Distanz.

In diesem Sinne ist auch ein neueres Stück – „Die Stunde da wir nichts voneinander wußten" – geschrieben (deutsche Erstaufführung März 1993 in Bochum). Hauptakteur ist ein

Platz. Das Stück bringt Hunderte von Figuren in Hunderten von Kostümen auf diesen Platz, und der Zuschauer betrachtet sie neugierig in einer Art Sightseeing-Tour: die Schönheit, der Uniformierte, Papageno, die Geschäftsfrau, biblische Gestalten, eine Wandergruppe, ein Skateboardfahrer, ein Fußballfan, der gestiefelte Kater, Flaneure und Renner, Paare ... Alle zeigen sich mit ihren typischen Merkmalen und Verhaltensweisen. Das Ganze ist eine Bildergeschichte, die Widersprüche und ewiges Kommen und Gehen ernst und auch komisch in Szene setzt. Handke zeigt die Welt als Wunderwerk, um zu staunen und still zu machen.

Aufgabe

Links ein Ausschnitt aus dem Plakat zur deutschen Erstaufführung von Handkes „Die Stunde da wir nichts voneinander wußten" im Schauspielhaus Bochum. Übrigens – ein stummes Stück, ebenso wie das 1969 geschriebene „Das Mündel will Vormund sein".

Das vereinte Deutschland und seine Autoren

Nach 1989 ging ein Riss durch die Literaturlandschaft; vieles war nach dem Fall der Mauer anders als zuvor. Der Vereinigungsjubel war kaum verflogen, als schon der „Literaturstreit" im vereinten Deutschland begann. Vorher war alles klar: Die ausgebürgerten, aus der DDR geflohenen Schriftsteller lebten und publizierten in der Bundesrepublik. Die Daheimgebliebenen richteten sich ein oder versuchten, auf ihre eigene Weise mit der Realität fertig zu werden: angepasst, schizophren oder resigniert. Dafür wurden sie nach 1989 angegriffen, und zwar von früheren Kollegen (oder „Genossen"), aber auch von westdeutschen Literaturkritikern, die die Verhältnisse aus gegenwärtiger Sicht ins Visier nahmen. Die DDR hatte vielen ihrer Dichter großzügig Sonderrechte und Vergünstigungen gewährt, ihnen dafür aber Staatstreue, d.h. die Verpflichtung, das Volk zum Sozialismus zu erziehen, abverlangt. Nicht wenige haben sich durch Kritik und Zweifel die Gunst der Machthaber verscherzt. Der Liedermacher Wolf Biermann wurde ausgebürgert, als er 1976 auf einer Konzertreise im Westen auftrat. Die Lyrikerin Sarah Kirsch und die Schriftsteller Günter Kunert und Reiner Kunze folgten. Für andere Künstler kam 1979 der Ausschluss aus dem Schriftstellerverband; betroffen war vor allem Stefan Heym. Er hatte seinen Roman „Collin", der von der Staatssicherheit handelt, im Westen veröffentlicht. Nach der Einheit brachen die Gegensätze zwischen denen, die geblieben, und denen, die gegangen waren, denen im Osten und denen im Westen, stärker auf denn je. Auffallend war, dass die Künstler der untergegangenen DDR nach dem Umbruch wenig zur Aufklärung über die ostdeutsche Gesellschaft, ihre 40-jährige Geschichte und die Besonderheiten der DDR-Literatur beitrugen. Ausdruck der Ratlosigkeit derer, die sich mit den Mächtigen arrangiert hatten, war zu dieser Zeit die Autobiographie des weltweit bekannten Dramatikers Heiner Müller; ihm war es um dramatisches „Material" gegangen, um Strukturen, nicht um Recht oder Unrecht, Moral oder Lüge. Er gilt als Zyniker („Zynismus ist doch der schräge Blick auf die geltenden Werte"); er war gleichzeitig Stalinist und Dissident.

Ziel der Angriffe von Seiten der Westdeutschen war vor allem Christa Wolf, die ehemalige DDR-Bürgerin. In ihrem Roman „Der geteilte Himmel" (1963) hat sie private Konflikte und Gewissensentscheidungen vor dem Hintergrund ideologischer Auseinandersetzungen nachgezeichnet: die Trennung zweier Liebenden durch die Spaltung des Landes. Ihr nächstes Werk – „Nachdenken über Christa T." – durfte bereits nur in kleiner Auflage erscheinen. Die Erzählung „Was bleibt" wurde der Auslöser für den Literaturstreit. Das kleine Werk war 1979 geschrieben worden und wurde 1990 veröffentlicht. Zu spät, sagten ihre Kritiker. Es erzählt autobiographisch von der Dichterin als Opfer der Stasi (das gefürchtete Ministerium für Staatssicherheit der DDR). Mit der Veröffentlichung der Stasi-Akten war Christa Wolf aber selbst in den Verdacht geraten, inoffizielle Informantin der Stasi gewesen zu sein. Richtig ist, dass Christa Wolf für eine sehr kurze Zeit als Informantin gedient hatte, bevor sie selber über viele Jahre von der Stasi überwacht wurde. Ihr Lebensweg von einer Anhängerin der DDR und des „real existierenden Sozialismus" über Wahrheitssuche und Verdrängung zur Kritik am System hat Symbolwert für die Rolle eines Schriftstellers in einem totalitären Staat. Ihre Gegner wandten ein, dass sie konfliktscheuer war als andere, Kompromisse schloss und dass sie es allen recht machen wollte.
Die Kontroverse um Christa Wolf war zu Ende, als sie für eine längere Zeit nach Kalifornien ging. Nach ihrer Rückkehr meldete sie sich wieder mit einem Rechenschaftsbericht, betitelt „Auf dem Weg nach Tabou – Texte 1990–1994". 1998 folgten die Erzählungen „Hierzulande Andernorts". Sie versucht, die Wirklichkeit zu fassen und sich „an den Schnittstellen von Erfahrung und historischem Prozess" der Wahrheit zu nähern.

Christa Wolf

▶ Das Stichwort: *Stasi* und die *Stasi-Akten*

Abkürzung für Staatssicherheit. Der Staatssicherheitsdienst war die politische Geheimpolizei der DDR. Er war der Partei untergeordnet und nur ihr verantwortlich. Stasi-Agenten bespitzelten alle DDR-Bürger, die sich nicht systemkonform verhielten. Die Stasi hatte wahrscheinlich 200 000 hauptberufliche und mindestens 1,6 bis 2 Millionen informelle Mitarbeiter (IM). Über jeden verdächtigen Bürger wurde eine „Stasi-Akte" angelegt, die Betroffene seit der Einheit einsehen können (siehe S. 164). (aus: TIP 4/92, S. 46)

Zusammen mit Christa Wolf wurden westdeutsche Schriftsteller angegriffen, die aus dem Umkreis der Gruppe 47 kamen. Sie hatten die Vereinigung nicht mit der erwarteten Begeisterung aufgenommen. Ein streitbarer Mahner, der sich immer wieder mit Reden und Aufsätzen in die Tagespolitik einmischt, ist Günter Grass. In seinen 1991 veröffentlichten „Reden, Aufsätze und Gespräche" äußerte er sich skeptisch und zweifelte am Gelingen der Einheit. Als die Vereinigung schließlich 10 Jahre zurücklag, glätteten sich die Emotionen. Neun Jahre nach dem Fall der Mauer schlossen sich Ost- und West-PEN (= Poets, Essayists, Novellists) zum PEN-Zentrum Deutschlands zusammen. Die Diskussion um die Stasi-Mitarbeit von Ost-PEN-Mitgliedern und Protestaustritte hatten die Vereinigung lange verhindert.

Rückblende: Das geteilte Deutschland und die Gruppe 47

Die Literatur nach 1945 ist eng mit der „Gruppe 47" verknüpft. Einige junge Schriftsteller kamen 1947 erstmalig zusammen, um sich ihre Manuskripte vorzulesen. Daraus wurde die Gruppe 47, für die kommenden zwanzig Jahre der Treffpunkt der bedeutendsten Autoren der deutschsprachigen Literatur. Die lockere Vereinigung unter der Leitung von Hans Werner Richter (gestorben im März 1993) hatte kein literarisches Programm. Sie entwickelte sich dennoch zu einer literarischen und politischen Instanz. Richter lud zwanglos zu den jährlichen Treffen ein und alles, was Rang und Namen hatte, kam. Die Teilnehmer lasen aus ihren Werken, kritisierten sich und vergaben den begehrten Literaturpreis – und nahmen sich genügend Zeit, auch ausgiebig zu feiern. Das Ende war gekommen, als während des Treffens im Jahr 1967 in einem kleinen fränkischen Städtchen demonstrierende Studenten auftauchten und ihnen politisches Versagen vorwarfen. Kritik kam auch von den Schriftstellern Peter Weiss, der sich zum Sozialismus bekannte, Peter Handke und von Martin Walser, der politische Aktion mit literarischer Arbeit verbinden wollte. Mit dem Ende der Gruppe 47 führte die Entwicklung zeitweilig von der Literatur weg zum Dokument und zur Reportage.

Heinrich Böll, Ingeborg Bachmann (Mitte) und Ilse Aichinger während einer Tagung der „Gruppe 47".

Die zwei Jahrzehnte, in denen die Gruppe 47 unangefochten die westdeutsche Literatur repräsentierte, fielen zusammen mit der Zeit des „Kalten Krieges", der Konfrontation von Ost und West. Die Schriftsteller reflektierten die Teilung des Landes zunächst nicht. Die westliche Literatur wurde im Osten nicht hereingelassen, die östliche ideologische Literatur war im Westen nicht auf dem Markt. Man nahm sich einfach nicht zur Kenntnis. Die einzige Ausnahme war der unbequeme Bert Brecht, der ein Dauerthema in beiden Staaten war. (Erst später – siehe Seite 116 – veröffentlichten DDR-Schriftsteller auch im Westen und ernteten dafür heftige Kritik in ihrem Land.)
Einige aus der Gruppe 47 versuchten trotz der Gegensätze, eine deutsche Literatur in zwei deutschen Staaten zu bewahren. Man suchte nach einem dritten Weg. Gemeinsam war aber nur eines, nämlich das Gefühl, gleichermaßen in beiden Staaten unbeliebt zu sein: die Schriftsteller im Westen ohne konkreten Einfluss auf die gesellschaftlichen Zustände, die im Osten unter der Zensur.

Die jährlichen Herbsttreffen der Gruppe 47 fanden in wechselnder Zusammensetzung statt. Neben anderen nahmen teil: die österreichische Schriftstellerin Ingeborg Bachmann (1926–1973; siehe S. 131), Heinrich Böll (1917–1985), der wohl bekannteste deutsche Schriftsteller nach dem Krieg, Nobelpreis 1972, ein Moralist und Kritiker seiner Zeit, der 1953 mit „Und sagte kein einziges Wort" an die Öffentlichkeit trat. 1959 kam „Billard um halb zehn" heraus. Dieses Jahr sollte zu einem der wichtigsten der deutschen Literatur werden, denn es erschienen außerdem „Die Blechtrommel" von Günter Grass (siehe

Grass

Die
Blechtrommel
Roman

unten) und „Mutmaßungen über Jakob" von Uwe Johnson, der die Mentalität der Menschen in der DDR zu seinem Thema machte. Sehr viel später erzählte Böll in der viel beachteten Erzählung „Die verlorene Ehre der Katharina Blum oder: Wie Gewalt entstehen und wohin sie führen kann" (1974) die Geschichte einer jungen Frau, die durch Zufall Mittelpunkt der Sensationsmache und Polithetze einer Boulevardzeitung wird. In einem Akt unerwarteter Selbstverteidigung erschießt sie den korrupten Journalisten (siehe S. 130).
Günter Grass (geb. 1927 in Danzig) wurde mit seinem Roman „Die Blechtrommel" 1959 schlagartig bekannt. Es ist die groteske Entwicklungsgeschichte seines Helden Oskar Matzerath, der die Protesthaltung unseres Jahrhunderts verkörpert (siehe auch die Verfilmung, S. 131). Der Roman erreichte bis heute eine Auflage von 3 Millionen in über zwei Dutzend Sprachen.
Hans Magnus Enzensberger (geb. 1929; Gedichte und Essays) verkörpert den Typus des intellektuellen Schriftstellers mit ästhetischem und politischem Anspruch.

Aufgaben

1. Eine Biographie von heute
   Reiner Kunze wurde 1933 im Erzgebirge (später DDR) als Sohn eines Bergarbeiters geboren. Er studierte Philosophie und Journalistik an der Universität Leipzig. Von 1955–1959 war er dort wissenschaftlicher Assistent mit Lehrauftrag, konnte jedoch seine Laufbahn aus politischen Gründen nicht fortsetzen. Er war gezwungen, in der Landwirtschaft und im Schwermaschinenbau zu arbeiten. Seit 1962 war er als freier Schriftsteller tätig und geriet in eine schwere persönliche Krise, die er durch seine Heirat und Freunde in der Tschechoslowakei überwinden konnte. Er publizierte im Westen und erhielt zahlreiche Literaturpreise. Schließlich wurde er so stark unter Druck gesetzt, dass er 1977 in die

Bundesrepublik übersiedelte. Heute lebt er in Passau in Bayern.

„Die wunderbaren Jahre" sind Prosastücke, die Erlebnisse aus dem DDR-Alltag erzählen. Sie berichten von Jugendjahren in einer normierten Gesellschaft, die kein Einzelgängertum duldete.

Elfjähriger

„Ich bin in den Gruppenrat gewählt worden", sagt der Junge und spießt Schinkenwürfel auf die Gabel. Der Mann, der das Essen für ihn bestellt hat, schweigt.
„Ich bin verantwortlich für sozialistische Wehrerziehung", sagt der Junge.
„Wofür?"
„Für sozialistische Wehrerziehung." Er saugt Makkaroni von der Unterlippe.
„Und was mußt du da tun?"
„Ich bereite Manöver vor und so weiter."

Mitschüler

Sie fand, die Massen, also ihre Freunde, müßten unbedingt die farbige Ansichtskarte sehen, die sie aus Japan bekommen hatte: Tokioter Geschäftsstraße am Abend. Sie nahm die Karte mit in die Schule, und die Massen ließen beim Anblick des Exoten kleine Kaugummiblasen zwischen den Zähnen zerplatzen.
In der Pause erteilte ihr der Klassenlehrer einen Verweis. Einer ihrer Mitschüler hatte ihm hinterbracht, sie betreibe innerhalb des Schulgeländes Propaganda für das kapitalistische System.

(aus: Reiner Kunze, Die wunderbaren Jahre, a.a.O., S. 13 und 31)

Wehrerziehung war Pflichtfach in den Schulen der DDR. Was empfindet wohl der Mann, der mit dem Kind spricht? Hat die Schülerin in dem zweiten Text etwas falsch gemacht?

2. In dem Sammelband „Über Deutschland, Schriftsteller geben Auskunft"(1993), äußert sich Günter Kunert über das Ost-West-Verhältnis. Kunert ist 1929 in Berlin geboren und 1979 nach Westdeutschland übergesiedelt.

Im gegenwärtigen Verhältnis zwischen Ost- und Westdeutschen spielt das Verrats-Syndrom eine wichtige, obschon indirekte Rolle. Das Gefühl vieler Ostdeutscher, durch die Vereinigung verraten und verkauft worden zu sein, basiert keinesfalls allein auf realen ökonomischen Vorgängen; es speist sich genauso aus der Vergangenheit, aus dem Zustand einer inneren, ständig unterdrückten Unsicherheit, unter deren Herrschaft jegliches Agieren und Reagieren stand. Jenes Moment des Insichruhens, der Selbstübereinstimmung, das uns bei anderen Völkern stets aufs neue frappiert, ist den Deutschen mit dem ersten Weltkrieg verlorengegangen. Daraus ergab sich die extreme Hinneigung zu ideologischen Korsetts und Krücken, denen keine Dauer vergönnt war. Nach den sich wiederholenden Zusammenbrüchen und Umschwüngen der Gesellschaft wiederholte sich mit unschöner Regelmäßigkeit die Verdrängung des eigenen schuldhaften Beteiligtseins, die Herabminderung der eigenen Aktivität. Insbesondere die Intellektuellen leisteten in dieser Hinsicht Erstaunliches, dank ihrer Eloquenz und ihrer instrumentalisierbaren Vernunft, und zwar, indem sie – wie auch die simpler strukturierten Teilhaber des vergangenen Systems – dem eben untergegangenen positive Seiten abzugewinnen trachteten. Der heute in Ostdeutschland am häufigsten gehörte Spruch: „Es war doch nicht alles schlecht ..." entlarvt diesen Mechanismus:

Indem man rückwirkend die Vergangenheit verbessert, mindert und reduziert man die möglichen Selbstvorwürfe. Die Wahrheit leugnen, bedeutet immer, sich selber belügen. ...

(a.a.O., S. 23/24)

Geben Sie Kunerts Gedanken mit Hilfe der Wörter „Verrats-Syndrom", „ideologische Krücken", „Verdrängung" und „die Wahrheit leugnen" wieder.
Wer sind die Intellektuellen, die Kunert im Auge hat? Wie sieht er ihre Rolle?

3. 1998 erschien in Berlin ein Buch, das begeisterte Kritiken bekam. Man sprach von „dem langersehnten Roman über das vereinigte Deutschland"
1995 gab der Dresdner Autor Ingo Schulze (geboren 1962) sein Debüt mit „33 Augenblicke des Glücks", drei Jahre später schrieb er dann „Simple Storys, Ein Roman aus der ostdeutschen Provinz", der aus scheinbar einfachen Geschichten besteht, die aber die großen Zusammenhänge festhalten. In dem unpathetischen Stil in der Tradition der amerikanischen Short Story erzählt Ingo Schulze von den Bewohnern der ostthüringischen Kleinstadt Altenburg, einer in der DDR runtergekommenen Stadt im Uran- und Kohleabbaugebiet. In Alltagsbegebenheiten schildert er das Zusammenstürzen einer ganzen Welt nach 1990 und wie sich der Umbruch in den Biographien der Menschen niederschlägt.

Es war einfach nicht die Zeit dafür. Fünf Tage mit dem Bus: Venedig, Florenz, Assisi. Für mich klang das alles wie Honolulu ... In den dunkelgrünen Koffer packten wir unsere Sachen, in die schwarzrot karierte Tasche Besteck, Geschirr und Proviant: Wurst- und Fischkonserven, Brot, Eier, Butter, Käse, Salz, Pfeffer, Zwieback, Äpfel, Apfelsinen und je eine Thermoskanne Tee und Kaffee ... Sie müssen mal versuchen, sich das vorzustellen. Plötzlich ist man in

Italien und hat einen westdeutschen Paß. ... Man befindet sich auf der anderen Seite der Welt und wundert sich, daß man wie zu Hause trinkt und ißt und einen Fuß vor den anderen setzt, als wäre das alles selbstverständlich.

Es ist Februar 91, Ich arbeite bei einer Wochenzeitung. Überall wartet man auf den großen Aufschwung. Supermärkte und Tankstellen werden gebaut, Restaurants eröffnet und die ersten Häuser saniert. Sonst gibt es aber nur Entlassungen und Schlägereien zwischen Faschos und Punks, Skins und Redskins, Punks und Skins. An den Wochenenden rückt Verstärkung an, aus Gera oder Leipzig-Connewitz, und wer in der Überzahl ist, jagt den anderen. Es geht immer um Vergeltung. Die Stadtverordneten und der Kreistag fordern Polizei und Justiz zu energischen Schritten auf. Anfang Januar schrieb ich eine ganze Seite über das, was sich regelmäßig freitags auf dem Bahnhof abspielt. Von Patrick stammten die Fotos. Eine Woche später sorgte ein anderer Artikel von mir für Wirbel. Nach Zeugenaussagen berichtete ich, daß Unbekannte nachts in Altenburg-Nord eine Wohnungstür aufgebrochen und den fünfzehnjährigen Punk Mike P. fast erschlagen hatten. ...
Beyer, unser Chef, untersagte mir,. die Beiträge zu unterzeichnen. Auch Patricks Name durfte nicht erscheinen ... „Gegen Vandalismus", sagte er, versichert niemand."

(aus: Ingo Schulze, Simple Storys, a.a.O., S. 15/16, 17 und 30)

Die Welt und die Bühnenwelt

Die Theaterlandschaft

Die Theatertradition reicht in das höfische 18. Jahrhundert zurück, als Deutschland aus

vielen Kleinstaaten bestand. Stadt- und Residenztheater existierten in großer Zahl.
Nach dem Ersten Weltkrieg übernahm die öffentliche Hand die Trägerschaft und schuf damit das heute noch geltende System deutscher Bühnen. Die Theater werden von den Ländern und Kommunen subventioniert, wobei ihre künstlerische Unabhängigkeit garantiert bleibt. Diese einzigartige Theaterlandschaft hat viele Freunde, auch über die Grenzen Deutschlands hinaus.
Der Zweite Weltkrieg hat über 70 Theaterbauten zerstört. Über hundert wurden seitdem restauriert und neu gebaut. Gespielt wird heute an fast 300 Bühnen.
Der Verkauf der Eintrittskarten deckt nur rund zehn Prozent der Theater- und Konzertkosten, der Rest kommt aus Steuermitteln. Die zahlreichen kleinen Privattheater arbeiten im Gegensatz zu den Staatstheatern auf eigenes Risiko und erhalten meist nur geringe Zuschüsse von ihrer Stadt.

Der Neubeginn

Nach der Stunde Null, dem Ende des Zweiten Weltkriegs, regte sich trotz Zerstörung und Mangel zuerst das Theaterleben. Kleinere und größere Theater entstanden aus dem Nichts, man spielte in Turnhallen und Kellern. Ein wahrer Theaterrausch erfasste die Menschen nach den Jahren der Entbehrung. Die größten Erfolge in den Vierzigerjahren hatten Dramen, die das Vergangene zu bewältigen versuchten. „Des Teufels General" von Carl Zuckmayer, das der Autor aus seinem Exil in den USA mitbrachte, wurde in Zürich uraufgeführt, ein Jahr später in Frankfurt. Das Stück kam auf über 2000 Aufführungen in den Westzonen (zur Verfilmung siehe S. 129). „Draußen vor der Tür" von Wolfgang Borchert, das Drama von der Heimkehr des Soldaten, wurde 1947 in Hamburg uraufgeführt. Sein Thema und das Schicksal des Autors machten es zu einem nachhaltigen Ereignis. Der Kriegsheimkehrer Borchert starb einen Tag vor der Uraufführung.

In diesen Jahren wurden auch zahlreiche Dramen ausländischer Autoren vorgestellt, vor allem aus Frankreich und England: Jean Paul Sartre, Albert Camus, Jean Giraudoux, George Bernard Shaw usw. Unter den deutschsprachigen Dramatikern setzten sich Max Frisch und Friedrich Dürrenmatt durch (siehe S. 112f.). Das absurde Theater feierte mit Eugène Ionesco und Samuel Beckett Triumphe.

Bertolt Brecht (1898–1956) war 1949 aus dem amerikanischen Exil über Zürich nach Ost-Berlin zurückgekehrt. Kurz danach wurde sein Stück „Mutter Courage und ihre Kinder" aufgeführt; im gleichen Jahr gründete er das Berliner Ensemble in Ost-Berlin. Seine Haltung gegenüber den politisch Mächtigen war zwiespältig. Seine Stücke wurden zu einem festen Bestandteil des Bühnenrepertoires in Ost und West. Im Westen berief man sich auf Stücke, die gewissermaßen gegen Brechts politische Überzeugungen gespielt wurden, wie zum Beispiel „Galileo Galilei". Im Osten wurde der erzieherische politische Charakter seiner Stücke hervorgehoben und modellhaft im Berliner Ensemble aufgeführt. Der Dramatiker Heiner Müller belebte das BE heute wieder neu: 1995 inszenierte er das Gangsterstück „Der unaufhaltsame Auftrag des Arturo Ui", ein Lehrstück über den Nationalsozialismus, mit überraschendem Erfolg.

▶ Das Stichwort: *Exilliteratur*

Während der Hitler-Diktatur ist ein großer Teil der bedeutendsten Autoren verboten, verfolgt und vertrieben worden. Nach dem Krieg kehrten sie teilweise zurück: aus den USA, aus Palästina, Mexiko und der UdSSR. Sie gingen meist in die sowjetisch besetzte Zone. Was sie miteinander verband, war die gemeinsame Erfahrung des Exils, die Berufung auf die humanistische Tradition und die Hoffnung, ein neues Deutschland bauen zu können. Der Stalinismus hat viele später bitter enttäuscht. Im Westen war die Emigration nicht in die Literatur einbezogen. Thomas Mann, der in der Welt bekannteste deutsche Schriftsteller, hatte im Exil die deutsche Literatur als Ganzes vertreten. Während des Krieges hielt er von Kalifornien aus mehr als 50 Reden zum Thema Geist und Macht. Er ließ sich in der Schweiz nieder und kam erst 1949 anlässlich des 200. Geburtstages von Goethe wieder nach Frankfurt und Weimar. Sein Verhältnis zu den Daheimgebliebenen, den Vertretern der inneren Emigration, war gespannt. Man machte ihm zum Vorwurf, dass er Deutschland in schlimmen Zeiten verlassen hatte. (nach: Deutsche Literatur seit 1945, a.a.O., S. 79-92)

Theatererlebnisse in den Jahren der Teilung

Während die DDR-Literatur den Beschlüssen der Partei folgte und die Zensur die Schriftsteller aus dem Land jagte, ging der Westen völlig andere Wege.
Rolf Hochhuths Dokumentarstück „Der Stellvertreter" (1963) schockierte die Öffentlichkeit. Der Autor beschuldigte Papst Pius XII., zur Ausrottung der Juden unter Hitler aus Staatsräson geschwiegen zu haben. Heinar Kipphardts „In der Sache J. Robert Oppenheimer" (1964) handelt vom Atombomben-Programm der USA im Zweiten Weltkrieg. „Die Ermittlung" (1965) von Peter Weiss ist eine szenisch gestaltete Berichterstattung über den Frankfurter Auschwitz-Prozess in den Jahren 1963–1965, die Suche danach, wie es möglich war, „seinen menschlichen Maßstab zu verlieren".

Um 1968, als das Theater mit den revoltierenden Studenten auf die Straße ging, geriet die Bühne ins Abseits. Die Kunst sollte sich politischen Zielsetzungen unterwerfen, was allerdings in Zweifeln an der gesellschaftsverändernden Wirkung von Kunst überhaupt enden musste.

Die Dramatik der Widersprüche und Brechungen kam erst wieder mit dem literarischen Außenseiter Peter Handke (siehe S. 115) auf die Bühne. Zu einem Gegenpol entwickelte sich auch der Österreicher Thomas Bernhard (1931–1989). Er war mit seinen Psychogrammen der Inhumanität und seiner permanenten Österreichkritik vielfach Anlass zu heftigen Kontroversen. In „Heldenplatz" (1988) polemisiert er gegen Staat, Kirche und gegen faschistische Tendenzen im heutigen Österreich.

Unter prominenten Regisseuren entstanden seit den Achtzigerjahren neue, ungewöhnliche Klassiker-Aufführungen; man sprach von „Regie-Theater". Peter Zadek, Claus Peymann, Rudolf Noelte und Peter Stein hatten die Klassiker entstaubt, psychologisiert und politisiert. Die Berliner Schaubühne – geleitet bis 1984 von Peter Stein – war das glänzende Zentrum dieser Neuerer. Später wurden ihren Klassiker-Aufführungen Stagnation vorgeworfen, Ästhetisierung und die perfekte Entrückung von der Wirklichkeit.

Der 1944 geborene Botho Strauß hat neben dem Regisseur Peter Stein durch seine dramaturgische Mitarbeit an der Schaubühne Berlin (West) das deutsche Theater maßgeblich mitgeprägt. Er schrieb Stücke, die in Hunderten von Aufführungen in über 30 Ländern gezeigt wurden, wie z.B. die „Trilogie des Wiedersehens" (1976) oder „Groß und klein" (1978), die Menschen in Vereinsamung und seelischer Deformation zeigen. Er mischt zeitkritische Satire und mythische Verspieltheit. Mit sei-

Jugendstil-Theater in Cottbus

11. Arbeitstreffen Schultheater ´93 in Berlin
(hier: Triptics)

nem Theaterstück „Schlußchor" von 1991 hat
er seinen Beitrag zum Thema deutsche Einheit
geleistet. In Einzelszenen zeigt er kritisch-sati-
risch den Zusammenprall von Ost und West.

Theater nach der Wende

In die Zeit nach der Wende gehören weitere
Stücke, die das Zeitgenössische in den Vordergrund rücken. Dazu gehören „Wessis in Weimar" (Untertitel: „Szenen aus einem besetzten
Land") von Rolf Hochhuth, das u.a. auf die
Rolle der Treuhandanstalt Bezug nimmt; dann
„Iphigenie in Freiheit" von Volker Braun, das
in der Theatertradition der ehemaligen DDR
steht und die Probleme in Mythen verpackt.
Iphigenie steht für die DDR und für das, was
aus den Hoffnungen und Idealen geworden
ist. „Wendewut", nach einer Erzählung von
Günter Gaus, ist choreographisches Theater,
das das uniforme Leben und die Verfolgung in
der DDR zeigt und den Wandel einer Gesell-
schaftsordnung: Schuldzuweisungen, Desillu-
sionierung und Anpassung, Tanztheater als
politisches Resümee.

Theaterregisseure wie der provokante Frank
Castorf oder Thomas Langhoff oder der mar-
kant unbequeme Claus Peymann (Stuttgart,
Bochum, Wien, dann Berliner Ensemble in der
Nachfolge von Heiner Müller) stehen im
Rampenlicht. Sie machen progressives Thea-
ter, indem sie bei ihren Inszenierungen die Be-
züge zur Gegenwart deutlich herausarbeiten.
Dieter Dorn hat den Münchner Kammerspie-

len internationale Anerkennung verschafft.
Um den führenden Rang in der Theaterkunst
wetteifern heute nicht nur Berlin, München,
Hamburg und Köln. Nicht zurückstehen
möchten Theaterstädte wie Frankfurt am
Main, Stuttgart, Bochum, Ulm, Wuppertal,
Düsseldorf und Bremen. Hinzugekommen
sind Dresden, Leipzig, Chemnitz, Cottbus ...
Im Einigungsvertrag verpflichtete sich der
Bund für drei Jahre, die kulturellen Einrichtungen in den neuen Bundesländern zu erhalten und zu subventionieren. Nach diesen drei
Jahren ging die Verantwortung auf die Länder
und Städte über. Die Finanzkrise führte zu
Kündigungen, Etatstreichungen und Zusam-
menlegungen von Theatern. Wenn eigene
städtische Ensembles verschwinden, leidet das
Flair einer ganzen Stadt. Kultur und Kongress-
zentren mit Gastspielen sind kein Ersatz. In
dieser Misere gibt es aber auch bemerkenswer-
te Neuinszenierungen und kreativen Neubeginn – in Cottbus zum Beispiel, wo das Theater sich bewusst den Fragen der Zeit stellt.
Bemerkenswert ist auch der Nachholbedarf bei
den freien Bühnen, die im Gesellschafts- und
Theatersystem der DDR nicht vorgesehen waren.

Das Jugend- und Kindertheater ist eine der
wichtigsten Entdeckungen unserer Zeit. Die
Stücke stellen die Komplexität des kindlichen
Alltags dar. Soziale Missstände, Intoleranz und
Gewalt, Probleme in der Familie und in der
Schule sind wichtige Themen, die ernst oder
amüsant verpackt dargestellt werden. Vom
Grips-Theater in Berlin wird beispielhaft gezeigt, dass abenteuerliche Stoffe nicht nur im
Märchen, sondern vor allem auch in der Wirklichkeit zu finden sind.
Die Städte unterstützen die Theater in den alten und den neuen Bundesländern (z.B. das
seit 1953 existierende Kinder + Jugendtheater
in Dortmund oder das Theater junge Generation in Dresden) und engagierte Pädagogen
begleiten die Aufführungen.

Eine Woche gegen die Gewalt

1. THEATERTREFFEN SACHSEN-ANHALT und BRANDENBURG

34. Bad Hersfelder
Festspielkonzerte

Oper in der Stiftsruine

Ruhrfestspiele Recklinghausen

69. BACH-FEST
Leipzig

Neue Bachgesellschaft

Zentren der Musikgeschichte

Viele große Namen der Musikgeschichte sind besonders eng mit zwei Städten verbunden: mit Leipzig (Sachsen) und Wien (Hauptstadt von Österreich).

Leipzigs Tradition als Musikstadt gründet sich auf drei Einrichtungen: auf das Gewandhausorchester, den Thomanerchor, die älteste musikalische Einrichtung der Stadt, und auf die Hochschule für Musik und Theater. Sie war auf Initiative des Gewandhauskapellmeisters Mendelssohn Bartholdy gegründet worden.

In Leipzig war Johann Sebastian Bach (1685–1750) ab 1723 Kantor an der Thomaskirche und Musikdirektor an beiden Hauptkirchen. Er lehrte, leitete den Thomanerchor und war zu seiner Zeit auch ein berühmter Organist. Ein Kantor leitet übrigens auch heute noch den berühmten Chor, der die bedeutendste Pflegestätte Bachscher Kirchenmusik ist. Bachs Musik ist eine Zusammenfassung verschiedener abendländischer Traditionen, des protestantisch geprägten Barock wie der Mehrstimmigkeit des Mittelalters („Kunst der Fuge"). Er war der große Lehrmeister für die Musiker nach ihm. Während der 27 Jahre an der Thomaskirche schuf er den größten Teil seiner Orgelkonzerte, Kantaten, Motetten und Choräle sowie die Johannes- und die Matthäus-Passion. Im Gegensatz zu seinem Antipoden Friedrich Händel, dem Weltbürger, der in London seine Heimat fand, verlief der Lebensweg des Thomaskantors im bürgerlichen Pflichtenkreis. Ordnungswille und Disziplin in Leben und Kunst verband sich bei ihm mit barocker Lebensfreude. Von seinen 13 Kindern aus zwei Ehen wurden fünf als Komponisten bekannt.

Bach war wie Luther durchdrungen vom Geist seiner Zeit, von Schuld und Erlösung. Wie jener war er überzeugt vom satanischen Hintergrund alles Weltlichen. Eher fremd für uns ist

auch die Todessehnsucht, die aus allen seinen
Werken spricht.

Die Mitte des 18. Jahrhunderts – Bach starb
1750 – war gleichzeitig eine Zeitenwende; der
Traum von den unbegrenzten Möglichkeiten
menschlicher Vernunft begann. Bach geriet in
Vergessenheit und sein Vermächtnis wurde
zunächst wenig beachtet. Erst 1827 setzte mit
der Aufführung der Matthäus-Passion in Berlin unter Mendelssohn Bartholdy eine Bach-
Bewegung ein. 1850, genau hundert Jahre
nach seinem Tod, gründeten Robert Schumann und Franz Liszt die Bach-Gesellschaft.

Auch im 19. Jahrhundert war Leipzig das musikalische Zentrum. Felix Mendelssohn Bartholdy wurde als Sohn eines wohlhabenden
Bankiers 1809 in Hamburg geboren (1847 in
Leipzig gestorben) und hatte das Glück, von
jung an gefördert zu werden. Er genoss eine
umfassende Ausbildung und wurde ein Mann
von Welt. Schon früh entwickelte er seinen
musikalischen Stil, der klassisches Maß mit romantischer Empfindung verband. Goethe erlebte ihn als Zwölfjährigen und äußerte sich
über sein Können mit Wohlwollen. Nach der
Düsseldorfer Zeit als Musikdirektor, Dirigent
und Kapellmeister wurde er 1835 Direktor der
Leipziger Gewandhauskonzerte. Er gründete
in Leipzig das Konservatorium, an dem auch
Robert Schumann als Lehrer tätig war.

Robert Schumann (1810–1856), Sohn eines
Buchhändlers und Verlegers in Zwickau, war
Romantiker durch und durch: eine unruhige,
zwiespältige Natur, die sich zwischen rausch-
haftem Schaffensdrang und abgrundtiefer De-
pression bewegte. Sein großes Vorbild war
Franz Schubert. Er heiratete Clara Wieck, die
Tochter seines Klavier- und Kompositionsleh-
rers. Sie erlangte als Pianistin Weltruhm und
war auch selbst eine begabte Komponistin.
Eine herzliche Freundschaft verband beide
mit Felix Mendelssohn Bartholdy. Robert

Drei Jahre vor seinem Tode brachte eine Reise nach Potsdam
Abwechslung in Bachs arbeitsreichen Alltag. Friedrich der
Große empfing ihn und spielte dem Meister ein eigenes Thema vor, das dieser in einer Fuge ausführte. Bach fand höchste Bewunderung.

Schumann unterstützte den jungen Brahms,
dessen Genie er früh erkannte. Nach langen
Leidensjahren starb er in geistiger Umnach-
tung.

Wien war gegen Ende des 18. Jahrhunderts
Sammelpunkt der großen Komponisten der
Epoche („Wiener Klassik"). Hier lebten Joseph
Haydn, Wolfgang Amadeus Mozart und Lud-
wig van Beethoven und schrieben ihre großen
Sinfonien.

Mozarts Vater stammte aus Augsburg, Wolfgang Amadeus Mozart wurde 1756 in Salzburg
geboren. Bereits mit fünf Jahren begann er zu
komponieren, als Sechsjähriger machte er

Die Familie
Mozart

Beethoven

Er dachte an den Tod, aber der Künstler Beethoven gewann und nahm das Schicksal an. Goethe lernte ihn 1812 kennen und bewunderte seine Musik. Als Mann des Hofes war der Dichter aber abgestoßen von dem ungestümen – heute würde man sagen unangepassten – Wesen des Meisters.

Mozart und Haydn, zusammen mit Beethoven, waren bestimmend für die Instrumentalmusik in der Welt auf die Dauer von über hundert Jahren.

Der in Wien geborene Franz Schubert (1797–1828) war nicht nur Symphoniker und Vertreter der Klaviermusik, sondern auch Schöpfer eines neuen Liedstils, der das 19. Jahrhundert wesentlich beeinflusste. Die Tradition der Wiener Klassik führten Anton Bruckner (1824–1896), Johannes Brahms (1833–1897) und Hugo Wolf (1860–1903) fort. Gustav Mahler (1860–1911) war der große Symphoniker der beginnenden Moderne.

Die Reihe großer Namen, die in Wien wirkten, ließe sich fortführen: Richard Strauss (1864 München – 1949 Garmisch) schrieb zusammen mit dem Dichter Hugo von Hofmannsthal mehrere Opern, darunter den „Rosenkavalier". Arnold Schönberg (1874 Wien – 1951 Los Angeles) entwickelte die Zwölftonmusik. Alban Berg (1885 Wien – 1935 Wien) komponierte die Opern „Wozzeck" und „Lulu".

Der Name Richard Strauss führt zu einem Zentrum der neueren Musik: München. Karl Amadeus Hartmann (1905 München – 1963 München) organisierte die Konzerte der „Musica viva" und förderte damit die Musik seiner Zeit. Carl Orff (1895 München – 1982 München) schuf mit seinem international bekannten „Schulwerk" eine Einführung in die neue Musik.

Konzertreisen nach München und an den kaiserlichen Hof in Wien, ein Jahr später nach Paris und London, und mit zwölf war er Konzertmeister des Salzburger Erzbischofs. Ab 1781 lebte er in Wien, wo sich nach den Jahren der musikalischen Triumphe seine Lebenskurve zu neigen begann. Eine unvorstellbare Kreativität ging einher mit banalen Geldsorgen. Mozart war abhängig von den Aufträgen des Hofes und des Adels, war Intrigen ausgesetzt, stieß auf Jubel und Ablehnung und konnte trotz verzweifelter Bemühungen auf keine gesicherte Existenz hoffen. Er starb mit 36 Jahren in Wien in großer Armut.

Beethoven (1770 Bonn – 1827 Wien) verfasste 1802 in Wien sein „Heiligenstädter Testament". Verzweiflung und Trotz gegen die beginnende Taubheit sprechen aus den Zeilen.

Das Musikgeschehen der Nachkriegszeit begann 1946 mit den „Ferienkursen für Neue Musik" in Darmstadt. Hans Werner Henze (geb. 1926 in Gütersloh) und Karlheinz Stock-

hausen (geb. 1928 bei Köln) wurden ihre international bekannten Vertreter. Henze, ein Avantgardist und Bewahrer zugleich, will alle Schichten der Bevölkerung ansprechen. Seit 1953 ist seine Wahlheimat Italien. Die Jahre, die Ingeborg Bachmann (siehe S. 118) und er zusammen lebten und arbeiteten, gehören zu seinen besten Erinnerungen. Er komponierte in dieser Zeit unter anderem die Oper „König Hirsch"; Ingeborg Bachmann schrieb den Roman „Das dreißigste Jahr". Später gründete Henze eine Musikwerkstatt für junge Künstler aus vielen Ländern; es ging ihm um „neuartige Formen der Jugenderziehung und Musikübung, um die Demokratisierung von Kunst, um die Verbreitung humanitärer, humanistischer Ideen und Unterrichtsmethoden".
Seit 1988 bereichert die von ihm geleitete „Münchner Biennale – Internationales Festival für neues Musiktheater" das Kulturleben der Stadt (Henze, in: Reden, a.a.O., S. 93ff.).
Stockhausens viel diskutierte elektronische Musik verbindet Konstruktion und Empfindung. Er versucht eine „Aufhebung des Dualismus zwischen Vokalmusik und Instrumentalmusik, zwischen Ton und Stille, zwischen Klang und Geräusch – verbunden mit dem Versuch einer Integration und Vermittlung unterschiedlichster Artikulationsmöglichkeiten" (Stockhausen). Sein Interesse erstreckt sich auf die Komposition, die Dirigententätigkeit und vor allem auf den Unterricht.

Die zeitgenössische ernste Musik (E-Musik im Unterschied zur unterhaltenden U-Musik) ist Kennern vorbehalten geblieben, kein Vergleich mit der Popularität von Künstlern der Rock- und Popkultur. Auch Musikveranstaltungen im Allgemeinen und die zahllosen Festivals neigen eher zu einer traditionelleren Programmgestaltung, d.h. zur Musik des Barock, der Klassik und der Romantik. Von der Oper werden keine Experimente erwartet. Wichtige Musikereignisse außerhalb der Spielzeit sind in Österreich die Salzburger und die

Die Bayreuther Festspiele: „Der Tannhäuser", inszeniert von Wolfgang Wagner

Der *steirische herbst '94* widmet sich – im Rahmen seiner Nomadologie der Neunziger – dem Thema ERFAHRUNG UND UNSCHULD. Diese Begriffe bezeichnen äußerst sensible Pole der Kunst nach dem Ende des Avantgardismus. Einerseits soll die künstlerische Erfahrung tauglich sein, die Wahrheit des Menschen aufzudecken. Andererseits ist sie heute ein Produkt der Medialisierung ... GRAZ 30 SEPT - 23 OCT **steirischer herbst '94**

Schleswig-Holstein-Musikfestival: Hier ein Konzert in einer Scheune.

Die Bregenzer Festspiele auf der Seebühne am Ufer des Bodensees.

Wiener Festspiele, die Bregenzer Festspiele auf der Seebühne am Bodensee und das Avantgardefestival „steirischer herbst" in Graz. In Deutschland finden die Bayreuther Festspiele statt, die ausschließlich den Musikdramen Richard Wagners gewidmet sind, die Münchner Opernfestspiele, das Schleswig-Holstein-Festival, das seine Spielorte aufs Land verlegt – und unzählige Musikfeste mehr, die über den Sommer verteilt landauf landab zu finden sind.

Die Bühnen und die Festspiele ziehen Künstler aus aller Welt an; berühmte Orchester und ihre Dirigenten sind überall zu Hause: die Berliner und die Wiener Philharmoniker, die Staatskapelle Dresden, das Leipziger Gewandhausorchester, die Bamberger Symphoniker oder die Orchester der Rundfunkanstalten. Bestes Beispiel für eine weltweite Verbundenheit ist in jüngster Zeit Kurt Masur, Chef des Gewandhausorchesters, der als Chefdirigent der New Yorker Philharmoniker verpflichtet wurde.

Aufgaben

Ein berühmtes Orchester ist 250 Jahre alt

Im März 1993 feierte das Gewandhausorchester seinen 250. Geburtstag. Stolz ist man in

Kurt Masur

Leipzig darauf, dass es nicht Könige oder Fürsten waren, die es gründeten, sondern Bürger der Stadt. Am 11. März 1743 riefen Leipziger Kaufleute, Bürger und Adlige das „Große concert" ins Leben, das aus Stadtpfeifern, Geigern und diversen Studentengruppen hervorgegangen war. Die Finanzierung des „Großen concerts" war unbürokratisch und zugleich effektiv: Reiche Kaufleute bezahlten je einen der 16 Musiker für ein Jahr und ließen dafür im Gasthaus „Drey Schwanen" (= Drei Schwäne) spielen. Als es dort zu eng wurde, zog man um in das Haus der Tuchmacher und Wollhändler – im Volksmund „Gewandhaus" genannt. Seitdem gab es kaum einen Komponisten oder Dirigenten, der nicht mit dem Orchester gearbeitet hätte. Den Weltruhm begründete Felix Mendelssohn Bartholdy, der als Erster Aufführungen und Proben leitete. Er arbeitete intensiv auf ein hohes künstlerisches Niveau hin. Eine Tradition begann, als Mendelssohn vor 150 Jahren das Leipziger Konservatorium gründete. Mitglieder des Orchesters unterrichteten dort und bildeten den Nachwuchs aus.

Heute muss das Orchester wie andere kulturelle Einrichtungen der neuen Bundesländer seine Wirtschaftlichkeit nachweisen. Ihr ehemaliger Konzertmeister Kurt Masur setzte sich nach der Wende für den Erhalt der Institutionen ein, um einen „Kahlschlag" in der Kulturlandschaft zu verhindern.
(nach: Helmut Mauró, Die Verpflichtungen einer langen Tradition, in: SZ vom 13./14.3.1993)

1. Welche berühmten Orchester kennen Sie in Ihrem Land?
2. Wie werden diese finanziert?
3. Wie sollten kulturelle Institutionen nach Ihrer Meinung finanziert werden?

Filmereignisse

Nosferatu (1921)
Film von F.W. Murnau nach Motiven des Romans „Dracula" von Bram Stoker. Klassiker des Horrorfilms, Stummfilm, der auch heute noch sehenswert ist.

Metropolis (1926)
Film von Fritz Lang, Stummfilm. Science-fiction-Film, der von der möglichen Überbrückung der Kluft zwischen Arbeitern und Herrschenden handelt. Dieser Film wird als Filmklassiker immer wieder gezeigt. Der technisch aufwendige Film brachte die mächtige UFA (Universum Film AG) in finanzielle Schwierigkeiten. Sie kam 1927 unter rechtsnationale Leitung. 1946 wurde sie als DEFA in Babelsberg bei Berlin (Ost) wieder gegründet. Heute entsteht auf dem DEFA-Gelände eine Medienstadt mit Film- und TV-Studios und dem modernsten Tonstudio Europas.

Der blaue Engel (1930)
Film von Josef von Sternberg nach dem Roman „Professor Unrat" von Heinrich Mann mit Marlene Dietrich als Lola. Professor Rath, ein Sonderling, verfällt der in einem übel beleumdeten Lokal gastierenden Sängerin Lola und heiratet sie. Der bürgerliche Abstieg beginnt. Er tritt schließlich als Zauberkünstler in der Truppe auf, die nach Jahren wieder in seine Heimatstadt kommt. Der Film endet tragisch mit seinem Tod im alten Klassenzimmer, in das er sich nach dem endgültigen Zusammenbruch seiner Existenz geflüchtet hat. Heinrich Mann ging es um die Entlarvung der bürgerlichen Scheinmoral. Der Film ist die Tragödie eines Menschen, der vom bürgerlichen Weg abweicht.

Der Untergang der deutschen Filmkultur durch den Nationalsozialismus und Fehlentwicklungen nach dem Zweiten Weltkrieg haben einen Neubeginn lange verzögert. Filme wie „Des Teufels General" oder später der Antikriegsfilm „Die Brücke" waren die Ausnahme. Erst Ende der 70er-Jahre konnte der deutsche Film international wieder Aufmerksamkeit erringen. Volker Schlöndorffs Grass-Verfilmung „Die Blechtrommel" (1979) bekam die „Goldene Palme" von Cannes und den „Oscar".

Des Teufels General (1955)
Verfilmung des Schauspiels von Carl Zuckmayer durch Helmut Käutner.
Der Film ist eine Charakterstudie des begeisterten Fliegers Harras, der Hitlers General wird. Harras unterstützt mit seiner Fliegerei den Krieg, den er moralisch ablehnt. Zum Schluss wird er Opfer dieses Teufelsbundes. Zuckmayer wollte eine realistische Schilderung ohne ideologische Vereinfachung und stieß dadurch auf Missverständnisse. Der veränderte Schluss des Dramas arbeitet deutlicher den Entschluss des Offizierskorps zum Widerstand gegen Hitler heraus.

Die Brücke (1959)
In den letzten Kriegstagen werden sieben Jungen zur militärisch sinnlosen Bewachung einer Brücke in ihrer Heimatstadt abgestellt. Ihr psychologisches Porträt zwischen Engagement, romantisch-jungenhafter Abenteurer-Mentalität und grausamer Ernüchterung ist der Inhalt des Films.

Ab den Siebzigerjahren übten die Regisseure oft Kritik an den Jahren des Wiederaufbaus und der Wirtschaftswunderzeit, da sie einen wirklichen Neubeginn vermissten. Eingehend befasste sich vor allem Rainer Werner Fassbinder, der sich als Chronist deutscher Geschichte verstand, mit den Versäumnissen der Republik.

Die Ehe der Maria Braun (1978)
Fassbinder schildert das Leben einer Frau in der Nachkriegszeit, die opportunistisch ihren Weg geht und auch vor Mord nicht zurückschreckt. Ihre Skrupellosigkeit wird von ihrem Ehemann unterstützt, der ihre Verbindung mit einem Industriellen aus Berechnung gutheißt. Im Augenblick des Wiederfindens im Wohlstand zerstört eine Gasexplosion beider Leben.

Fassbinder setzte seine Chronik der Bundesrepublik mit den Filmen „Lola" und „Die Sehnsucht der Veronika Voss" (die Geschichte eines UFA-Stars, der sich in der neuen Zeit nicht zurechtfindet) fort.

Inhaltlich engagierte Filme wollen Zeitdokumente sein. Sie reflektieren in den Jahren der terroristischen Anschläge die Entstehung von Gewalt. Internationale Beachtung fand der Film „Die bleierne Zeit" (1981) von Margarete von Trotta, der die Biographie einer Terroristin nachzeichnet. Bemerkenswert auch der Film „Rosa Luxemburg" von 1985, in dem eindrucksvoll das Leben dieser sozialistischen Politikerin nachgezeichnet wird.
Einer der größten Publikumserfolge wird der in seinem Selbstverständnis „linke" Film „Die verlorene Ehre der Katharina Blum".

Die verlorene Ehre der Katharina Blum (1975)
Film von Volker Schlöndorff und Margarete von Trotta nach der gleichnamigen Erzählung von Heinrich Böll. Untertitel der Erzählung: Wie Gewalt entsteht und wohin sie führen kann.
Katharina Blum lernt im Karneval einen jungen Mann kennen, nimmt ihn mit nach Hause und wird am nächsten Morgen von einer polizeilichen Fahndung überrascht. Ihr Gast, ein vermeintlicher Terrorist, ist verschwunden. Die Geschichte eskaliert, als sich die Presse in der Person eines skrupellosen Reporters

einmischt. Katharina Blum gerät in die Mühlen der Justiz, die sich in ihr Privatleben einmischt und sie zu einem „Fall" macht. Während eines „Exklusivinterviews" erschießt sie den Reporter der „Zeitung". Mit der „Zeitung" war indirekt die auflagenstärkste Tageszeitung, die Bild-Zeitung, gemeint.

Nur wenige Filme nehmen sich der Gastarbeiterproblematik an. Zu den eindrucksvollsten gehört „Angst essen Seele auf" von Rainer Werner Fassbinder.

Angst essen Seele auf (1973)
Die 60-jährige Putzfrau Emmi lernt in einer Gastwirtschaft den 20 Jahre jüngeren marokkanischen Gastarbeiter Ali kennen. Eine zarte Liebesgeschichte zwischen den ungleichen Partnern beginnt. Beide heiraten – zum Spott von Nachbarn, Verwandten und Kollegen. Ablehnung schlägt in Freundlichkeit um, als man entdeckt, dass die beiden nützlich sein können als Kunden oder bei sonstigen Hilfeleistungen. „Profitsucht wirkt sicherer als Fremdenhass" ist die Botschaft des Films. Die Ehe ist nicht von langer Dauer.

Auffallend viele Filme gehen auf literarische Vorlagen zurück. Fassbinder beschäftigte sich 1971/72 mit Fontanes Roman „Effi Briest" (1894/95), den er sensibel nacherzählt. Es ist die psychologisch fein beobachtete Geschichte einer jungen Frau, die die Ehe bricht und verstoßen wird, dem bürgerlichen Ehrenkodex zuliebe. Auf der Linie seiner Zeitbilder liegt die zehnteilige Fernsehproduktion „Berlin Alexanderplatz" (1979/80) nach dem Roman von Alfred Döblin (1929). Der Roman erzählt die Geschichte des entlassenen Sträflings Franz Biberkopf, der die Realität als menschliches Chaos erlebt.
Zu diesen „literarischen" Filmen gehört nicht zuletzt die schon erwähnte Grass-Verfilmung „Die Blechtrommel" von Volker Schlöndorff.

Die Blechtrommel (1978/79)

Es ist die Geschichte des in Danzig geborenen Oskar Matzerath, der aus Protest gegen die Zeit bis zum Ende des Krieges sein Wachstum einstellt. Er trommelt seinen Protest mit seiner Kindertrommel hinaus. Buch und Film entlarven das kleinbürgerliche Milieu als Nährboden der NS-Diktatur.

Schlöndorff ist heute neben Werner Herzog, dem Filmer der Außenseiter in einer bizarren und gewalttätigen Welt (z.B. „Fitzcarraldo", 1981), einer der international erfolgreichsten Filmregisseure. Nicht unerwähnt bleiben soll Werner Schroeter, dem wir eine der gelungensten Romanverfilmungen verdanken: „Malina".

Malina (1990)

Der Film geht auf den gleichnamigen Roman der österreichischen Dichterin Ingeborg Bachmann (1926–1973) zurück. Das Drehbuch schrieb die bekannte österreichische Schriftstellerin Elfriede Jelinek. Er bietet keine filmgerechte Szenenauswahl, sondern die komplette Nacherzählung in einem eigenen visuellen Kosmos: Eine Frau verliert die Fähigkeit, mit der Außenwelt zu kommunizieren und gibt sich zum Schluss verzweifelt selbst auf. Dieser Film und das Buch spiegeln autobiographisch Ingeborg Bachmanns schwieriges Leben.

Eine Überraschung für alle Filmbegeisterten waren die Filmkomödien, die in den Achtziger- und Neunzigerjahren gedreht wurden. Dazu gehören die Filme von Döris Dörrie („Männer", 1985; „Keiner liebt mich", 1994) und von Helmut Dietl („Schtonk!", 1992). „Schtonk!" handelt von der gesellschaftlichen Doppelmoral und der Wiederholbarkeit der Geschichte. Ein pfiffiger Kunstfälscher schreibt die angeblich verschollenen Hitler-Tagebücher selbst, ein Sensationsreporter verkauft sie teuer und eine bekannte Illustrierte veröffentlicht sie – und ruiniert ihren Namen.

Als ein etwas anderer deutscher Film stellt sich „Lola rennt" vor. Der Regisseur Tom Tykwer verbindet verschiedene Stilelemente, bezieht Zeichentrick- und Videopassagen mit ein, unterlegt den Film mit atemloser Musik und spielt verschiedene Variationen der Geschichte durch. In mitreißenden Bildern entlädt sich ein Feuerwerk, das den Triumph der Liebe und das Lebensgefühl der späten Neunziger darstellt.

Lola rennt (1998)

Ein Sommertag, an dem eine ganz kurze Zeit über Liebe, Leben und Tod entscheidet. Lola und Manni sind Anfang zwanzig und ein Liebespaar. Manni jobbt als Geldkurier für einen Autoschieber.
In der U-Bahn verliert er die Plastiktüte mit 100.000 Mark. In zwanzig Minuten will sein Boss das Geld abheben. Verzweifelt ruft er Lola an. Wenn er das Geld nicht auftreibt, wird er sterben.
Lola stürzt aus dem Haus und läuft los, durch die Straßen Berlins ... um ihr Leben und das Mannis, um ihre Liebe und um irgendwo irgendwie Geld aufzutreiben ...

Regionale Filmtage, wie das Münchner Filmfest oder die Oberhausener Kurzfilmtage, und internationale Festivals, wie z.B. das bekannte Berliner Filmfestival, stellen dem Publikum ausgesuchte Filme vor bzw. präsentieren das Filmschaffen auf internationaler Ebene.
Das Fernsehen hat dem Film keine Konkurrenz gemacht. Immer mehr Menschen gehen ins Kino, seitdem die Multiplexe sehr großen Komfort bieten: mindestens 1700 Sitzplätze, neueste Projektions-, Bild- und Tontechniken, Hightecherlebnis durch IMAX und 3D.

Aufgaben

1. Welche deutschen Filme kennen Sie?
2. Welcher Film hat den größten Eindruck auf Sie gemacht?
3. Werden in Ihrem Land auch deutsche Filme gezeigt?

Vielfalt der Museen

Moderne Museen sind ein Ort der Begegnung und der Diskussion. Sie fordern Ausstellungsbedingungen, die ein genaues Hinsehen möglich machen, d.h. Räume, in denen die Kunstwerke oder Ausstellungsgegenstände optimal zur Geltung kommen. So erfüllen sie ihre Aufgabe zu erklären und dienen damit ihrem eigentlichen Zweck, nämlich der Bildung des Publikums. Museen schaffen Erlebniswelten und beziehen auch die Möglichkeiten von Video mit ein. Cafeterien, Bistros und Läden machen dem Besucher den Aufenthalt zusätzlich angenehm.

Aus der Vielzahl der 2800 Museen in den alten Bundesländern und der 750 Museen in den neuen Bundesländern seien im Folgenden nur einige der bedeutendsten herausgegriffen.

Im Zentrum Berlins, auf der Museumsinsel, ist in den vergangenen 150 Jahren ein Ensemble von Museen entstanden, die eine perfekte Einheit bilden: das Alte Museum, im klassizistischen Stil erbaut, die Nationalgalerie, das Bodemuseum und das Pergamonmuseum zeigen die Entwicklung vorderasiatischer, ägyptischer, antiker und christlicher Hochkulturen. Besondere Anziehungskraft hat der Pergamon-Altar, ein im zweiten Jahrhundert vor Christus errichteter griechischer Altar, der nach 1879 von Kleinasien nach Berlin gelangt war.

In Berlin verwaltet die Stiftung Preußischer Kulturbesitz die Sammlungen des aufgelösten preußischen Staates, die den größten Kunstbesitz in Deutschland darstellen. Die Zusammenführung der Institutionen im Ost- und Westteil der Stadt war nur mit Schwierigkeiten zu bewältigen.

Berlin hat eine beeindruckende Zahl von Gedenkstätten. In der Gedenkstätte Deutscher Widerstand wird das gesamte Spektrum des deutschen Widerstands gegen den Nationalsozialismus dokumentiert: Widerstand aus christlichem Glauben, Widerstand aus der Arbeiterbewegung, in Kunst und Wissenschaft, im Exil, im Kriegsalltag, die militärische Verschwörung des 20. Juli 1944, die Weiße Rose, Jugendopposition. In der Gedenkstätte Plötzensee wird der hier ermordeten Opfer der Hitler-Diktatur gedacht. Drei sowjetische Ehrenmale erinnern an die im Kampf um Berlin gefallenen Soldaten der Roten Armee. Anfang 1993 beschloss die Bundesregierung, die Neue Wache Unter den Linden in Berlin zur „Zentralen Gedenkstätte der Bundesrepublik Deutschland" umzugestalten. Die Villa am Wannsee, in der 1942 die Deportation und Ermordung der Juden Europas beschlossen wurde, ist seit 1992 eine Gedenk- und Bildungsstätte. In Berlin wurde auch das Jüdische Museum errichtet; das zentrale Mahnmal für die Opfer des Holocaust ist in Planung.

Das Germanische Nationalmuseum in Nürnberg ist die größte Sammlung deutscher Kultur von der Vorzeit bis ins 20. Jahrhundert. Es wurde 1852 durch eine Initiative des Freiherrn von und zu Aufseß gegründet, der den gesamten deutschen Sprachraum in Denkmälern der Kunst, Literatur und Geschichte museal darstellen wollte. Das Museum entstand, als noch kein einheitlicher deutscher Staat existierte; es sollte demzufolge wie ein Auftrag zur nationalen Einheit wirken. Das Konzept ist geprägt von einer romantischen Geschichtsauffassung, die auf die Gegenstände des Mittelalters

Die Museumsinsel in Berlin

als einheitsstiftend zurückgriff. Den Namen „Germanisches Nationalmuseum" wählte der Gründer in Anlehnung an das Wort „Germanistik".

Der heutige Museumskomplex umfasst neben den Sammlungen und der Galerie eine Bibliothek, die Restaurierungswerkstätten sowie das Kunstpädagogische Zentrum mit Arbeits- und Unterrichtsräumen.

Der israelische Künstler Dani Karavan schuf die im Jahr 1993 eingeweihte „Straße der Menschenrechte" im Germanischen Nationalmuseum. Das ist ein Tor, 27 hintereinander aufgestellte Pfeiler, zwei Bodenplatten und ein Baum. Jedes dieser 30 Elemente trägt den Wortlaut eines Artikels der Menschenrechtskonvention der Vereinten Nationen, und zwar in Deutsch und in je einer Fremdsprache.

Von zentraler Bedeutung für die Entwicklung der modernen Kunst und Architektur ist das Bauhaus, eine Hochschule für Gestaltung in Dessau. Es wurde 1919 von dem Architekten Walter Gropius in Weimar gegründet und 1925 nach Dessau im heutigen Sachsen-Anhalt verlegt. Der Begriff „Bauhaus" ist eine Anspielung auf die mittelalterlichen Domhütten, die Arbeitsplätze der Kirchenbauer; er meint damit eine Idee, keinen Stil: die Idee einer alle Bereiche der Kunst umfassenden Baukunst, der Einheit von Kunst, Technik und Leben, die weltweit Maßstäbe setzte. Die Gestalter des Bauhauses wollten künstlerische und handwerkliche Fähigkeiten in sich vereinen und auch für die Alltagswelt tätig sein. Die Massenproduktion, z.B. der Bauhaus-Tapeten, der Lampen und Stühle, wurde zusammen mit Industriefirmen systematisch entwickelt. Die schöpferischen Lern- und Arbeitsprozesse schufen eine Atmosphäre, in der „Spiel", „Fest" und „Arbeit" zusammengehörten. Zu den Leitern und Lehrern am Bauhaus gehörten auch der Architekt Ludwig Mies van der Rohe und die Maler Paul Klee und Wassily

Kandinsky. 1933 löst sich das Bauhaus auf und kam so einer Schließung durch die Nationalsozialisten zuvor, die es als „bolschewistisch" verteufelten. Mies van der Rohe und andere mit ihm gingen nach Chicago und gaben der internationalen Architektur neue Impulse. Das Bauhaus und seine originalgetreu wiederaufgebauten Werkstätten sind heute eine internationale Ausbildungsstätte. Schon in den letzten Jahren der DDR konnten die Bauhäusler Nischenpolitik betreiben und dachten über die Veränderung der Plattenbauweise (siehe S. 63), ja grundsätzlich über die Widersprüche des sozialistischen Lagers nach. Die Wende brachte dann neuen Auftrieb. Die völlig veränderten Schwerpunkte der derzeitigen Bauhausarbeit sind Stadtsoziologie, Stadt- und Landschaftssanierung unter Einbeziehung von Umwelt- und Ökologiegesichtspunkten. Darüber hinaus bestimmen Film- und Videoexperimente, z.B. die Zusammenschau von Video und Design oder die Pflege eines unkonventionellen interdisziplinären Theaters, die Aktivitäten des Bauhauses und der Bauhaus-Bühne.

München ist berühmt für seine Gemäldesammlungen der Alten und der Neuen Pinakothek mit altdeutschen und niederländischen Meistern, Gemälden der italienischen Malerei und des 19. Jahrhunderts.

Museumsplatz hinter dem Kölner Dom

Einzig ist das Deutsche Museum, das die Entwicklung der Technik und der Naturwissenschaften von den Ursprüngen bis heute zeigt. Vor dem allgemeinen kulturgeschichtlichen Hintergrund versucht es, Höchstleistungen der Forschung, Erfindung und Gestaltung darzustellen und deren Bedeutung und Wirkung zu erklären. Im Planetarium simulieren Projektionsgeräte die Bewegung der Gestirne. In den Filmsälen gibt es Filme über den Bergbau und das Hüttenwesen. In einer Abteilung ist ein komplettes Bergwerk zu besichtigen. Hochspannungsanlagen simulieren künstliche Blitze. Weitere Abteilungen betreffen die Luftfahrt, die Schifffahrt und die Raumfahrt, die Geschichte der Fotografie, die Landtechnik, das Glasblasen und vieles mehr. Das Museum besitzt wertvolle historische Unikate, so das erste Automobil und den ersten Dieselmotor. Es bietet auch Experimente und Demonstrationen, die der Besucher selbst von Hand oder durch Knopfdruck durchführen kann.

Eines der jüngsten Museen mit internationalem Profil ist das Museum Ludwig in Köln, hervorgegangen aus einer Stiftung des Kunstsammlers und Fabrikanten Peter Ludwig, das Teil des Museumskomplexes zwischen Dom und Altstadt ist. Hier befindet sich auch das Wallraf-Richartz-Museum (mittelalterliche und neuzeitliche Gemäldesammlungen), die Kölner Philharmonie, eine Cinemathek, die Kunst- und Museumsbibliothek und in unmittelbarer Nachbarschaft das Römisch-Germanische Museum.

Das Haus vermittelt seinen Besuchern einen repräsentativen Überblick über die Kunstgeschichte des 20. Jahrhunderts. Neben der Klassischen Moderne findet hier die zeitgenössische Kunst unter Einbeziehung der neuen Medien ein Forum. Schwerpunkte bilden Werke des Expressionismus, der russischen Avantgarde und der Pop-Art. Der Aufbruch der Kunst im 20. Jahrhundert, den die Künstlergemeinschaft „Brücke" und der Expressionismus leisteten, ist in den Werken von Ernst Ludwig Kirchner, Karl Schmidt-Rottluff, Emil Nolde u.a. dokumentiert. Im Rahmen der Kunst der ersten Jahrhunderthälfte bilden Max Beckmanns und Oskar Kokoschkas Werke einen weiteren Höhepunkt, dazu die Skulpturen dieses Zeitraums. Die Regeneration der Kunst bzw. entscheidende Neuansätze nach dem Zweiten Weltkrieg in Europa und Amerika, das nun in der Weltkunst eine eigene Rolle einzunehmen begann, sind zunächst an der Weltsprache der abstrakten Kunst ablesbar. Bedeutende Künstler wie Willi Baumeister und Ernst Wilhelm Nay trugen zu ihrer Entwicklung bei. Unerwartet vollzog sich an der Wende der Sechzigerjahre die Rückkehr zum Gegenstand und die Ironisierung der Zivilisation in der Pop-Art. Ungewöhnliche Wege der Annäherung an die Umwelt und umfassendere ästhetische Erfahrungen eröffneten dann die Künstler in den folgenden Jahren.

Mit der Gruppe „Zero" sowie mit dem Aktions- und Objektkünstler Joseph Beuys gewann die deutsche Kunst eine seit dieser Zeit anhaltende Beachtung. Das Museum Ludwig widmet sich auch der Avantgarde in der letzten „postmodernen" Phase des Jahrhunderts, die wieder nach den Quellen der europäischen Kultur und der menschlichen Zivilisation sucht.

Ein Forum internationaler Kunsttendenzen der Gegenwart ist die Ausstellung „documenta" in Kassel, die ungefähr alle vier Jahre stattfindet.

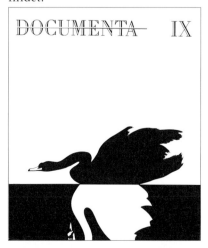

6. Aus der Wirtschaft

Die Welt der Arbeit

Der Strukturwandel

Seit der Vereinigung gehen die Uhren in Deutschland anders: Alte Sicherheiten sind nicht mehr selbstverständlich; die Bürger müssen sich auf die veränderten Verhältnisse einstellen; die Wirtschaft befindet sich in einem Strukturwandel.

Ein guter Verdienst und ein sicherer Arbeitsplatz – das war und ist unbestritten das Wichtigste für den Arbeitnehmer in Deutschland. Und gerade dies ist heute nicht mehr gesichert. Über viele Jahre sind die Einkommen gewachsen, der Lebensstandard ist gestiegen und die Freizeit hat einen immer höheren Stellenwert bekommen. Die durchschnittliche Wochenarbeitszeit betrug 1960 in Westdeutschland durchschnittlich 5 1/2 Tage mit 44,5 Stunden, 1992 noch 5 Tage und 38,5 Stunden und seit 1994 gibt es auch die 35-Stunden-Woche. Gleichzeitig begann in den Neunzigerjahren eine gegenläufige Entwicklung: Die Steuern und Abgaben erhöhten sich und die Realeinkommen stagnierten.

1970 gab es in Westdeutschland noch Vollbeschäftigung (nur 150 000 Arbeitslose und 800 000 offene Stellen). Seit den 70er-Jahren aber stieg die Zahl der Arbeitslosen mit kurzen Unterbrechungen ständig an (Statistisches Jahrbuch 1999 und 2000). Seit 1998 ist die Statistik wieder rückläufig und diese Tendenz setzt sich mit der sich verbessernden Konjunktur weiter fort. Arbeitslos sind Menschen ohne Berufsausbildung und Ältere, auch qualifizierte Beschäftigte aus allen Teilen der Wirtschaft. Gleichzeitig fehlen Arbeitskräfte in Sozialberufen, bei der Pflege von Kranken und Behinderten sowie im Handwerk. Arbeitsplätze bietet zunehmend auch der Dienstleistungssektor. In Ostdeutschland begann mit der Wende ein beispielloser Abbau von Arbeitsplätzen. Mangelnde Konkurrenzfähigkeit der Produkte war eine der Hauptursachen (siehe auch S. 141). Inzwischen entstehen langsam neue Arbeitsplätze, die den Markt entlasten.

In Deutschland gibt es seit 1927 die gesetzliche Arbeitslosenversicherung. Die Geldmittel für die Versicherung werden je zur Hälfte von den Arbeitnehmern und den Arbeitgebern aufgebracht. Die Bundesanstalt für Arbeit in Nürnberg zahlt auf Grund dieser Beiträge das Arbeitslosengeld (für alle, die arbeitslos werden) und die Arbeitslosenhilfe (für diejenigen, die länger arbeitslos sind) sowie das Kurzarbeitergeld (für die, die bei wirtschaftlichen Schwierigkeiten ihrer Firma weniger arbeiten). Durch die hohe Arbeitslosigkeit ist die Arbeitslosenversicherung auf das Äußerste belastet. Grundsatzdiskussionen bewegen sich um die Frage, wie die Zukunft des Sozialstaates zu sichern ist.

Was tun Staat und Wirtschaft?

Arbeitslosigkeit ist heute in allen Industrieländern ein zentrales Thema. In Deutschland steuert die Regierung mit aktiven Maßnahmen zur Beschäftigungsförderung dagegen: mit Umschulung, Fortbildung und Arbeitsbeschaffungsmaßnahmen.

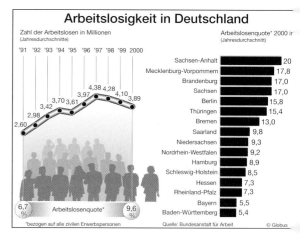

Arbeitslosigkeit in Deutschland

Zahl der Arbeitslosen in Millionen (Jahresdurchschnitte)

'91 '92 '93 '94 '95 '96 '97 '98 '99 2000

2,60 2,98 3,42 3,70 3,61 3,97 4,38 4,28 4,10 3,89

Arbeitslosenquote* 6,7 % ... 9,6 %

Arbeitslosenquote* 2000 in (Jahresdurchschnitt)

Sachsen-Anhalt	20
Mecklenburg-Vorpommern	17,8
Brandenburg	17,0
Sachsen	17,0
Berlin	15,8
Thüringen	15,4
Bremen	13,0
Saarland	9,8
Niedersachsen	9,3
Nordrhein-Westfalen	9,2
Hamburg	8,9
Schleswig-Holstein	8,5
Hessen	7,3
Rheinland-Pfalz	7,3
Bayern	5,5
Baden-Württemberg	5,4

*bezogen auf alle zivilen Erwerbspersonen　　Quelle: Bundesanstalt für Arbeit　© Globus

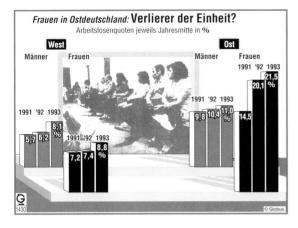

Frauen in Ostdeutschland: **Verlierer der Einheit?**
Arbeitslosenquoten jeweils Jahresmitte in %

West **Ost**
Männer Frauen   Männer Frauen
1991 '92 1993
21,5
20,1 %
1991 '92 1993
1991 '92 1993   9,8 10,4 11,0 % 14,5
1991 '92 1993
8,1
5,7 6,2 % 1991 '92 1993   8,8
7,2 7,4 %

© Globus

▶ Das Stichwort: *Arbeitsbeschaffungs-maßnahmen* (oder *ABM-Maßnahmen*)

Im Rahmen des Arbeitsförderungsgeset-zes hat die Bundesanstalt für Arbeit be-sonders in Ostdeutschland so genannte ABM-Maßnahmen durchgeführt, d.h. sie hat Arbeitsplätze für eine begrenzte Zeit finanziell unterstützt. Ziel ist die Verminderung der Zahl der Arbeitslo-sen und die Schaffung von Dauerar-beitsplätzen. Betriebe, die Arbeitslose im Bereich der Umweltsanierung und der freien Jugend- und Sozialarbeit ein-stellen, erhalten gesonderte Zuschüsse.

Die Wirtschaft ihrerseits fordert mehr Markt, weniger Steuern und den Abbau der hohen Sozialabgaben. Sie antwortet auf Struktur-schwächen mit Umstrukturierung und Ratio-nalisierung. Die Einführung flexibler Arbeits-zeiten gehört dazu. Die Unternehmen entflechten dabei Wachstum und Beschäfti-gung; sie lagern einzelne Bereiche an freie Mitarbeiter und an Dienstleistungsunterneh-men aus und stellen gezielt neue Mitarbeiter ein.
Man unterscheidet verschiedene Modelle: Erstens die vom 8-Stunden-Tag abweichenden starren Arbeitsmodelle, z.B. die 4-Tage-Woche mit 9 Stunden pro Tag und regelmäßiger Samstagsarbeit (eingeführt in der Autoindus-trie, um die Maschinenlaufzeiten zu verlän-gern), zweitens die flexiblen Teilzeitmodelle: Gleitzeit und Teilzeit. Bei der Gleitzeit gibt der Betrieb den Rahmen vor und die Beschäftigten bestimmen ihr persönliches Zeitarrangement. Bei der Teilzeit ist die Arbeitszeit geringer und der Lohn entsprechend auch. Im Jahre 2001 wurde das Recht auf Teilzeit Gesetz. Es soll besonders Frauen entgegenkommen, die nach der Geburt der Kinder wieder in den Beruf ein-steigen wollen. Nur rund 3 % der männlichen Arbeitnehmer haben einen Teilzeitjob, aber über ein Drittel der Arbeitnehmerinnen. Eine dritte Möglichkeit der Flexibilisierung ist das Jobsharing, bei dem sich zwei oder mehr Mit-arbeiter einen Arbeitsplatz in Teilzeit teilen.

1918/19 führten Gewerkschaften und Arbeit-geber den 8-Stunden-Tag ein. Nach einem dreiviertel Jahrhundert macht dieser Normal-arbeitstag nun einer flexiblen Verteilung der Arbeitszeit Platz.
Die alte Arbeitswelt ist im Umbruch, ähnlich wie vor rund 200 Jahren, als die Agrar- von der Industriegesellschaft abgelöst wurde. Das Muster der lebenslangen Vollzeit-Arbeit im er-lernten Beruf löst sich langsam auf; bereits 40 % der Beschäftigten arbeiten in Teilzeit, mit Zeitverträgen oder Werkverträgen für be-grenzte Projekte. Daneben gibt es Schein-selbstständigkeit, Heimarbeit oder geringfügi-ge Beschäftigungsverhältnisse. Qualifikation und Selbstmanagement sind die Schlüsselbe-griffe für morgen.

Ab 2010 kommt auf Deutschland ein Arbeits-kräftemangel zu, wenn sich die geburtenstar-ken Jahrgänge zur Ruhe setzen. Deshalb wer-den Forderungen laut, erstens eine gesteuerte Einwanderung zuzulassen und auch ältere Jahrgänge bei der Jobsuche wieder stärker zu berücksichtigen.

Arbeitgeber und Arbeitnehmer

Es gab 1999 in Deutschland 40,5 Millionen Erwerbstätige: Selbstständige, Freiberufler, Arbeiter, Angestellte, Beamte und Auszubildende.
3 Millionen Selbstständige sind als Arbeitgeber tätig. Arbeitnehmer werden durch die Gewerkschaften vertreten, Arbeitgeber u.a. durch die Arbeitgeberverbände. Beide sind Tarifpartner, die die Tarifverträge ohne Einmischung des Staates (= Tarifautonomie) aushandeln. Diese Verträge legen die Löhne und Gehälter, die Arbeitszeit, Urlaubsdauer, usw. fest. Die jährlichen Tarifauseinandersetzungen sind zum Teil sehr heftig: Die Arbeitgeber weisen auf die Wirtschaftslage hin, die Gewerkschaften fordern in Hinblick auf die höheren Abgaben und Steuern und die steigenden Preise entsprechende Lohnerhöhungen. In Krisenzeiten werden auch neue Formen der Umverteilung der Arbeit zum Thema. Wenn die Tarifverhandlungen scheitern und auch eine Schlichtung die Auseinandersetzung nicht beilegt, bleibt der Streik. Die Gewerkschaft kann den Streik ausrufen, wenn die Mehrheit ihrer Mitglieder in einer Urabstimmung dafür gestimmt hat. Die Arbeitgeber können ihrerseits mit der Aussperrung von der Arbeit antworten.

Im vereinten Deutschland sind fast 14 Millionen Arbeitnehmer und Arbeitnehmerinnen gewerkschaftlich organisiert. Die größte Einzelgewerkschaft in Deutschland und weltweit ist die IG Metall mit 2,7 Millionen Mitgliedern. Alle 12 Einzelgewerkschaften sind im Deutschen Gewerkschaftsbund (DGB) zusammengeschlossen. 5 Gewerkschaften haben sich zu einer neuen Gewerkschaft für den Dienstleistungssektor (= Ver.di) zusammengeschlossen.
Neu entstehende kleinere Firmen im Dienstleistungs- und High-Tech-Bereich sind im Allgemeinen nicht gewerkschaftlich organisiert.

Die Rechte der Arbeitnehmer in den Betrieben sind gesetzlich geregelt durch das Betriebsverfassungsgesetz und die Mitbestimmung. In allen Betrieben, die mehr als fünf Arbeitnehmer beschäftigen, kann ein Betriebsrat gewählt werden. Dieser vertritt die Interessen der Arbeitnehmer. Die Mitbestimmung durch den Betriebsrat betrifft Arbeitszeit- und Urlaubsregelungen, Regelungen zur Vermeidung von Arbeitsunfällen und Berufskrankheiten, die Gestaltung von Arbeitsplätzen, die Zustimmung bei Einstellungen und Kündigungen und vieles mehr. Bei Großunternehmen mit mehr als 2000 Arbeitnehmern wird ein Aufsichtsrat gebildet, der zur Hälfte aus Vertretern der Arbeitnehmer besteht.

Etwa zwei Millionen Arbeitnehmer sind Ausländer. Sie erwirtschaften zehn Prozent des Bruttosozialprodukts und zahlen jährlich Steuern und Sozialabgaben in Milliardenhöhe. Vor allem in der Industrie und im Bergbau sind sie nicht mehr wegzudenken. Auch beim Bau, im Handwerk und in Pflege- und Altenheimen sind sie unentbehrlich. Die Schwerpunkte der Beschäftigung sind folgendermaßen verteilt: Viele Arbeitnehmer aus der Türkei und Portugal arbeiten im Automobilbau; Arbeiter aus den Ländern des ehemaligen Jugoslawien im Baubereich; Italiener arbeiten häufig im Gaststättengewerbe und Spanier hauptsächlich im Handel.
Seit August 2000 läuft die Greencard-Aktion, die Anwerbung von Computer-Fachkräften, die in der IT-Branche, aber auch in anderen Berufsgruppen dringend gebraucht werden. Auf die Bundesrepublik kommt ein wachsender Fachkräftemangel zu, der mit der ungünstigen demoskopischen Entwicklung – mehr Rentner, weniger Arbeitnehmer – zusammenhängt.

Made in Germany

Untersuchungen über den Welthandel haben ergeben, dass Deutschland im Export von Waren an zweiter Stelle nach den USA steht und im Export von Dienstleistungen erst nach den

USA, Großbritannien und Frankreich an vierter Stelle.

Das Bild der Weltwirtschaft ist geprägt von globalen Zusammenschlüssen der Unternehmen, der Bildung von Wirtschaftsräumen (die EU, der Mercosur, Asean-Staaten) und dem Kampf gegen weltweite Finanzkrisen. Exportschwerpunkte der deutschen Industrie sind Straßenfahrzeuge, Maschinen, chemische Produkte und die Elektrotechnik.

Deutschland gehört zu den G-7, den großen westlichen Industrieländern, die den Weltmarkt beherrschen. Die G-7 stimmen jährlich ihre Wirtschafts- und Finanzpolitik auf dem Weltwirtschaftsgipfel gegenseitig ab und beraten zusammen mit Russland (G-8) auch über aktuelle politische Fragen.

Wie die Statistik unten zeigt, ist der Mischkonzern Daimler-Benz – fusioniert zum DaimlerChrysler-Konzern – das größte Unternehmen in Deutschland. Es erzielt seine Umsätze mit Autos, Luft- und Raumfahrzeugen und Elektrotechnik. Es folgen Unternehmen der Energiewirtschaft, der chemischen Industrie, der Autoindustrie und der Lebensmittelbranche.

Die westdeutsche Wirtschaft ist aber eine überwiegend mittelständische Wirtschaft. Rund zwei Millionen Unternehmen sind kleine oder mittlere Betriebe mit bis zu 500 Beschäftigten, in denen fast zwei Drittel der Arbeitnehmer tätig sind. Auch in Ostdeutsch-

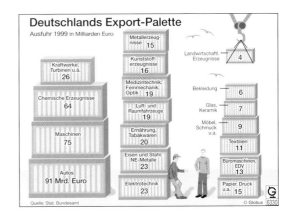

land gewinnt die Wirtschaft immer mehr mittelständische Konturen und schafft so neue Arbeits- und Ausbildungsplätze, besonders im Handwerk.

Die westliche Marktwirtschaft stand jahrzehntelang im Gegensatz zur östlichen Planwirtschaft. Prinzip der Marktwirtschaft ist der Wettbewerb; ihr Motor ist der Gewinn. Gesteuert wird der Wirtschaftsprozess über den Preis, dessen Höhe von Angebot und Nachfrage, Überangebot und Mangel abhängt. Hinzu kommen Privateigentum, freie Berufs- und Arbeitsplatzwahl sowie freier Geldverkehr, verbunden mit dem Bank- und Steuergeheimnis. Das Gesetz verbietet Absprachen zwischen Konkurrenten und den Zusammenschluss von Firmen, der den freien Wettbewerb gefährden könnte.

Das Idealziel der Marktwirtschaft sind stabile Preise, ein hoher Beschäftigungsstand, ein außenwirtschaftliches Gleichgewicht und stetiges Wachstum. Realität ist, dass Rezessionen in regelmäßigen Abständen dieses Ideal trüben. Die Industrie reagiert dann mit der Rationalisierung ihrer Produktion, dem Abbau von Arbeitsplätzen und deutlichem Sparen.

In der Bundesrepublik wurde das freie Spiel der Marktprinzipien zu Gunsten der von allen bezahlten Bereiche eingeschränkt. In der Sozialen Marktwirtschaft greift der Staat in diese

---

* NE-Metalle = Nichteisen-Metalle

Bereiche regulierend ein, insbesondere bei Gesundheit, Wohnen, Verkehr, Erziehung, Rechtspflege, Bildung, Forschung und Entwicklung, die im allgemeinen nationalen Interesse stehen. Auch Solidarleistungen zur Vermeidung existenzieller Notlagen gehören dazu, wie zum Beispiel die Sozialhilfe, das Kindergeld oder das Wohngeld oder bei Arbeitslosigkeit Arbeitslosengeld und -hilfe. Ein wesentliches Moment der Sozialen Marktwirtschaft ist die Tarifpartnerschaft von Gewerkschaften und Unternehmerverbänden (siehe S. 138).

Um die marktwirtschaftlichen Kräfte zu stärken, verfolgt die Bundesregierung eine Politik der Privatisierung. Sie hat sich bereits aus vielen Unternehmen zurückgezogen, z.B. aus dem Industriekonzern VW und dem Energiekonzern VEBA. Das ehemals staatliche Unternehmen Lufthansa verringert seine Staatsanteile und die Deutsche Bundesbahn wurde in eine Aktiengesellschaft umgewandelt. Die Bundesbahn bildet nun zusammen mit der Reichsbahn (= Bahn der ehemaligen DDR) die „Deutsche Bahn AG". Subventionierung und

Regulierung prägen dennoch weite Teile der Wirtschaft.

Das größte Privatisierungsgeschäft betrieb bis Ende 1994 die Treuhandanstalt in Berlin. Sie wurde gegründet, um die mehr als 8000 staatseigenen Betriebe der ehemaligen DDR an die Marktwirtschaft anzupassen, d.h. sie zu privatisieren (zu verkaufen), zu sanieren oder „abzuwickeln"; 47 000 Betriebe wurden insgesamt privatisiert. Die Arbeit der Treuhand ist insofern einmalig, als es bisher keine Umwandlung einer Volkswirtschaft in dieser Größenordnung gegeben hat. 1,5 Millionen Arbeitsplätze sind entstanden und zwei Drittel von 4 Millionen gingen verloren. Beschäftigungspolitische Maßnahmen, Sozialpläne und Umschulungen begleiteten den Umbau. Der unvermeidliche Arbeitsplatzabbau hat besonders von ostdeutscher Seite viel Kritik erfahren. Die Treuhandanstalt bemühte sich, negative Begleiterscheinungen einzudämmen, Betrug und Bestechung zu verfolgen und veröffentlichte 1994 das Ergebnis ihrer Tätigkeit. Eine endgültige Beurteilung wird erst nach Jahren möglich sein.

Was ist hier absurd?

▶ Das Stichwort: *Abwicklung, abwickeln*

Diese Wörter waren Schlüsselwörter der
wirtschaftlichen Umstrukturierung in
den neuen Bundesländern. Sie bedeu-
ten „Auflösung", „Liquidation", „Stilllegung" bzw. „auflösen", „liquidieren",
„stilllegen". Positiv dagegen sind „Sanierung", „Privatisierung" bzw. „sanieren", „privatisieren".

Die Käufer – westdeutsche oder ausländische
Unternehmen, vor allem aus Frankreich, den
USA, Großbritannien und Kanada – garantierten einen Teil der Arbeitsplätze und investier-
ten in festgelegter Höhe. Die meisten Arbeitsplätze gingen in unrentablen Großbetrieben
verloren. Unternehmen, die keinen Käufer
fanden, prüfte die Treuhand auf ihre Überle-
benschancen. Wenn eine Sanierung Aussicht
auf Erfolg hatte, half der Staat während der
Umstrukturierung. So genannte industrielle
Kerne sollten auf jeden Fall erhalten bleiben.
Durch ihren Verlust wären sonst ganze Regionen von Arbeitslosigkeit betroffen. Daneben
kauften ostdeutsche Manager im Rahmen von
so genannten Management-Buy-Outs ihre
Betriebe; sie garantierten Arbeitsplätze und Investitionen.
Neben privaten Investitionen fließen Milliar-
denbeträge – durchschnittlich 200 Milliarden
Mark pro Jahr – in die neuen Bundesländer:
für staatliche Förderprogramme, den Ausbau
des Verkehrsnetzes, für die Modernisierung
von Schulen, Krankenhäusern und Wohnungen, den Wohnungsbau, für Maßnahmen des
Umweltschutzes, Arbeitsbeschaffungsmaßnahmen, die berufliche Fortbildung und Umschulung. Gleichzeitig trieb der Staat den Ausbau
der Verwaltung und des Justizwesens voran.
Die Gelder kommen vom Bund, den alten
Bundesländern, der Europäischen Gemeinschaft und aus dem Fonds „Deutsche Einheit".

Die Bundesbürger leisten einen so genannten
Solidaritätszuschlag, der auf die Löhne und
Einkommen erhoben wird.
Die wirtschaftliche Situation in den neuen
Bundesländern verschärfte sich, als die traditionellen Märkte der ostdeutschen Industrie,
nämlich die finanzschwachen osteuropäischen Länder, wegbrachen. Der Export ostdeutscher Waren ging 1990/91 um 75 %
zurück.
Ein Hemmnis für den Aufschwung war außerdem, dass die Klärung der Eigentumsverhält-
nisse Jahre dauerte. Wer in der DDR enteignet
worden war, konnte die Rückgabe seines Ei-
gentums beantragen. Er bekam seinen Haus-
und Grundbesitz entweder zurück oder wurde
entschädigt, falls eine Rückgabe nicht möglich
war. Zum Teil waren lange Nachforschungen
notwendig und neue Ungerechtigkeiten
blieben nicht aus.

Inzwischen haben Innovationen und eine gewisse Aufbruchstimmung dennoch neue Fakten geschaffen. Besonders in den Ballungsräumen, in Berlin, Leipzig, Dresden und auch
Halle, ist dies zu spüren. Die führenden Wirt-
schaftsinstitute stellen fest, dass eine moderne
Industrielandschaft inzwischen entstanden
ist. Hauptproblem bleibt aber, dass die Kosten
der Unternehmen noch immer höher als die
Erträge sind. Noch immer sinkt die Zahl der
Beschäftigten und das Wachstum bleibt hinter
der Entwicklung in Westdeutschland zurück.
Das höchste Lohnniveau in Westdeutschland
zieht Arbeitkräfte an, die eigentlich im Osten
dringend gebraucht werden. Die Einwohner-
zahlen gehen zurück, besonders in Mecklenburg-Vorpommern.

Für die nächsten Jahre ist die Ostförderung gesichert, und zwar auf hohem Niveau.

Eine Meldung der Industrie- und Handelskammer (IHK)

Leipzig im Aufbruch und Umbruch

Den Aufbruch und Umbruch Leipzigs zu einer führenden Wirtschaftsmetropole in Mitteleuropa dokumentierte eine Ausstellung der IHK Leipzig im Foyer der IHK München. Unter dem Slogan „Die Wirtschaftsregion Leipzig – ein attraktiver Standort im Herzen Europas" informierten 20 Schautafeln über den wirtschaftlichen Umbau. Nirgendwo in Deutschland werde mehr gebaut und investiert als in der Region Leipzig, sagte der Hauptgeschäftsführer der IHK. Trotz der gegenwärtigen schwierigen Konjunkturlage entwickle sich die Wirtschaft positiv und blicke mit Optimismus in die Zukunft.

(nach: IHK Journal 2/94, S. 25)

Viele loben ihn, viele klagen über ihn – den Industriestandort Deutschland. Wie viel er wert ist, wird heftig diskutiert. Vieles wird davon abhängen, ob die Unternehmen in Deutschland bleiben oder ob sie ihre Produktionsstätten verstärkt ins Ausland verlegen; gleichzeitig rollt eine Woge der Firmenzusammenschlüsse, Globalisierung genannt. Über die Hälfte der Unternehmen produziert schon zum Teil im Ausland (nach: Globus 9607, Quelle Ifo). Gründe für diese Entscheidungen liegen auf der Hand: die Löhne und Steuern und die hohen Sozialabgaben in Deutschland – das sind Leistungen der Firmen über den Lohn hinaus –, also insgesamt hohe Produktionskosten. Pluspunkte für den Standort Deutschland bringen die gute Ausbildung, die hohe Produktivität der Arbeitnehmer, eine exzellente Infrastruktur und die wenigen Streiks.

Zukunftsmarkt EU

In Artikel 8a des EWG-Vertrages heißt es: „Der Binnenmarkt umfasst einen Raum ohne Binnengrenzen, in dem der freie Verkehr von Waren, Personen, Dienstleistungen und Kapital ... gewährleistet ist." Und seit dem 1.1.1993 ist er „verwirklicht"; allerdings klaffen Wunsch und Wirklichkeit noch auseinander. Der Traum von den „Vereinigten Staaten von Europa" (Winston Churchill) hat dunkle Flecken: Landwirte protestieren laut gegen die neue Konkurrenz aus den Nachbarländern, die Unternehmen sehen eine Flut von Statistiken auf sich zukommen, alle zahlen in die Brüsseler Gemeinschaftskasse – statistisch jeder Einzelne eine Mark täglich. Die Bundesrepublik Deutschland hat dabei den größten Anteil.

Was wurde bisher getan? In den ersten zehn Jahren der Europäischen Gemeinschaft – seit 1958 – wurden schnelle Fortschritte erzielt. Die sechs Gründungsstaaten Deutschland, Frankreich, Italien, die Niederlande, Belgien und Luxemburg schafften alle Zölle und Quoten in ihrem Binnenhandel ab. Der Kapitalverkehr ist seit 1990 frei, d.h. Gelder können über die Grenzen fließen und angelegt werden, wo die Bedingungen am günstigsten sind.

Und am 1.1.1993 sind dann auch die Grenzkontrollen für einen Großteil des grenzüberschreitenden Verkehrs mit Waren weggefallen. Der Reisende kann privat ohne Einschränkungen zum eigenen Bedarf einkaufen und die Waren einführen. Waren, die gewerblichen Zwecken dienen, müssen weiterhin im Bestimmungsland versteuert werden. Die Steuern – z.B. die Mehrwertsteuer – sind in den einzelnen Ländern der EU unterschiedlich hoch; deshalb haben alle Import- und Exportunternehmen eine so genannte Identifikations-Nummer bekommen, unter der alle Lieferungen innerhalb der EU zentral gemeldet werden müssen.

Der Europäische Bi(e)ne(n)markt

„Eine simple Idee – aber schwer zu verwirklichen", hieß eine Überschrift in der Süddeutschen Zeitung kurz vor Beginn des Binnenmarktes (in SZ vom 28.12.1992): Der Politik der Liberalisierung und des Freihandels stellen sich Protektionismus und nationale Interessen entgegen. Kritik betrifft vor allem die Brüsseler „Regulierungswut"; man spricht von den „Eurokraten" in Brüssel (eine Wortbildung nach „Bürokraten"). Bisher sind mehr als 200 „Rechtsakte" in Brüssel beschlossen worden, aus denen der Binnenmarkt derzeit zusammengesetzt ist; über 90 Prozent sind bereits in nationales Recht umgesetzt worden. Dass man sich dabei manchmal im Detail verloren hat, ist nur allzu verständlich, z.B. bei der Frage, welche Norm der Sitz eines europäischen Traktors haben sollte. Einsichtig ist allerdings, dass man nur liberalisieren kann, was vorher harmonisiert worden ist, d.h. worüber in qualifizierter Mehrheit Übereinstimmung in Brüssel besteht.

Im freien Warenverkehr soll der Grundsatz gelten, dass das in einem Land der Gemeinschaft hergestellte Erzeugnis auch gut ist, um im anderen angeboten zu werden. In Wirklichkeit werden viele Einwände gegen den freien Warenverkehr erhoben, um nationale Produkte zu schützen. Beispiele: Die Deutschen öffneten nur unwillig ihre Grenzen auch für Bier, das nicht den strengen Vorschriften für deutsches Bier entspricht; die Franzosen verteidigen die besondere Herstellung ihres Baguettes, um das typische Flair zu erhalten. Österreich machte vor dem Beitritt zur Bedingung, dass typisch österreichische Ausdrücke gleichberechtigt neben hochdeutschen Begriffen stehen, also „Tomate" und „Paradeiser", „Blumenkohl" und „Karfiol", „Schlagsahne" und „Schlagobers". Einig ist man sich, dass die kulturelle Vielfalt in der Gemeinschaft erhalten bleiben muss. Mit der Produktion von Spezialitäten, die nicht einer Richtlinie entsprechen, wird letztlich das Angebot vergrößert. Außerdem ist anzunehmen, dass der Kunde das besondere, wenn auch teurere Produkt dem billigeren, aber uniformen aus der fernen Fabrik vorziehen wird.

Große Sorgen macht die Umweltpolitik. 1987 wurde in einer Akte ihre Notwendigkeit festgeschrieben. Man schätzt, dass mit dem freien Warenverkehr der Gütertransport auf Straßen und Autobahnen weiter zunehmen wird – zum Nachteil der Menschen und der Umwelt. Wachstum, Binnenmarkt und die Öffnung der Grenzen zu Osteuropa addieren sich negativ.

Die EFTA-Länder Finnland, Österreich und Schweden erweiterten die Union von 12 auf 15 Mitglieder. Trotz vieler Schwierigkeiten im Detail ist der Binnenmarkt für sie attraktiv. Auch verschiedene Länder Osteuropas streben über eine engere Zusammenarbeit mit der EU auf kurz oder lang eine gleichberechtigte Mitgliedschaft an. Wieweit Europa Wettbewerber aus diesen Ländern hereinlässt, wird allein von Brüssel bestimmt; Deutschland ist dabei ein starker Fürsprecher für seine östlichen Nachbarn. Das Reformpaket Agenda 2000 soll hierfür die Voraussetzung schaffen: Reform der EU-Institutionen, Reform der Agrarpolitik, Stabilisierung der Ausgaben.

In Handelsfragen ist die Gemeinschaft, nicht mehr die Mitgliedstaaten, zuständig. Sie unterzeichnet Handelsabkommen und hat auch die internationalen Verhandlungen zur Liberalisierung des Welthandels (GATT = Allgemeines Zoll- und Handelsabkommen; seit 1.1.1995 WTO = Welthandelsorganisation) geführt.

Das ehrgeizigste Europa-Projekt ist der Vertrag von Maastricht: Er legt den Zeitplan für eine Wirtschafts- und Währungsunion und für eine politische Union fest (siehe Seite 91). Erreicht wurde die Einführung des Euro, der gemeinsamen Währung seit 01.01.1999, und die Errichtung der Europäischen Zentralbank in Frankfurt am Main. Die neuen Banknoten und Münzen wurden am 01.01.2002 in Umlauf gebracht.
Die EU-Verwaltung muss Reformen vornehmen, bevor weitere Staaten Mittel- und Osteuropas eintreten können, vor allem die Reform der EU-Verwaltung. Nach dem Ende des Kalten Krieges belasten immer mehr Aufgaben die Brüsseler Verwaltung: die Wirtschaftshilfe für die osteuropäischen Staaten, die Sicherung der Atomreaktoren usw.

▶ Das Stichwort: *Institutionen der Europäischen Union*

Neben Frankfurt stehen auch die Standorte weiterer Institutionen fest:
der Europäische Rechnungshof: Brüssel;
die Europäische Umweltagentur: Kopenhagen; ⸱
die Arzneimittelagentur: London;
die Polizeistelle Europol: Den Haag;
die Europäische Drogenüberwachungsstelle: Lissabon;
das Europäische Markenamt: Alicante;
die Europäische Stiftung für Berufsbildung: Turin;
das Übersetzungszentrum: Luxemburg.
In Luxemburg gibt es schon den Europäischen Gerichtshof und die Investitionsbank.

Insgesamt erwarten die Europäer von der europäischen Integration, dass sie wirtschaftliche Vorteile bringt, mehr Stabilität und eine bessere Wettbewerbsfähigkeit auf dem Weltmarkt. Der Europäische Binnenmarkt allein ist mit 370 Millionen Verbrauchern der größte gemeinsame Markt der Welt.

Aufgabe

Bitte lesen Sie zuerst die Überschrift. Überlegen Sie, wovon der Artikel handeln könnte.

Die organisierte Sicherheit

Wie bekämpft die Europäische Union das organisierte Verbrechen? – In Maastricht wurde die Gründung einer europäischen Polizeibehörde beschlossen, die koordinierend tätig sein wird: EUROPOL. Denn so vorteilhaft die Öffnung der Binnengrenzen für Wirtschaft und Tourismus ist, so wenig darf sie der internationalen Kriminalität zugute kommen.
EUROPOL ist ein unionsweites System zum Austausch von Informationen innerhalb eines Europäischen Polizeiamtes. Es dient der Unterstützung der Zusammenarbeit der Polizei.
In der ersten Phase soll EUROPOL den Austausch von Informationen über den Drogenhandel organisieren.
Dann ist eine Kooperation im Bereich der Innen- und Justizpolitik geplant: Bestimmungen der Asyl-, Zuwanderungs- und Ausländerpolitik sollen zwischen den einzelnen Mitgliedsstaaten angeglichen werden.

Welche Nebenerscheinungen – positive und negative – können offene Grenzen haben?
(Siehe auch S. 165, Schengener Abkommen)

Umweltsorgen

Belastungen der Umwelt

Eines ist sicher: Die Umwelt hat von der Vereinigung auf jeden Fall profitiert. Niemand hat vorher so genau gewusst, wie schlimm es um Luft, Boden und Wasser stand. Die ehemalige DDR war ein Umweltsünder ersten Ranges. Sie entließ mehr Schwefeldioxid und mehr Staub in die Luft als die größere und wirtschaftsstärkere frühere Bundesrepublik.

Auf Maßnahmen zur Luftreinhaltung, auch auf die Stilllegung von Industrien ist es nun zurückzuführen, dass die Schadstoffe Schwefeldioxid, Stickoxide und Staub erheblich zurückgegangen sind. In den neuen Bundesländern gelten jetzt die gleichen Vorschriften wie im Westen, z.B. die Technische Anleitung zur Reinhaltung der Luft und die Verordnung für Großfeuerungsanlagen; die Braunkohleförderung wird eingeschränkt. Das aus der Verbrennung entstehende Kohlendioxid (CO_2) soll bis zum Jahr 2005 um 25 % im Vergleich zu 1990 verringert werden.

Die Bundesregierung hat 1982 mit Maßnahmen zur Luftreinhaltung und zum Schutz der Wälder begonnen. Erst 1986 wurde das Bundesministerium für Umwelt, Naturschutz und Reaktorsicherheit eingerichtet und die Bundesländer bekamen ihre Umweltministerien. Im Bereich der Industrie und der Kraftwerke sind die Erfolge deutlich zu erkennen. Dramatisch aber ist der Anstieg von Schadstoffen aus dem Autoverkehr, der mit der Eröffnung des Binnenmarktes weiter wächst. Bleifreies Benzin und Abgaskontrollen reichen nicht aus, um das Waldsterben zu stoppen (vgl. S. 45), das weite Teile vor allem Mittel- und Süddeutschlands bedroht. Nicht nur die Tannenwälder verschwinden, auch verschiedene Laubbaumarten sind betroffen. Problematisch ist, dass der Waldboden jahrzehntelang die Schadstoffe speichert und nur sehr langsam auf positive Veränderungen reagieren kann.

Alle nationalen und internationalen Maßnahmen zur Luftreinhaltung tragen auch zum weltweiten Klimaschutz und zur Verringerung des Treibhauseffekts bei. Eine Entwarnung ist aber nicht in Sicht.

Lesen Sie den folgenden Auszug aus einem Papier des BUNDES (Bund für Umwelt und Naturschutz Deutschland), der größten Naturschutzorganisation in Europa.

„Makabres Jubiläum"

Das Waldsterben ist nicht über Nacht als Virus über die Bäume hergefallen. Der Regen wurde nicht von heute auf morgen sauer und aus den Auspuffrohren der Autos quillt nicht erst seit gestern Stickoxid statt Veilchenduft.

Seit fast dreißig Jahren macht der BUND auf das Waldsterben aufmerksam. Hinweisschilder mit dem Text: „Hier sterben die Kiefernwälder" stellte der Bund Naturschutz 1972 im bayerischen Kelheim auf. Es hagelte Proteste, die Schilder mussten entfernt werden.

Zwei Jahre später bestätigte der damalige bayerische Umweltminister den Befund des Bundes Naturschutz. Die kranken Waldbestände waren aber sicherheitshalber bereits vorher zur Rodung freigegeben worden. So war das Problem wirksam gelöst worden: „Wo kein Wald ist, gibt's auch kein Waldsterben."

Seitdem werden jährlich Berichte veröffentlicht, die zuerst noch Waldschadensbilanzen hießen, dann „neuartige Waldschäden" und schließlich „Waldzustandsbericht".

Durch Entschweflungsprogramme und Stilllegungen im Osten hat die Belastung abgenommen; diese Erfolge beruhen nicht auf der eigenen Leistung des westdeutschen Landesteils. Die Wälder sterben aber weiter. Soll der Wald nicht völlig unter die Räder kommen, muss der Verkehrslawine dringend Einhalt geboten werden.

(vereinfachter Auszug aus dem Positionspapier des BUNDES zu zwanzig Jahren Waldsterben, in: Spiegel Dokument 6 vom November 1992, S. 12/13; durchgesehen 1999)

Aufgaben

1. Wissen Sie, was der BUND ist? Auf S. 79 finden Sie eine Erläuterung.
2. Vergleichen Sie die Bezeichnungen „Waldschadensbilanzen", „neuartige Waldschäden" und „Waldzustandsbericht". Was lesen Sie daraus ab?
3. Wie werden Umweltprobleme in Ihrem Land diskutiert? Und welche?

Die Europäische Union ist inzwischen Vertragspartner internationaler Abkommen zum Schutz der lebenswichtigen Ozonschicht der Erde. Das FCKW-Verbot (FCKW = Fluorchlorkohlenwasserstoff; der hauptsächliche Zerstörer des Ozons) gilt seit 1995.
Umweltschutz-Organisationen wie Greenpeace sind auch nicht untätig gewesen. Das beweist der Erfolg des „Greenfreeze", des ersten umweltfreundlichen Kühlschranks ohne FCKW, der von Greenpeace 1994 auf den Markt gebracht wurde. Seitdem werden in Kühlgeräten FCKW-freie Stoffe und Kohlenwasserstoffe verwendet.

Die Luftreinhaltung ist nur ein Aspekt in der Palette der Umweltsorgen. Die Reinhaltung des Wassers, Verbesserungen zum Schutz von Flüssen und Seen sind ebenso Ziele der Umweltpolitik. Internationale Konferenzen zum Schutz der Nordsee wurden einberufen, um die Schadstoffe zu verringern. Sieben Alpenstaaten – Österreich, Deutschland, Frankreich, Italien, Schweiz, Liechtenstein, Slowenien – haben eine „Übereinkunft zum Schutz der Alpen" (Alpenkonvention) auf den Weg gebracht und sich für den Schutz eines grenzüberschreitenden Ökosystems ausgesprochen.

Alpen brauchen noch mehr Schutz

Nürnberg (dpa) – Angesichts der Lawinenkatastrophen hat der Bund Naturschutz die Umsetzung der bereits 1995 in Kraft getretenen Alpenkonvention angemahnt. „Die Missachtung der Grenzen ökologischer Belastbarkeit des hochsensiblen Alpenraums rächen sich jetzt bitter", sagte der bayerische Landesbeauftragte in Nürnberg. Die Alpen dürften nicht länger für kurzsichtiges touristisches Gewinnstreben auf dem Rücken der Natur und auf Kosten von Menschenleben missbraucht werden. Der Bund Naturschutz will die mangelhafte Umsetzung der bereit 1991 unterzeichneten Alpenkonvention nicht länger tolerieren. In den Bergwäldern darf es keine Kahlschläge mehr geben. Die überhöhten Reh-, Gams- und Rotwildbestände müssten drastisch reduziert werden. Auch der Ausbau von Skigebieten in schutzwürdigen und empfindlichen Bereichen müsse gestoppt werden. Von den zuständigen Ministerien erwartet man klare Aussagen zur Beschränkung des Skitourismus und zum Verzicht auf Schneekanonen. Der Landesbeauftragte forderte die konsequente Umsetzung des Schutzauftrages.

(nach: SZ vom 27./28.02.1999)

Das Bundesnaturschutzgesetz schafft Möglichkeiten, Gebiete zu Nationalparks zu erklären; Tiere und Pflanzen sind dann besonders ge-

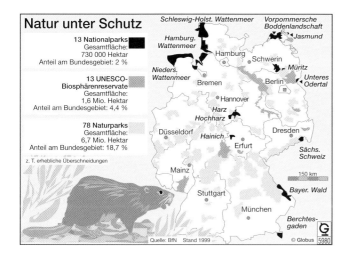

schützt. Heute gibt es Nationalparks an der Nord- und Ostsee, in Mecklenburg-Vorpommern, Sachsen (Sächsische Schweiz) und Bayern (Bayerischer Wald und Berchtesgaden).

Alternative Energien und Klimaschutz

Während die Grünen einen sofortigen bedingungslosen Ausstieg aus der Atomwirtschaft fordern, plädieren CDU/CSU und F.D.P. für eine weitere Nutzung des Atomstroms. Derzeit wird ein Drittel der Energie durch die 20 deutschen Atomkraftwerke geliefert. Der hohe Sicherheitsstandard in Deutschland wird immer wieder beschworen, aber eine langfristige Entsorgung radioaktiver Abfälle ist weltweit nicht in Sicht. (Stromversorgung: je ein Drittel Kernenergie und Steinkohle im Westen, vor allem Braunkohle im Osten.)

Alternative Energiequellen sind unerschöpflich, sie werden nicht durch einmalige Nutzung verbraucht wie Kohle und Erdöl. Man nennt sie deshalb auch erneuerbare Energien. Dazu gehören Wasser, Wind, Sonne und Biowärme. Im Gegensatz zu Norwegen (Wind), Schweden, Österreich und zur Schweiz (Was-

Generatorfeld (Siemens Solar)

ser) sind diese Quellen in Deutschland nicht ausreichend genutzt. Weniger als 5 % des Verbrauchs stammt aus erneuerbaren Energien und der Prozentsatz steigt nur langsam. 30 % bis 2030 wären realisierbar, allerdings nur, wenn Förderung und industrielle Massenproduktion von Anlagen zusammenkommen würden. Die wichtigsten Energieträger sind deshalb nach wie vor Mineralöl, Kohle, Erdgas und Kernkraft.

Wasserkraft und Biomasse haben den größten Anteil an den alternativen Energiequellen. Das Erneuerbare Energien Gesetz (EEG) der Bundesregierung gibt lukrative Anreize. Der Versuch, eine riesige Windanlage zu nutzen, ist vor Jahren wegen Materialermüdung allerdings fehlgeschlagen. In die Zukunft weisen kleinere Windanlagen, wie sie bereits an den Küsten entstehen. Die besten Zukunftschancen hat die Energiegewinnung aus Sonnenlicht. Nicht allein die Solarkraftwerke an sonnengünstigen Standorten sind ein Schritt nach vorn, vor allem auch die kleineren privaten Solaranlagen. Der umweltbewusste Bürger ist bereit, sein „Kraftwerk" auf dem Dach zu installieren, auch wenn die Kilowattstunde etwas teurer ist, und sparsam mit dem eigenen Strom umzugehen. Staatliche Fördermittel unterstützen diese privaten Initiativen und die Produktionskosten für Solarzellen sinken auf Grund neuer Techniken.

Das Fraunhofer-Institut für Solare Energiesysteme in Freiburg (Baden) ist weltweit bekannt für seine Solarforschung. Die Fördermittel sind aber knapp; es besteht keine Chancengleichheit zu den fossilen Energieträgern. Wissenschaftler beklagen, dass der Klimaschutz keine Lobby hat. Die Kurve, die den CO_2-Anstieg anzeigt, steigt weiter und der Klimawechsel ist irreversibel. Durch die Erwärmung der Erdatmosphäre schmelzen die Gletscher und sterben die Korallenriffe. Man befürchtet auch, dass sich die Meeresströmungen verändern. Die Bilanz lautet: a) erneuerbare Energien: 30 % der Energiequellen noch lange nicht erreicht; b) Atomstrom: gefährlich, aber umweltschonend (kein CO_2-Ausstoß, Ausstieg nur langfristig erreichbar); c) CO_2-Kurve steigt. Was bleibt, ist vor allem die Möglichkeit, mit der vorhandenen Energie sparsamer umzugehen und sie intelligenter anzuwenden. Und vor allem: Das Problem Verkehr, der größte CO_2-Sünder, ist nicht gelöst.

Verkehrswege

Die dicht besiedelte Bundesrepublik hat auch eines der dichtesten Verkehrsnetze der Welt: ein Autobahn- und Fernstraßennetz von 53 000 Kilometern, ein Eisenbahnstreckennetz von 41 000 Kilometern, Häfen und Wasserstraßen und ein enges Luftverkehrsnetz im schon überfüllten Luftraum über Mitteleuropa. Trotzdem müssen die Verkehrsnetze weiter ausgebaut werden. Und das hat verschiedene Ursachen: Im Europäischen Binnenmarkt ist Deutschland zum Transitland für Europa geworden. Mit der Erleichterung der Handelsbeziehungen zu den ost- und südosteuropäischen Ländern sind auch hier neue Verkehrsströme entstanden. Und die bisher getrennten Verkehrsnetze von Ost- und Westdeutschland müssen zusammengeführt werden. Daneben hat die zunehmende Mobilität in unserer Gesellschaft zu mehr Verkehr in den Ballungsräumen geführt; der Bau von Umgehungsstraßen und die Berücksichtigung des Umweltschutzes (Maßnahmen gegen Lärm) sind zu einer weiteren wichtigen Aufgabe geworden. Deutschland ist wie Österreich und die Schweiz auch Durchgangsland nach Süden. Die Autobahn München – Kufstein (= deutsch-

Eisenbahnfahrt 1844

österreichische Grenze) – Innsbruck – Brenner-Pass (= österreichisch-italienische Grenze) ist eine der wichtigsten Verkehrsverbindungen für den Personen- und Güterverkehr über die Alpen. Die Folge ist eine starke Umweltbelastung für die Alpenregion, gegen die sich Österreich mit Verordnungen schützen will. Der Bau eines Tunnels zur Entlastung der Brennerstrecke wird immer wieder diskutiert, die Realisierbarkeit ist allerdings umstritten. Nachdem die Bundesregierung jahrelang die Bahn vernachlässigt hat, gibt sie ihr jetzt offiziell den Vorrang vor der Straße. Noch bevorzugen die Bundesbürger aber das Auto. Auch der Güterverkehr wird noch größtenteils mit dem Lkw bewältigt und er steigt bedrohlich.

So ist das Auto, das Verkehrsmittel Nummer eins, zugleich das größte Sorgenkind. Über 35 Millionen Autos gibt es allein in der Bundesrepublik – die Europäische Gemeinschaft rechnet mit 3 Millionen Kraftfahrzeugen mehr im Jahr und 40 % mehr Güterverkehr per Lastwagen bis Anfang des nächsten Jahrhunderts. Dem stehen 1,6 Millionen Verletzte gegenüber und 50 000 Tote jährlich auf den Straßen innerhalb der EU. Weitere Folgen sind, dass immer mehr Schadstoffe die Umwelt belasten und Schrott in Mengen zurückbleibt. Der totale Stau rückt in sichtbare Nähe. Es fragt sich, ob dies der Preis für eine funktionierende Wirtschaft ist, die eigentlich mehr Wohlstand und mehr Komfort bringen sollte.
Positive Entwicklungen bahnen sich nur vorsichtig an: umweltfreundliche Motoren, moderne Verkehrsleitsysteme – aber eine wirkungsvolle Wende ist nicht in Sicht. Die Devise „Umsteigen auf Bus und Bahn" ist gut gemeint; eine bessere Vernetzung der Verkehrssysteme, vor allem im Nahverkehr, wäre aber die Voraussetzung. Das würde der Bahn die notwendigen Pluspunkte bringen.
Von den Bürgern angenommen wurden die guten Fernverbindungen, die Zeit und Geld sparen. Intercity- und ICE-Züge verkehren zwischen den Großstädten im Stundentakt; auf Hochgeschwindigkeitsstrecken fährt der

Zug bis zu 250 Kilometern pro Stunde. Noch schneller wird der Transrapid sein, der eine Durchschnittsgeschwindigkeit von 320 Kilometern pro Stunde erreichen kann. Eine erste Strecke entsteht in Shanghai, die zweite vielleicht in München.

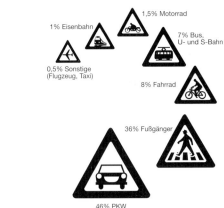

1% Eisenbahn

1,5% Motorrad

0,5% Sonstige (Flugzeug, Taxi)

7% Bus, U- und S-Bahn

8% Fahrrad

36% Fußgänger

46% PKW

Jeder Zweite fährt mit dem Auto

85 Prozent aller Deutschen sprachen sich in einer Emnid-Umfrage dafür aus, den Autoverkehr in Innenstädten drastisch einzuschränken. Jeder Zweite befürwortete eine autofreie City. Die Praxis: Bundesbürger legen fast die Hälfte aller täglichen Wege mit dem Auto zurück. Ein Drittel der Strecken zur Arbeit oder zum Einkaufen gehen die Deutschen zu Fuß. Für acht Prozent der Wege nehmen sie das Rad, für sieben Prozent öffentliche Verkehrsmittel. Gründe: schlechte Verbindungen, lange Wartezeiten.

Die großen Flüsse Donau, Rhein, Elbe, Main, Weser sind zum großen Teil schiffbar und haben eine erhebliche Bedeutung für den Gütertransport. Hinzu kommen künstliche Wasserstraßen, die Meere (Nord-Ostsee-Kanal) und Flüsse (Mittellandkanal, Main-Donau-Kanal, Elbe-Havel-Kanal) miteinander verbinden. So ist ein Wasserstraßennetz zwischen den großen Seehäfen und den Industriezentren entstanden. Für die Nutzung der Wasserstraßen spricht die Sicherheit und die hohe Umweltverträglichkeit.

Deutschland hat 16 Flughäfen. Drehscheibe im deutschen Flugverkehr ist der Rhein-Main-Flughafen in Frankfurt. Hier starten und landen über 49 Millionen Fluggäste im Jahr. Die Deutsche Lufthansa hat sich nicht nur im Passagierverkehr, sondern auch im Frachtverkehr einen Namen gemacht. Mit der Vereinigung ist auch das Streckennetz für die deutschen Fluggesellschaften größer geworden. Im getrennten Deutschland durften nämlich nur die Fluggesellschaften der Alliierten nach Berlin fliegen. 1990 nahm die Lufthansa den Berlin-Verkehr auf und fügte auch Flüge z.B. nach Leipzig und Dresden und in die Hauptstädte Mittel- und Osteuropas hinzu. Mit der Star-Alliance knüpft sie ein weltweites Netz von Partnerschaften, das inzwischen ca. 30 internationale und regionale Fluggesellschaften umfasst. Stolz ist die Lufthansa darauf, dass sie eine der jüngsten Flotten weltweit besitzt; das bedeutet Sparsamkeit im Kraftstoffverbrauch und gleichzeitig mehr Umweltfreundlichkeit.

Neue Technologien

Deutschland ist führend auf Gebieten der Telekommunikation, der Industrieroboter und der Präzisionsinstrumente. Als Forschungsstandort hat es ein beträchtliches Potential: 20 000 forschende Industrieunternehmen, über 300 Hoch- und Fachhochschulen, 16 Großforschungsanlagen, 66 Max-Planck-Institute und 47 Fraunhofer-Institute. Traditionsgemäß betreiben Universitäten Grundlagenforschung und die Industrie vorrangig Forschung, die auf Anwendung zielt.

Die Diskussion um die richtige Technologiepolitik gerät immer wieder in die Schlagzeilen. Sorge besteht, dass die wichtigen Zukunftstechnologien in der Forschung zu kurz kommen. Ein Bericht des Bundesforschungsministeriums im Jahre 1993 belegt, dass deutsche Wissenschaftler am meisten in der Energieforschung und der Chemie, der Informations- und Kommunikationswissenschaft, in Physik, Biotechnologie und Medizin veröffentlicht haben. Zurückgefallen ist Deutschland vor allem in Spitzentechnologien wie der Datenverarbeitung und der Mikroelektronik; im letzten Jahrzehnt aufgeholt hat es in der Halbleiterindustrie (Mikrochips), und zwar durch internationale Kooperation. Führend ist dagegen die Bundesrepublik in der Umwelttechnologie.

Im Brennpunkt steht seit Jahren die Gentechnik. Erschwernisse bei der Genehmigung von Anlagen und das Misstrauen der Bevölkerung gegenüber dieser neuen Technologie haben dazu geführt, dass deutsche Firmen ins Ausland gegangen sind, vor allem in die USA. Diese Technik ist mit Chancen für die Bekämpfung heute unheilbarer Krankheiten verbunden, gibt aber auch mit Recht zu Ängsten Anlass.

In der EU gilt seit 1990 eine Richtlinie, die 12 gentechnisch veränderte Organismen zulässt, unter anderem einige Sorten von Mais und Raps. Inzwischen unterstützen verschiedene EU-Länder einen Zulassungsstopp. Prin-

zipien des Gesundheitsschutzes und des Umweltschutzes sollen im Vordergrund stehen.
Das Risiko muss besser abgeschätzt werden,
um die Landwirtschaft und das Ökosystem zu
schützen. Zulassungen solles nur für höchstens zehn Jahre geben.

Ein besonderes Kapitel der Hochtechnologie
ist die Luft- und Raumfahrt. Hier ist internationale Zusammenarbeit gefragt; nationale Interessen stören aber allzu oft die Harmonie.
Das europäische Verkehrsflugzeug Airbus bau-
en Firmen in Frankreich, Deutschland, Großbritannien, Spanien, Belgien und Italien. Ein
Kurz- und Mittelstreckenflugzeug aus dem Air-
bus-Programm wird komplett in Hamburg zu-
sammengebaut und ausgeliefert.
Die von der europäischen Raumfahrtbehörde
ESA (European Space Agency in Paris) entwickelte Trägerrakete Ariane befördert Satel-
liten in den Weltraum. Sie startet vom europäischen Raumfahrtzentrum Kourou in
Französisch-Guayana. An dem Unternehmen
Arianespace sind zwölf europäische Staaten
beteiligt. Einsparungen betreffen im Wesentlichen die bemannte Raumfahrt. Die D-2-Missi-
on in Zusammenarbeit der DARA (Deutsche
Agentur für Raumfahrtangelegenheiten in
Bonn) mit der ESA und der NASA war wohl
vorerst der letzte Weltraumflug unter deutscher Leitung. In Zukunft sollen Kooperatio-
nen mit den USA, Russland, Japan und Kanada die Raumfahrtkosten senken; eine
internationale Raumfahrtstation ist in Planung. Diese Station ISS wird größer als ein
Fußballfeld sein und mit 29 000 Stundenkilo-
metern durch den Weltraum jagen. Zwei
Kameras aus Deutschland sind auch bei der
Mission Mars 94 dabei gewesen, die die Oberfläche des „roten Planeten" beobachteten.

Während die Kohle- und Stahlindustrie in der
Krise stecken, entstehen neue Märkte. Die
Reinhaltung von Wasser, Boden und Luft gibt
der Umwelttechnikbranche große Chancen
für die nächsten Jahre. Man schätzt, dass allein in den neuen Bundesländern Investitio-

nen von über 200 Milliarden DM für die Sanierung der Umwelt benötigt werden. Das betrifft die Trinkwassergewinnung, den Bau von Recyclinganlagen und von emissionsarmen Kraftwerken.

Allgemein gesehen liegt die Zukunft der Umwelttechnik darin, dass Betriebe den Umweltschutz von vornherein in der Produktion berücksichtigen. Neue Betriebe werden umweltverträgliche Technik gleich zu Beginn einbauen und so teure Nachbesserungen vermeiden. Autos werden auf den Markt kommen, die sparsamer und umweltverträglicher sind. Ökonomie und Ökologie verbinden heißt das Ziel und mehr Qualität als Quantität beim Wachstum.

Ein besonderes Kapitel ist die Abfallverwertung. Entsorgungs- und Abfallberatungsfirmen entstehen. Das Bundesforschungsministerium hilft neue Stoffe zu entwickeln, die wieder zu verwerten sind, und Verfahren zu finden, die Ressourcen schonen und Abfall reduzieren.

Auch in wirtschaftlich schwierigen Zeiten gibt es Wirtschaftszweige, die Rekordumsätze machen und das Minus in anderen Branchen teilweise ausgleichen. Dazu zählt die mobile Kommunikation (Mobilfunk), die mit mehreren Netzbetreibern ihre Dienstleistungen anbietet.

Diese Netze sind fast flächendeckend in Deutschland ausgebaut. Der einheitliche europäische Standard – GSM – ermöglicht das Telefonieren über Grenzen hinweg und hat sich weltweit gegen die USA und Japan durchgesetzt. Der Ausbau des Systems erfolgt parallel in den verschiedenen europäischen Staaten, zeitgleich mit der Verwirklichung des Europäischen Binnenmarkts. Ein Boom ist auch bei schnurlosen Telefonen zu verzeich-

nen, die eine Reichweite bis zu 300 Metern zum Basistelefon haben. Eurosignal und Cityruf ist für Ärzte zu einem fast unentbehrlichen Arbeitsinstrument geworden. Bei Notrufen sind sie sofort zur Stelle.

Erreichbarkeit jederzeit und überall ist das angestrebte Ziel, Kommunikation wird zur Pflicht. Kein Wunder, dass sich mancher schon besorgt die Frage stellt: Wann bekom-

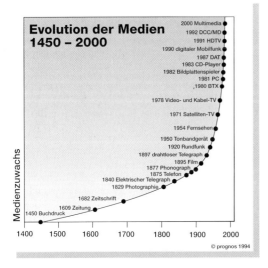

men wir telefonfreie Zonen in Restaurants, um vom tagtäglichen Gebimmel befreit zu werden?

Meldungen aus der Presse

Hightech ohne Grenzen

Die österreichische Landeshauptstadt Salzburg und das bayerische Freilassing wollen gemeinsam wichtige Hightech-Impulse geben. In einem Neubau wurde das erste grenzüberschreitende Technologiezentrum des Europäischen Wirtschaftsraums eröffnet.

Die innovativen Firmen befassen sich mit Automatisierungsprojekten in der Autoindustrie, diversen Computerprogrammen, Systemen für die Medizintechnik und mit vielem mehr.

(nach: Ludwig Hirsch, in: SZ vom 15.2.1994)

Angst vor dem Elektrosmog

Ängste vor elektromagnetischen Feldern (Elektrosmog) beim Mobilfunk verunsichern viele Bürger. Sie klagen gegen den Bau der zahlreichen Basisstationen. Die Hersteller beteuern zwar, dass von den Geräten und Stationen keine Schädigungen ausgehen können. Nach jetzigem Wissen würde keine Gefahr bestehen. Dies nachzuweisen ist allerdings schwer, ebenso wie das Gegenteil.

Mit der Einführung von UMTS-Handys und der Einrichtung eines immer dichter werdenden Netzes von Basisstationen hat sich die Diskussion weiterhin verschärft.

(nach: Walter Ludsteck, in: SZ vom 2.2.1993; aktualisiert 2001)

Ein Blick ins Innere der Erde

Nördlich von Nürnberg, in dem kleinen Ort Windischeschenbach, läuft ein Forschungsprojekt besonderer Art: das Kontinentale Tiefbohrprogramm. In 9100 Metern Tiefe sind die Wissenschaftler inzwischen angekommen.

In 10 000 Metern will man die Soll-Tiefe des tiefsten Loches West- und Mitteleuropas erreichen. Dort erwartet man eine Temperatur von 300 Grad Celsius. Bei dem größten Landbohrprogramm geht es um die Vorhersage von Erdbeben und um das Verhalten von Gestein unter großem Druck. Die Wissenschaftler wollen mehr über die tieferen Schichten der Erde erfahren. Für die ganze Region ist der Bohrturm schon zu einem Wahrzeichen geworden. Nicht nur auf zahlreichen Postkarten, auch auf dem Etikett einer Brauerei ist er verewigt.

(nach: Andreas Türk, in: SZ vom 9./10.2.1994; aktualisiert 1999)

Bewusstseinswandel

Zwei große Problemfelder beschäftigten die Deutschen nach der Wende: das Problem der „inneren Einheit", dann das der Stellung in der Staatengemeinschaft mit der Gegensätzlichkeit von Wirtschaftsmacht und politischem Einfluss.

Vierzig Jahre Trennung ließen sich nicht von heute auf morgen bewältigen, bei allen Gemeinsamkeiten, auf die mit Recht verwiesen wird. War doch das Bild von den Geschwistern, die sich nach vierzig Jahren wieder begegnen, nicht ganz aus der Luft gegriffen. Die Grenze war über Jahrzehnte allzu undurchlässig und man hatte sich nicht wie gute Nachbarn austauschen können. Aber Willy Brandts Ausspruch, dass jetzt „zusammenwächst, was zusammengehört", entsprach dennoch der Realität. Nur etwas Geduld war und ist noch vonnöten.

In den ersten Jahren der Wiedervereinigung war Identitätskrise das Schlagwort. Diskussionen zu den Themen Nation und Nationalbewusstsein waren an der Tagesordnung. Erst mit dem Regierungswechsel 1998, als SPD und Grüne das Ruder übernahmen, trat eine Trendwende ein. Man fasste wieder Mut und besann sich auf etwas mehr Selbstbewusstsein. In der Mitte Europas will Deutschland seine Rolle innerhalb der Europäischen Union übernehmen und für Ausgleich und Toleranz eintreten. Die Partnerschaft mit Frankreich soll dabei das Fundament sein.

Die folgenden Auszüge seien Beispiele für die Stufen dieser Entwicklung.

Der DDR-Sozialismus hat ein modernes Politikverständnis nicht gefördert, sondern ist eine ungute Allianz mit alten deutschen Politikmustern eingegangen. Dabei haben sich häufig die negativen Seiten des deutschen Obrigkeitsstaates und des bürokratischen Sozialismus noch gegenseitig verstärkt: Die preußische Tradition verlor ihr Pflichtethos und übrig blieb der autoritäre Kommandostaat. Der Sozialismus verlor seine personorientierten Impulse und verdarb zu politischer Apathie und Versorgungsmentalität. Das Kennzeichen des altdeutschen Politikmodells ist die Verbindung von Schutz und Gehorsam. Befragungsergebnisse zeigen seine Nachhaltigkeit. Die Sicherheitsansprüche der „rückständigen" Ostdeutschen korrelieren mit einer gewissen Bereitschaft, autoritäre Führung zu akzeptieren oder zumindest lethargisch auf sie zu reagieren. Die überall in Westeuropa geführte Diskussion um den Wohlfahrtsstaat, die Sicherungsorgane, die Arbeitsverfassung, die Kriminalität, die Drogensucht, die multikulturelle Gesellschaft werden in Deutschland kompliziert durch die gleichzeitige Auseinandersetzung mit vordemokratischen Erwartungen an den Staat. Auch hier muss man mit gefährlichen Verbindungen zwischen alten und neu-alten Rezepten rechnen. Deutschland ist auf neue Weise ein schwieriges Vaterland geworden. Die alten Schwierigkeiten haben uns noch einmal eingeholt – in der Verquickung mit neuen Problemen, die wir mit anderen Nationen teilen.

(aus: „Der Schock der Vereinigung" von Martin und Sylvia Greiffenhagen, Politikwissenschaftler aus Baden-Württemberg, in: DER SPIEGEL, Dokument 2 vom März 1994, S. 7)

Vor fünf Jahren fand die unerhörte Begebenheit statt. Die Mauer fiel, wir lagen uns in den Armen. Ein Beobachter erklärte: Die Deutschen sind jetzt das glücklichste Volk. Der Ahnungslose. Deutsche und glücklich? Das reimt sich höchstens mal aus Versehen. Wir haben vor allem Probleme zu haben und schwarz zu sehen und auf diese unsere Pflicht haben wir uns denn auch schnell genug wieder besonnen: Die Berliner Mauer ist zwar gefallen, aber nun ist eine Mauer in den Köpfen entstanden.
...
Die Einigung war für uns der kürzeste Weg zu Freiheit und Demokratie. Die Schwierigkeiten, die wir jetzt haben, sind bescheiden im Vergleich zu den Schwierigkeiten, die wir hätten, wenn wir uns nicht vereinigt hätten. ... Wir im Osten haben vierzig Jahre nach Westen geblickt – heimlich, mit dem Fernseher. Diese Grenze, die uns nicht vor Feinden schützen, sondern am Weglaufen hindern sollte, war das große Ärgernis. Wir wussten: Wenn sie fallen würde (woran wir kaum noch glaubten), wäre es aus mit der SED. Und ganz offiziell hieß es ja: Diese Grenze ist nötig, damit wir den Sozialismus aufbauen können, was ja zugleich hieß: Sie wird entbehrlich, falls das Experiment auf der Farm der Tiere abgebrochen wird.
Wir dachten tatsächlich ohne Arg, ihr freut euch, wenn wir kommen. ...
Und dann kam die Ernüchterung von 1990. Ich meine nicht das Gerangel um die Staatsverträge. Da hätten wir uns manches anders gewünscht, aber es war von vornherein klar: Hier stoßen sich die Interessen hart im Raum, Patentlösungen gab es nicht und wir konnten nur bitten, nicht fordern.
... Und dann hörten wir das befremdliche Bekenntnis: „Ich fühle mich in Paris mehr zu Hause als in Leipzig." Nichts gegen solche Gefühle. Niemand ist verpflichtet, sich in Leipzig zu Hause zu fühlen. Paris ist eine herrliche Stadt. Gefühle fallen unter den Schutz der Privatsphäre. Es ist nur die Frage, ob solche Gefühle zum Zensor für unerhörte Begebenheiten geeignet sind.
...
Das vereinigte Deutschland sei durch die Ungleichzeitigkeit bestimmt, liest man. Ich übersetze: Die im Osten sind zurückgeblieben. Zu Grunde liegt die Vorstellung, da gäbe es einen (gesetzmäßigen? – so nannten das die Marxisten) Gang der Entwicklung, und die Westler seien halt weiter als wir im Osten. Wir müssen nachholen, also Schüler werden. Nun ist daran jedenfalls dies richtig: Wir haben im Osten Erfahrungsdefizite, die sich aus der Diktatur ergeben. Wir sind ungewohnt im freien Wort, ungewohnt im Umgang mit dem Rechtsstaat, ungewohnt in der Kunst der Selbstdarstellung und Selbstempfehlung und manches mehr. Wir im Osten haben manchmal den Eindruck, in einigen dieser Künste seien manche Westler allzu weit fortgeschritten, mehr Schein als Sein. Ungleichzeitigkeit aber heißt etwas anderes: zurückgeblieben. Wir seien, heißt es dann, noch auf dem Stand der Fünfzigerjahre. ... Wir hängen altdeutschen vordemokratischen Mustern nach, wollen Gemeinschaft statt Streitkultur, autoritäre Führung statt bloß auf Legitimationsdefizite zu reagieren, verweigern uns dem notwendigen Modernisierungsschub und hängen rückwärtsgewandten Sehnsüchten nach. Kurz: Wir sind eine Gefahr, weil wir einen Rechtsruck befördern.
... Gibt es das nicht, dass auch ihr ein ganz kleines bisschen von unseren Erfahrungen lernen oder sie wenigstens versuchsweise interessiert zur Kenntnis nehmen könntet? Wir haben etwas erlebt, das ihr nicht erlebt habt. Es ist natürlich ein bloßer Witz, dass wir nach vierzig Jahren just auf dem Stand der westlichen

Fünfzigerjahre gelandet sind. Das wäre ja eine seltsame prästabilisierte Harmonie des Geschichtsablaufs.

... Ich beichte gern: Wir im Osten wünschen uns politische Führung, das heißt ein plausibles Angebot für die nächsten Schritte und Ziele auf dem Weg zur deutschen Einigung.

... In der DDR gab's den Spruch: „Alle machen mit, keiner weiß Bescheid." Ganz so arg ist es im vereinigten Deutschland nicht. Aber wir sind doch nicht deshalb von vorgestern, weil wir erwarten, der Konsens über nächste Schritte und nächste Ziele könnte größer und konkreter sein.

(aus: „Sind wir ein Volk?" von Richard Schröder, Prodekan der theologischen Fakultät an der Humboldt-Universität Berlin, in: DER SPIEGEL, Dokument 2 vom März 1994, S. 9, 10/11, 13, 14)

Deutschland und Europa – das ist das nächste große Thema, das die Neunzigerjahre beherrscht. Hierzu einige Stimmen:

Die Bundesrepublik sei ein wirtschaftlicher Riese und ein politischer Zwerg, meinte ein deutscher Politiker vor Jahren (Helmut Schmidt, Bundeskanzler von 1974 bis 1982). In dieser Rolle fühlte man sich in Westdeutschland über Jahrzehnte recht wohl und war damit zufrieden. Erst mit der Vereinigung setzte praktisch über Nacht die Diskussion über das nationale Selbstverständnis ein. Niemand war darauf vorbereitet und dementsprechend widersprüchlich waren die Fragen und vor allem die Antworten: Die einen verhielten sich vorsichtig und abwartend, die anderen preschten vor und plädierten für mehr Selbstbewusstsein. Der Nationalstaat und der Begriff der Nation wurden thematisiert und historisch zurückverfolgt. Einerseits verknüpfte man die Zukunft des vereinigten Deutschland eng mit der Entwicklung Europas, andererseits hatte man einen Staat vor Augen, der sich verantwortungsvoll in der Weltpolitik engagierte.

Hier einige Ideen zum Thema von Peter Glotz (SPD-Politiker), dem amerikanischen Historiker Gordon A. Craig und dem Historiker Arnulf Baring:

Die Behauptung, dass das deutsche Volk heute nationalistisch sei, ist böswillig. Wohl sind viele Westdeutsche schnell aggressiv und ein wenig egoistisch, viele Ostdeutsche neigen zur Wehleidigkeit, allen gemeinsam aber ist, dass sie sehr über ihr Privatleben gebeugt sind. Im Vergleich zum nationalen Bürgertum von vor hundert oder achtzig Jahren haben die Deutschen eine ordentliche Portion von dem entwickelt, was die Vorfahren als „Krämergeist" verachteten. Eine Verschärfung der Identitäts-, Homogenitäts- und Konsensforderungen wird propagiert, trifft bisher im Volk aber auf wenig Resonanz.
... Das Land ist keineswegs in einem unaufhaltsamen Abstieg. Seine wirtschaftlichen Eliten sind politisch timide, aber tüchtig. Seine Wissenschaftler sind auf vielen Feldern erstklassig, seine Facharbeiter, einschließlich der produktionsorientierten Dienstleister, suchen ihresgleichen in der Welt. Deutschland ist immer noch reich und voller Ideen ...
Aber es steckt wieder einmal in einer Sinnkrise, einer Schwächung des Systems seiner Institutionen, einer Umstellungsperiode, einer Inkubationszeit. Cleverer Geschäftspatriotismus hat den Deutschen nie genügt: Was kommt diesmal raus?

(aus: Peter Glotz, Die neue deutsche Sinnkrise. Wir sind wieder ein Nationalstaat, in: SZ vom 22./23.1.1994)

Für die Amerikaner haben die alten Ängste vor den Deutschen ihre Kraft verloren. Was ihnen Sorge bereitet – wenn sie Zeit haben, darüber nachzudenken –, ist etwas ganz anderes: die deutsche Affinität zur Angst. In den nachgelassenen Privatpapieren von Dean Rusk, Außenminister unter Kennedy und Johnson, findet sich ein Memorandum, in dem er sich darüber mokiert, er müsse Konrad Adenauer ständig versichern, dass alles in bester Ordnung sei und keine Gefahr oder Katastrophe vor der Tür lauere. Und in der Reagan-Ära machte sich der stellvertretende Außenminister Richard Perle gern darüber lustig, wie man die Deutschen immer an der Hand nehmen und trösten müsse. Die Deutschen sind wohl in der heutigen Welt die überzeugendsten Anhänger von Murphys Gesetz, demzufolge etwas, das schief gehen kann, früher oder später auch schief gehen wird. Sie vergessen allerdings ganz den frohgemuten amerikanischen Zusatz zu diesem Gesetz, der besagt: „Aber man findet immer jemanden, der es wieder in Ordnung bringt."

(aus: Gordon A. Craig, Kein Grund zur Panik. Warum sehen die Deutschen nur immer so schwarz? Anmerkungen eines Amerikaners, in: SZ vom 27./28.3.1993, aus dem Englischen von Karl Heinz Siber)

Was ist deutsch?

Als die Mauer fiel, feierte die Welt mit den Deutschen, jubelte Europa in Ost und West, freuten sich die Nachbarn aufrichtig. Aber dann, heimlich, überkam sie die alte Furcht, die Staatsleute mehr als die Völker. Politiker wie François Mitterand und Margret Thatcher versuchten, den Deutschen den Weg zur Wiedervereinigung zu verbauen. Vergebens. George Bush, der Vater, und Michail Gorbatschow ließen sich nicht beirren. Sie beschlossen, die Deutschen in die Freiheit zu entlassen: unter dem Schutz der Atlantischen Allianz. ...

Die Deutschen, rief einmal der Grüne Außenminister Joschka Fischer, hätten mit der Wiedervereinigung die Erfüllung ihrer Nationalstaatlichkeit gefunden; zugleich mahnte er – dies zu sagen ist ein Gebot der Gerechtigkeit -, gemeinsame Fortschritte zu einer europäischen Föderation und einer europäischen Verfassung zu wagen. ... Die Einheit Europas: das ist nach François Mitterand und Helmut Kohl noch immer die Frage nach Frieden oder Krieg. Gerhard Schröder ... schob jene mahnende These fast verächtlich zur Seite: Er hielt sie für ein Produkt der angstvollen Fantasien alter Männer. Inzwischen hat er ... dazugelernt: dass die Existenz von achtzig Millionen Deutschen in der Mitte des Kontinents unsere endgültige Einbindung in die Union Europa verlangt: Anders bleibt sie ein Element der Unruhe und der Konflikte. Die europäische Bindung aber ist nur zuverlässig, wenn wir – und unsere Partner – bereit sind, zentrale Souveränität auf die Union zu übertragen und in Brüssel zu bündeln. Das fordert die schrittweise Preisgabe des Nationalstaates: für die Franzosen vielleicht ein schmerzhafterer Entschluss als für uns. Sie müssen wählen. ... Aber was, mag man fragen, ist dann noch deutsch? Die Antwort sollte eines guten Tages lauten: Vielfalt und Toleranz. Wenn in den Synagogen hebräisch gebetet wird, ja, wenn künftig in den Vorstädten der Muezzin zur Andacht ruft: Johann Sebastian Bach, den deutschesten der Deutschen, verlieren wir darum nicht.

Verkürzt nach einem Beitrag von Klaus Harpprecht im Deutschlandfunk 2001.

Befürworter sehen Europa als Idee der Einheit in der Vielfalt. Jedes Land bewahrt seine Eigenart, vor allem seine kulturelle Identität. Daneben steht Europa für einen Wirtschaftsraum, in dem 40 % des Welthandels abgewickelt werden. Europa stehen noch einige Prüfungen bevor.

Anhang

Oben rechts:
Potsdamer Konferenz 1945

Unten :
Unterzeichnung des
2+4-Dokuments

Bis zum Jahr 1000

um Christi Geburt   Auf dem Gebiet des heutigen Deutschland siedeln germanische, keltische und slawische Stämme.

9 n. Christus   Schlacht im Teutoburger Wald: Nach der Eroberung Galliens durch Julius Cäsar und nach der Niederlage der römischen Truppen im Teutoburger Wald errichten die Römer ihre Garnisonen an Rhein und Donau. Die Ursprünge der Städte Köln, Trier, Mainz, Regensburg u.a. gehen auf diese Zeit zurück. Die Römer bleiben bis zum Beginn der Völkerwanderung Ende des 4. Jahrhunderts.

ca. 400 – 800   Zerstörung des Römischen Reichs durch germanische Stämme – Goten, Franken und Langobarden. Entstehung des Frankenreichs.

Anfang 8. Jh.   Angelsächsische Missionare, darunter der Mönch Bonifatius, missionieren den Norden Germaniens. Gründung von Klöstern. Die Sachsen werden nach jahrelangen, blutigen Kriegen von Karl dem Großen unterworfen und christianisiert.

800   Krönung Karls des Großen vom Papst in Rom zum Kaiser des Heiligen Römischen Reichs. Die Imperiumsidee eines alle Christen umfassenden, nach einheitlichem Recht gestalteten Reichs wird vom Römischen Reich übernommen. Karl der Große schafft die Einheit des Rechts und der Verwaltung in seinem Reich. Er zieht Gelehrte an seinen Hof in Aachen. Er gilt als „Vater des christlichen Abendlandes". Deshalb ist er von begeisterten Europäern als Leitbild für die Einigung Europas angesehen worden.

10./11.Jh.   Bau der großen romanischen Dome in Magdeburg, Hildesheim, Worms, Speyer und Mainz. Das Bistum Magdeburg wird Zentrum der Missionierung östlich der Elbe. Zahlreiche Städte werden an den Verkehrs- und Handelswegen gegründet.

Das Mittelalter

Mitte 12. Jh. – Mitte 13. Jh.   Herrschaft der Staufer. Friedrich I. stärkt in der Auseinandersetzung zwischen kirchlicher und kaiserlicher Macht seinen Herrschaftsanspruch auf Italien. Die Stauferburgen in Italien entstehen.

um 1200   Die Zeit der Stauferherrschaft und der Kreuzzüge ist die Blütezeit der mittelhochdeutschen höfischen Dichtung. – Aus der Romanik entwickelt sich die Gotik: der Kölner Dom, das Freiburger Münster, Backsteingotik in Nord- und Ostdeutschland.

13. Jh.   In diesem Jahrhundert entstehen viele Burgen und Stadtbefestigungen. Einzelne Territorialfürsten, so der Sachsenkönig Heinrich der Löwe, erweitern ihre Macht östlich der Elbe.

1250 – Ende 15. Jh.   Machtverlust der Zentralgewalt. Wirtschaft und Handel entwickeln sich. In den Städten und den Städte-Bünden (die Hanse) entsteht eine neue bürgerliche Kultur, die sich mit der feudal-ritterlichen auseinander setzen muss. Das neue Lebensgefühl drückt sich in prächtigen Patrizierhäusern, Rathäusern und Festsälen aus. Die mittelalterlichen Stadtanlagen in Nördlingen und Rothenburg ob der Tauber und das Rathaus in Lübeck werden gebaut. In den Städten schließen sich die Handwerker in Zünften zusammen, um ihre Rechte wahrzunehmen. Gleichzeitig verarmt der Ritterstand teilweise zum Raubrittertum.

1291   Die drei reichsunmittelbaren Bauerngemeinden Uri, Schwyz und Unterwalden finden sich zum Rütlischwur, einem „ewigen Bund", zusammen. Er soll zum Schutz ihrer Souveränität gegen die territorialen Ansprüche der Habsburger sein. Das ist der Beginn der Schweizerischen Eidgenossenschaft.

1348   Gründung der ältesten deutschen Universität in Prag. Böhmen erlebt unter Karl IV. (1346–1378) seine Glanzzeit. Prag ist eine der größten Städte Europas.

Die Reformation

ab 1400   Das Zeitalter ist gekennzeichnet von wachsender Rechtsunsicherheit und sozialen Spannungen. Das verarmende Rittertum fordert immer häufiger Naturalabgaben und Dienstpflichten von den Bauern. – In die Zeit des ausgehenden Mittelalters fallen viele Entdeckungen: Johannes Gutenberg erfindet die Buchdruckerkunst in Mainz (um 1450). Diese Erfindung trägt wesentlich zur Verbreitung der lutherischen Reformideen bei. Bis 1500 entstehen über 1000 Druckereien, die über 35 000 Druckerzeugnisse produzieren.

um 1500   Höhepunkt der spätgotischen deutschen Malerei und Altarschnitzkunst (Veit Stoß, Tilman Riemenschneider, Albrecht Dürer).

31. Okt. 1517   Der Augustinermönch Martin Luther veröffentlicht in Wittenberg seine 95 Thesen, die eine Reform des katholischen Glaubens zum Ziel haben. Er verwirft die hierarchisch-kultische Mittlerstellung der Kirche und tritt für eine unmittelbare Gotteserfahrung ein. Die lutherischen Ideen breiten sich schnell aus.

1521   Luthers Bibelübersetzung ist die Grundlage einer einheitlichen deutschen Hochsprache. Er muss sich auf der Wartburg in Sicherheit bringen, nachdem der Bann des Papstes und die Reichsacht gegen ihn ausgesprochen sind.

1555   Der Religionskrieg zwischen Kaiser Karl V. und den protestantischen deutschen Fürsten endet mit dem Augsburger Religionsfrieden: Der Landesfürst bestimmt durch seine Religionszugehörigkeit die seiner Untertanen, d.h. die protestantischen Fürsten haben sich behauptet. Der Norden und die Mitte Deutschlands werden protestantisch, der Westen und Süden bleiben zum größten Teil katholisch.

ab 1556   Das Reich der Habsburger, das auch Spanien und die Niederlande umfasst, zerfällt in eine spanische und eine österreichisch-deutsche Linie. Als die Habsburger 1526 Ungarn und Böhmen erobern, nimmt die spätere österreichisch-ungarische Monarchie allmählich Gestalt an.

16. Jh.   Viele deutsche Städte kommen zu großem Wohlstand infolge sich entwickelnder weltweiter Handelsbeziehungen. Kapitalistische Frühformen werden sichtbar: Bankiers wie die Augsburger Fugger und Handelsgesellschaften werden die Geldgeber von Fürsten und Kaisern. Reformation und Gegenreformation beeinflussen das Schulwesen: Universitäten (Jena, Gießen) werden gegründet. Luther und Melanchthon setzen sich für Neuerungen ein. Der Jesuitenorden gründet eigene Schulen.

1618–1648   Im Zuge der Gegenreformation versuchen die Habsburger in Böhmen den katholischen Glauben durchzusetzen. Das ist der Beginn des 30-jährigen Krieges. Äußerer Anlass ist der „Prager Fenstersturz": protestantische tschechische Adlige werfen den habsburgischen Gesandten aus dem Fenster der Prager Burg. Aus dem Religionskrieg entwickelt sich ein skrupelloser Machtkrieg der neuen Großmächte um die europäische Vorherrschaft.

1648   So genannter „Westfälischer Friede" in Münster.
Der 30-jährige Krieg ist ein bedeutender historischer Einschnitt: Schweden und Frankreich werden führende Mächte. Die Niederlande und die Schweiz werden selbstständige Staaten. – Die Bevölkerungszahl ist von 17 Millionen (1618) auf 8 Millionen infolge von Krieg, Hunger und Seuchen gesunken. Reiche Städte und Dörfer sind niedergebrannt und ausgeraubt.

Ende 17.–Ende 18. Jh.

1683   Österreich muss sich gegen die Türken wehren, die vor Wien stehen. Mit dem Sieg erweitert es seine Machtstellung nach Osten. – Zu dieser Zeit gibt es in Deutschland ca. 100 Reichsfürsten und 1500 selbstständige Landesherren, nur das Kurfürstentum Brandenburg-Preußen ist auf

dem Weg zum späteren Königreich Preußen (1701).

1650–1750   Zeit des Absolutismus in Europa, der höfisch-barocken Prachtentfaltung. Vorbild ist der Hof Ludwigs XIV. in Versailles, die Zentralisierung des Staates und der Bürokratie sowie des Wirtschaftslebens. Entstehung von zwei absolutistischen Staaten: Österreich-Ungarn unter den Habsburgern und Preußen unter den Hohenzollern.
Der neue, aus Italien kommende Architekturstil des Barock dient der Repräsentation, der staatlichen wie der kirchlichen. Die barocke Baukunst feiert Triumphe im katholischen Süden Deutschlands, im protestantischen Norden war es die Musik, die Ausdruck eines neuen Lebensgefühls wird. Unter dem sächsischen Kurfürsten August dem Starken (1694–1733) entstanden die barocken Schlösser Dresdens. Der Kurfürst regierte mit barocker Pracht: Er war Baumeister und Kunstsammler, ein Verschwender und „Don Juan".
Im Wien der Habsburger werden barocke Schlösser geschaffen: Belvedere und Schönbrunn. Die zahlreichen Schlösser in den deutschen Residenzstädten entstehen, sind noch heute überall zu besichtigen. Das Volk hat keinen Zugang zu den prunkvollen Festen, die der höfischen Gesellschaft vorbehalten sind. Theateraufführungen werden fester Bestandteil des höfischen Lebens, nur im spartanischen Preußen ist das Theater verbannt. Hier herrschen preußische Tugenden: Treue, Opferwilligkeit, Unbestechlichkeit, Pünktlichkeit und Sparsamkeit. Andererseits werden Untertanengeist und Militarismus gefördert. Der Absolutismus führt besonders in den Kleinstaaten zu grenzenloser Willkür; aus Geldmangel verkaufen Fürsten ihre Untertanen als Leibeigene in fremde Armeen. In Schillers „Die Räuber" (1782) wird die Willkür der Herrschenden angeprangert.

1740   Maria Theresia von Österreich und Friedrich II. von Preußen treten ihre Regierung an.

1799   Napoleon wird Erster Konsul der französischen Republik. Er beginnt mit der Neuordnung Deutschlands: Linksrheinische Gebiete gehen an Frankreich. Kleine Territorien werden größeren Gebieten – Bayern, Baden, Württemberg, Preußen, Hessen – zugeschlagen.

Das 19. Jahrhundert

1806   Der deutsche Kaiser Franz II. nennt sich von nun an nur noch Kaiser von Österreich. Das ist das Ende des Heiligen Römischen Reiches deutscher Nation. Napoleonische Kriege. Nach 20-jährigen Kriegswirren ist der Absolutismus des Fürstentums „von Gottes Gnaden" am Ende. Der Staatsbürger verlangt nach Einfluss, nach einer Verfassung und einem Parlament.

1810   Gründung der Berliner Universität durch den Kulturminister Preußens, Wilhelm von Humboldt. Fichte, der erste Rektor, rüttelt in seinen Reden den nationalen Widerstand gegen Napoleon wach.

1813   Niederlage Napoleons bei Leipzig.

1814/15   Eine Neuordnung Europas nach den Napoleonischen Kriegen ist das Ziel des Wiener Kongresses. Resultat ist der Deutsche Bund, der seinen Sitz in Frankfurt am Main hat, unter der Führung des österreichischen Fürsten Metternich. Der Bund besteht aus 39 Staaten. Der Habsburger Monarchie unter Metternich gelingt es, allerdings durch Unterdrückung liberalen Geistes, die Völker – Deutsche, Ungarn, Tschechen, Slowaken, Kroaten, Serben, Italiener – zusammenzuhalten. Die restaurative Politik Metternichs bringt zwar 30 Jahre Frieden durch die Abwehr nationaler Strömungen, gleichzeitig aber ist sie nicht im Stande einer sich wandelnden Gesellschaft evolutionär Rechnung zu tragen.

1817   Gründung der Burschenschaften als liberale und nationale Bewegungen.

1848 Die Revolution der französischen Kleinbürger und Arbeiter weitet sich auf Preußen, Österreich und Bayern aus. Es geht um die nationale Einheit, um eine freiheitliche Verfassung und um die Garantie der Bürgerrechte. Die Paulskirchenversammlung in Frankfurt/Main arbeitet eine vorbildliche Verfassung aus, die aber mangels einer zentralen politischen Macht nicht durchgesetzt werden kann. Verfassungen und Parlamente werden von den Monarchen, d.h. von oben, ausgearbeitet bzw. eingerichtet.

Februar 1848 Karl Marx und Friedrich Engels veröffentlichen das „Kommunistische Manifest".

Neben den Bemühungen des Bürgertums um einen Nationalstaat artikulieren sich die revolutionären Ideen in Hinblick auf das Industrie-Proletariat. In Preußen – wie auch in Österreich – haben die konservativ-reaktionären Kräfte die Oberhand; eine sozialdemokratische Arbeiterpartei setzt sich in Deutschland bis zum Ersten Weltkrieg parlamentarisch nicht durch.

1862–1871 Fürst Otto von Bismarck, der konservative preußische Ministerpräsident (1871–1890 Reichskanzler), erreicht die Einigung Deutschlands im kleindeutschen Rahmen, d.h. ohne Österreich.

1871 Kaiserproklamation im Schloss Versailles nach dem deutsch-französischen Krieg 1870/71. Dieses Zweite Kaiserreich war im Geist preußisch und konservativ. Die deutschen Staaten behalten ihre Hoheit in Recht, Kultus und Verwaltung. Das Wilhelminische Kaiserreich ist gekennzeichnet durch widerstrebende Elemente: eine unerhört dynamische industrielle Entwicklung (Krupp-Werke in Essen, Elektrokonzern Siemens und Halske in Berlin, Chemiekonzern Bayer u.a.) und eine Umwandlung des sozialen Gefüges; Aufstieg der Sozialdemokratie trotz der restriktiven Sozialistengesetze. Nach außen betreibt das Reich Großmachtpolitik, z.B. imperialistische Kolonialpolitik

im Konflikt mit England und Frankreich, die mit deutlich nationalistischen und chauvinistischen Tendenzen einhergeht.

Das 20. Jahrhundert

1914 Ermordung des österreichischen Thronfolgers in Sarajewo und Ausbruch des Ersten Weltkriegs.

1914–1918 Der Erste Weltkrieg, der zehn Millionen Menschen das Leben kostet, verändert die Welt total: Die Weltmächte USA und Russland (ab 1922 UdSSR), China und Japan gestalten von nun an die Weltgeschichte mit. Drei Monarchien – die deutsche, russische und die habsburgisch-österreichische – danken ab.

1919 Aus den Territorien der Habsburger Monarchie entstehen die Tschechoslowakei, Ungarn, Jugoslawien und Österreich. Gründung der Republik Polen. Südtirol wird von der neu gegründeten Republik Österreich abgetrennt. Deutschland wird eine Republik.

Die Linken spalten sich in Sozialdemokraten und radikale Linke, die einen Umsturz nach sowjetischem Vorbild herbeiführen wollen.

1919 Unterzeichnung des Versailler Vertrags, der Deutschland die alleinige Kriegsschuld anlastet. Die Folge sind hohe Reparationszahlungen.

1919 Die Weimarer Verfassung tritt in Kraft. Der erste Reichspräsident der Weimarer Republik ist der Sozialdemokrat Friedrich Ebert.

1929 Der Börsenkrach in New York führt zur Weltwirtschaftskrise.

1930 In den Wahlen wird die NSDAP (= Nationalsozialistische Deutsche Arbeiterpartei) Adolf Hitlers zweitstärkste Partei.

1932 Es gibt 6 Millionen Arbeitslose. Hitler überrollt das Land mit einer demagogischen Propagandamaschinerie, die parlamentarische Rechtsstaatlichkeit verliert jede Basis. Sie wird von der Forderung nach dem autoritären Führerstaat zunichte gemacht.

Bei den Wahlen 1932 verlieren die alten Parteien der Republik die Mehrheit.

1933 Hitler wird von Reichspräsident Hindenburg zum Reichskanzler ernannt. Die Parteien und die Länderregierungen werden gewaltsam aufgelöst. Mitglieder der SPD, die gegen das Ermächtigungsgesetz gestimmt haben und Kommunisten werden von nun an verhaftet, misshandelt und ermordet. Die ersten Konzentrationslager entstehen in Dachau (bei München) und in Oranienburg (bei Berlin). – Die faschistische Diktatur wird durch eine Wahl legalisiert. Die Aufrüstung beginnt.

1935 Die Nürnberger Gesetze legalisieren die Diskriminierung und Verfolgung der Juden.

1938 Hitler marschiert in Österreich ein. Die Sudetendeutschen in der Tschechoslowakei fordern den Anschluss an das nationalsozialistische Deutschland. England und Frankreich geben der aggressiven Außenpolitik Deutschlands um des Friedens willen nach und willigen in die Abtretung des Sudetenlandes ein. In der Folge dieser Ereignisse verliert die Tschechoslowakei 1939 ihre staatliche Existenz. (Diese wird 1945 wieder hergestellt, die Sudetendeutschen werden vertrieben.)

9./10.11.1938 Reichskristallnacht: Zerstörung von Synagogen, jüdischen Friedhöfen, Wohn- und Geschäftshäusern durch die Nationalsozialisten; Verhaftung, Berufsverbote und Konfiskation jüdischen Vermögens.

August 1939 Nichtangriffspakt mit Stalin.

1. Sept. 1939 Deutsche Truppen marschieren in Polen ein.

ab 1940 Deutsche Truppen besetzen Frankreich, Belgien, Holland, Dänemark, Norwegen, Jugoslawien und stehen vor Moskau. – Die USA treten in den Krieg ein.

1943 Die deutsche 6. Armee geht in Stalingrad zu Grunde, aber der Krieg dauert noch zwei Jahre und nimmt immer brutalere Formen an.

Schon seit 1933 gibt es Konzentrationslager, aber erst ab 1943 ist die Maschinerie des Todes perfekt. Bis zum Krieg sind die KZs vorwiegend Internierungs- und Arbeitslager. Nach 1939/40 werden in Osteuropa die Vernichtungslager zur „Endlösung der Judenfrage" gebaut. Verschleppt werden auch Menschen, die in der wirren Ideologie des NS-Regimes keinen Platz haben: Geistliche, sog. „Arbeitsscheue", Homosexuelle, geistig Behinderte.

Januar bis Mai 1945   Die Konzentrationslager werden von der Roten Armee (Auschwitz – Birkenau) und von amerikanischen und britischen Truppen (Buchenwald, Bergen-Belsen, Dachau, Mauthausen) befreit. Noch kurz vor Kriegsende, als die Rote Armee vorrückt, schickt die SS Tausende von Häftlingen auf Gewaltmärsche Richtung Westen und versucht, die verräterischen Beweise zu vernichten.

Ab 1942   Amerikaner und Engländer fliegen Luftangriffe auf die deutsche Rüstungsindustrie und auf die Großstädte.

1943   Verhaftung und Hinrichtung der Widerstandskämpfer der Weißen Rose (Kreis um Hans und Sophie Scholl), die an der Münchner Universität in Flugblättern zum Widerstand und zur moralischen Erhebung aufgerufen haben.

6. Juni 1944   Die Alliierten landen in Frankreich.

20. Juli 1944   Das Bombenattentat auf Hitler misslingt. Seiner Rachejustiz fallen viele Widerstandskämpfer (u.a. Graf Stauffenberg) zum Opfer.

Februar 1945   Jalta-Konferenz, auf der Stalin (UdSSR), Roosevelt (USA) und Churchill (Großbritannien) das Vorgehen der Alliierten beschließen: Festlegung der Oder-Neiße-Grenze bis zu einer Friedenskonferenz, Einteilung Deutschlands in Besatzungszonen.

30. April 1945   Selbstmord Hitlers

8. Mai 1945   Deutschland wird von der Roten Armee und den West-Alliierten besetzt. Waffenstillstand und bedingungslose Kapitulation.

1945   Als Vertreter der Siegermächte treffen sich: Churchill und Attlee (Großbritannien), Truman (USA) und Stalin (UdSSR). Sie beschließen die Errichtung eines Alliierten Kontrollrats, die völlige Entmilitarisierung Deutschlands, ordnen die Aufhebung der nationalsozialistischen Gesetzgebung und die Bestrafung der Kriegsverbrecher an.

Das Potsdamer Abkommen: Die Gebiete östlich der Oder-Neiße werden unter die Verwaltung Polens und der Sowjetunion gestellt. Das restliche Deutschland wird in eine französische, britische, amerikanische und sowjetische Zone aufgeteilt. In Berlin werden vier Sektoren eingerichtet.

1945   Deutsche Kriegsverbrecher werden in den Nürnberger Prozessen abgeurteilt.

40 Jahre Teilung: 1949–1989

1948–1949 Berlin-Blockade: Die UdSSR sperrt alle Wege zwischen Westberlin und Westdeutschland. Die Stadt wird von den USA und Großbritannien über eine Luftbrücke versorgt.

1949   Gründung der Bundesrepublik Deutschland und der Deutschen Demokratischen Republik (= DDR, aus der sowjetischen Besatzungszone). Der erste Kanzler der Bundesrepublik, Konrad Adenauer, betont im Bundestag, dass die Bundesrepublik Deutschland „allein befugt" sei, „für das deutsche Volk zu sprechen" (Alleinvertretungsanspruch). Er betreibt die Integration in den Westen; zur gleichen Zeit schließt sich die DDR unter Walter Ulbricht den östlichen Verbündeten an. Zwischen Ost- und Westeuropa entsteht der so genannte „Eiserne Vorhang"; die Zeit des „Kalten Krieges" beginnt. 1955 werden zwei Bündnissysteme geschaffen: im Westen die NATO, im Osten der Warschauer Pakt. Zwei getrennte Wirtschaftssysteme entwickeln sich: die EWG (= Europäische Wirtschaftsgemeinschaft) und das östliche COMECON.

1952   Die UdSSR schlägt den Westmächten vor, einen Friedensvertrag mit Deutschland, vertreten durch eine gesamtdeutsche Regierung, abzuschließen. Die Westmächte und die Bundesregierung lehnen ab und fordern freie Wahlen.

Die DDR-Regierung verlangt für Besucher Aufenthaltsgenehmigungen und kappt in Berlin die Telefonverbindungen zu den West-Sektoren.

1953   Die Regierung der DDR beschließt die Erhöhung der Arbeitsnormen um mindestens zehn Prozent. Volksaufstand: Am 17. Juni retten nur noch Panzer der sowjetischen Armee die Herrschaft des SED-Regimes. Der politische Aufstand der Arbeiter wird blutig niedergeschlagen.

1954   Die UdSSR erklärt die Souveränität der DDR.

1955   Die Bundesrepublik wird ein souveräner Staat. Sie wird Mitglied des Atlantischen Bündnisses (NATO).

1956   Die DDR-Volkskammer beschließt die Schaffung der Nationalen Volksarmee (NVA). Zwei Wochen zuvor hatte die Bundeswehr ihren Dienst begonnen.

Die DDR tritt dem Warschauer Pakt bei.

1959   Deutschlandkonferenz in Genf mit Delegationen der Bundesrepublik und der DDR wird ohne Ergebnis vertagt.

1960   Die Kollektivierung der DDR-Landwirtschaft ist abgeschlossen.

Juni 1961   Der Staatsratsvorsitzende der DDR Walter Ulbricht sagt auf einer Pressekonferenz in Ostberlin: „Niemand hat die Absicht, eine Mauer zu errichten."

13.8.1961   Errichtung der Berliner Mauer.

16.8.1961   Die DDR schließt die Grenzen zu Westdeutschland.

1963   Elysée-Vertrag als Grundlage der deutsch-französischen Freundschaft.

1968   Höhepunkt der studentischen Protestbewegung für eine Demokratisierung der Hochschule und die Veränderung der Gesellschaft. Kritik gegenüber allen Anpassungsformen der Leistungsgesellschaft (antiautoritäre

Bewegung). – Entstehung der außerparlamentarischen Opposition (APO). Die RAF = Rote Armee Fraktion, verantwortlich für Attentate vor und nach 1970, erklärte sich 1998 für aufgelöst.

1969 Die SPD unter Willy Brandt übernimmt zusammen mit der F.D.P. die Regierung (Bundeskanzler von 1974 bis 1982: Helmut Schmidt SPD, ab 1982 Helmut Kohl CDU)

August 1970 Unterzeichnung des Gewaltverzichtsabkommens mit der UdSSR, wenig später mit Polen. Mit dem Verzicht auf Gewalt und der Anerkennung bestehender Strukturen trägt die Entspannungspolitik zur Normalisierung bei.

1970 Bundeskanzler Willy Brandt und DDR-Ministerpräsident Willi Stoph treffen sich in Erfurt und beginnen den deutsch-deutschen Dialog.

1971 Bewohner von Westberlin dürfen wieder Besuche in Ostberlin machen.

1971 Willy Brandt erhält für die neue Ostpolitik den Friedensnobelpreis.

1972 Vier-Mächte-Abkommen über Berlin bringt Erleichterungen im innerdeutschen Transitverkehr.
Deutsch-deutscher Grund(lagen)vertrag zwischen der Bundesrepublik Deutschland und der Deutschen Demokratischen Republik zur Entwicklung gutnachbarlicher Beziehungen.

1974 DDR und Bundesrepublik richten „Ständige Vertretungen" ein (keine Botschaften).

1.8.1975 33 europäische Staaten, die USA und Kanada unterzeichnen die KSZE (Konferenz über Sicherheit und Zusammenarbeit in Europa)-Schlussakte: Vereinbarungen über Gewaltverzicht, die Unverletzlichkeit der Grenzen, Zusammenarbeit. – Die KSZE wird 1992 zu einer festen Institution.

1976 Der Sänger Wolf Biermann wird während einer Tournee in der Bundesrepublik ausgebürgert. Danach werden in der DDR weitere Schriftsteller verurteilt oder vertrieben.

1981 Staats- und Parteichef Honecker lädt Bundeskanzler Schmidt ein.

1987 Besuch Honeckers in der Bundesrepublik.

ab August 1989 Montagsdemonstrationen in den großen Städten der DDR.

September 1989 Ungarn öffnet seine Grenzen. Innerhalb von drei Tagen verlassen 15 000 DDR-Bürger ihr Land über Ungarn und Österreich in die Bundesrepublik.
Die Bürgerrechtsbewegungen „Neues Forum" und „Demokratie jetzt" melden sich zu Wort, etwas später die Gruppe „Demokratischer Aufbruch".

September/Oktober 1989 Demonstrationen in Leipzig, Ostberlin, Dresden und anderen Städten für Meinungs- und Versammlungsfreiheit („Wir sind das Volk – Keine Gewalt") und für Reformen. Einzelne evangelische Pfarrer stellen sich offen an die Spitze der Opposition.

18.10.1989 Rücktritt von Partei- und Staatschef Erich Honecker. (1992 wird ihm in Berlin der Prozess gemacht. Auf Grund seines schlechten Gesundheitszustands wird das Verfahren aufgehoben. Honecker darf zu seiner Familie nach Chile ausreisen, wo er am 29.5.1994 stirbt.)

4.11.1989 Eine Million Menschen demonstrieren in Ostberlin für Meinungsfreiheit und offene Grenzen.

8.11.1989 Das Politbüro der SED tritt zurück.

9.11.1989 Öffnung der Grenzen. Zehntausende fahren nach Westberlin. Auf der Mauer vor dem Brandenburger Tor wird begeistert gefeiert.

13.11.1989 In Leipzig Demonstrationen für weitere Reformen. Aufschrift „Deutschland, einig Vaterland".

Januar 1990 Die Zentrale des Staatssicherheitsdienstes in Ostberlin wird gestürmt.

Februar 1990 Bundeskanzler Kohl und Außenminister Genscher erreichen in Moskau die prinzipielle Zustimmung des sowjetischen Staatspräsidenten Gorbatschow zur Vereinigung.

März 1990 Zum ersten Mal seit 40 Jahren finden freie (Volkskammer-)Wahlen in der DDR statt.

Juni 1990 Die beiden deutschen Parlamente verabschieden den Staatsvertrag, in dem die Schaffung einer Währungs-, Wirtschafts- und Sozialunion festgelegt wird. Diese politische notwendige, aber durch die Eile wirtschaftlich nachteilige Entscheidung ist noch heute umstritten. – Erklärung zur Endgültigkeit der Oder-Neiße-Grenze zu Polen.

1.7.1990 Der deutsch-deutsche Staatsvertrag tritt in Kraft. Die D-Mark gilt in ganz Deutschland. Die Personenkontrollen an der innerdeutschen Grenze sind abgeschafft.

Juli 1990 Kohl und Gorbatschow treffen sich im Kaukasus. Kohl erhält die Zusage, dass das vereinte Deutschland die volle und uneingeschränkte Souveränität erhalten soll. Es kann über seine Bündniszugehörigkeit (NATO) selbst entscheiden.

Juli 1990 Die Volkskammer der DDR beschließt die Wiederherstellung der fünf Länder.

1.8.1990 Der Einigungsvertrag (eigentlich „Vertrag über die Herstellung der Einheit Deutschlands") regelt den Beitritt der DDR zur Bundesrepublik Deutschland. Er enthält die Bestimmungen zur Überleitung in Bundesrecht für alle Bereiche des öffentlichen Lebens (Justiz, Verwaltung, Kultur usw.) und legt besondere Bestimmungen für übergangsweise geltendes Recht der DDR fest.

12.9.1990 2+4-Vertrag („Vertrag über die abschließende Regelung in Bezug auf Deutschland"): Die Außenminister der alliierten Siegermächte des Zweiten Weltkriegs und die Außenminister der Bundesrepublik Deutschland und der DDR unterzeichnen einen Vertrag, der dem vereinigten demokratischen Deutschland den Weg ebnet; der „Kalte Krieg" ist damit zu Ende.
Die Siegermächte geben anschließend ihre Rechte und Verantwortlichkeiten für Berlin und Deutschland als Ganzes auf. Dem vereinten Deutschland wird die volle Souveränität eingeräumt.

3.10.1990 Beitritt der DDR zur Bundesrepublik Deutschland.

2./3.10.1990 Um Mitternacht wird die Vereinigung feierlich begangen. Vor dem Reichstagsgebäude in Berlin findet eine Feier statt, die in ein Fest und ein Feuerwerk überleitet.

November 1990 Besuch Gorbatschows in Bonn. Unterzeichnung des „Vertrages über gute Nachbarschaft, Partnerschaft und Zusammenarbeit" beider Länder und des „Vertrages über die Entwicklung einer umfassenden Zusammenarbeit auf dem Gebiet der Wirtschaft, Industrie, Wissenschaft und Technik".

Die Vereinigung und danach

2.12.1990 Erste gesamtdeutsche Wahlen zum Bundestag.

Juni 1991 Vertrag mit Polen über gute Nachbarschaft und freundschaftliche Zusammenarbeit.
Im Bundestag fällt die Entscheidung für Berlin als Regierungs- und Parlamentssitz.

1991 Stasi(Staatssicherheits)-Unterlagen-Gesetz: Jeder Bundesbürger kann ab 1.1.1992 beantragen, dass nach Stasi-Unterlagen über ihn gesucht wird; wurde er bespitzelt, bekommt er die Kopien sämtlicher Akten inklusive der Namen der Spitzel und Denunzianten.

21./22.9.1991 Die Ausschreitungen Rechtsradikaler gegen Asylbewerberheime in Hoyerswerda (Sachsen) eskalieren.

22.8.1992 Krawalle Rechtsradikaler in Rostock-Lichtenhagen (Mecklenburg-Vorpommern): Jugendliche setzen einen Häuserblock in Brand und bringen dadurch 100 Vietnamesen in Lebensgefahr.

23.11.1992 Bei einem Brandanschlag in Mölln (Schleswig-Holstein) werden drei türkische Bewohnerinnen getötet. (Die Täter werden wenige Tage später festgenommen und nach einem längeren Prozess verurteilt.) – In vielen Städten finden daraufhin Demonstrationen gegen Ausländerfeindlichkeit statt. – Einige neonazistische Vereinigungen werden verboten.

2.12.1992 Der Bundestag verabschiedet den Vertrag von Maastricht (Europäische Union).

6.12.1992 In München und später in anderen Städten der Bundesrepublik wird mit Lichterketten gegen Fremdenhass, Rechtsradikalismus und Gewalt demonstriert.

6.12.1992 Die Parteien einigen sich auf den Asylkompromiss: das Individualrecht auf Asyl bleibt erhalten, Missbrauch soll verhindert werden.

17.12.1992 Die Gesellschaft für Deutsche Sprache (Wiesbaden) erklärt „Politikverdrossenheit" zum Wort des Jahres 1992.

1.1.1993 Der Europäische Binnenmarkt tritt in Kraft.

26.5.1993 Der Bundestag verabschiedet die Änderung des Grundgesetzartikels 16 (Asyl): Flüchtlinge aus einem „sicheren Drittstaat" sind nicht mehr asylberechtigt.

29.5.1993 In Solingen wird ein Brandanschlag auf ein von einer türkischen Familie bewohntes Haus verübt. Fünf Frauen und Mädchen verbrennen. Ein 16-Jähriger und drei weitere Jugendliche werden festgenommen.

1991–1993 Assoziierungsverträge mit Ungarn, Polen, der Tschechischen Republik, der Slowakei, Rumänien und Bulgarien. Partnerschaftsabkommen mit der Ukraine und Russland im Frühjahr 1994. Die Verträge sehen einen schrittweisen Zugang zum Europäischen Binnenmarkt vor. Außerdem Bildung einer Freihandelszone mit Estland, Litauen und Lettland.

November 1993 Der Vertrag von Maastricht tritt in Kraft. Die EG (Europäische Gemeinschaft) wird zur EU (Europäische Union); das bedeutet Zusammenarbeit in der Außen- und Wirtschaftspolitik, Vorbereitung einer gemeinsamen Währung, mehr Mitentscheidungsrechte für das Europäische Parlament, Regionalförderung wirtschaftlicher schwächerer Staaten, Zusammenarbeit in der Innen- und Rechtspolitik. Das Subsidiaritätsprinzip soll bürgernahe Entscheidungen fördern und unnötigen Zentralismus vermeiden.

Februar 1994 Der Bundestag debattiert über Kunst und nationale Symbole. Der bulgarisch-amerikanische Künstler Christo darf 1995 den Reichstag in Berlin für 14 Tage mit Stoff verhüllen. Christo will in Zeiten des Übergangs Zeichen setzen und zur Auseinandersetzung mit der Geschichte herausfordern. Die Resonanz seiner Aktionen im Juni/Juli 1995 ist überwältigend.

September 1994 Die russischen Truppen und die alliierten Streitkräfte verlassen offiziell die Bundesrepublik Deutschland. Sie werden in Berlin getrennt verabschiedet.

01.01.1995 Beitritt Österreichs, Finnlands und Schwedens in die EU.

26.03.1995 Das Schengener Abkommen über die Abschaffung der Personenkontrollen an innereuropäischen Grenzen tritt in Kraft. Dies betrifft derzeit nur bestimmte Staaten und wird bisher nicht konsequent durchgeführt. Ein Informationssystem (SIS) mit Fahndungscomputer in Straßburg soll Personendaten austauschen und somit nach der Öffnung der Grenzen zur Sicherheit beitragen.

8. Mai 1995 50. Jahrestag des Kriegsendes. Seit Beginn des Jahres finden unter dem Zeichen der Versöhnung und gegen das Vergessen Gedenkfeiern, Ausstellungen, Tagungen, Lesungen und Dankgottesdienste statt. Gefeiert wird in Paris, London, Moskau, Washington, Oslo, Warschau, Tel Aviv, in Berlin und in allen größeren deutschen Städten. Presse, Funk und Fernsehen bieten historisches Material, Gespräche und Interviews an historischen Stätten. Beteiligt sind Politiker, Künstler, Augenzeugen und nicht zuletzt auch die jüngere Generation. Niederlage oder Befreiung sind die politischen Reizwörter: Befreiend ist das wachsende Bewusstsein, dass Wachsamkeit, Widerspruch und Zivilcourage notwendig sind, auch in der Demokratie.

Februar 1990 Deutsche Konzerne und Banken verpflichten sich, einen Entschädigungsfonds für ehemalige Zwangsarbeiter einzurichten.

31.12.1995 Tod von Heiner Müller (s. Seite 116), zuletzt Leiter des Berliner Ensembles.

1996/97 Europagipfel zur Revision des Maastricht-Vertrages: Reformbedürftig sind die Entscheidungsmechanismen und die Verfahren zur Erarbeitung einer gemeinsamen Außen-, Verteidigungs-, Innen- und Rechtspolitik. Um neue Mitglieder aufnehmen zu können, müssen die EU-Institutionen demokratischer und handlungsfähiger werden.

1997 Vertrag von Amsterdam: Erweiterung der Rechte des Eropäischen Parlaments. Reform der EU zur Vorbereitung der Ost-Erweiterung.

1997 Der Bundesrat beschließt ein Gesetz, das die Unrechtsurteile unter dem NS-Regime annulliert.

1.8.1998 Die Rechtschreibreform tritt in Kraft. Sie bleibt stark umstritten.

1.1.1999 Beginn der Europäischen Wirtschafts- und Währungsunion. Einführung des Euro als Währungseinheit mit festen Wechselkursen zu den nationalen Währungen. 1 Euro = 1,95583 DM

März 1999 Agenda 2000: Die 15 Regierungschefs der EU einigen sich auf das Reformpaket Agenda 2000. Es regelt die Ausgaben von 600 Milliarden Euro bis zum Jahr 2006. Die Einigung ist Voraussetzung für die Ost-Erweiterung der EU (Aufnahme der Reformländer).

Juni 1999 Neuwahl des Europäischen Parlaments.

1.1.2000 Beitritt Griechenlands in die EU.

23.3.2000 Zwangsarbeiter-Entschädigung: Nach monatelangen Verhandlungen einigen sich Deutschland, die USA und Israel sowie die fünf europäischen Staaten und Opferverbände in Berlin auf die Verteilung von zehn Milliarden DM in der Stiftung Erinnerung, Verantwortung und Zukunft. Nach wie vor ungelöst ist das Versprechen der Wirtschaft, den Betrag von fünf Milliarden zu übernehmen.

Juni 2000 Bundeskanzler und die Chefs der großen Energieunternehmen einigen sich über den stufenweisen Ausstieg aus der Kernenergie.

Juli 2000 Der Bundesrat billigt die Green Card, eine Legitimation für die zeitlich begrenzte Beschäftigung von außerhalb der EU wohnhaften Computerspezialisten in Deutschland.

Juli 2000 Der ehemalige langjährige DDR-Sportchef wird wegen des Dopings an DDR-Sportlern zu 22 Monaten auf Bewährung verurteilt.

August 2000 Ein Gericht in Halle verurteilt drei Skinheads als Mörder des Mosambikaners Alberto Adriano in Dessau zu langjährigen Haftstrafen.

September 2000 Ein Jahr nach Bundestag und Bundesregierung nimmt auch der Bundesrat offiziell seinen Sitz in Berlin.

September 2000 Der Bundestag wählt die frühere Bürgerrechtlerin in der DDR Marianne Birthler als Nachfolgerin von Joachim Gauck zur neuen Bundesbeauftragten für die Stasi-Unterlagen.

31.10.2000 Die erste feste Besatzung der Internationalen Raumstation ISS startet ins All. Sie bleibt vier Monate an Bord.

31.10.2000 Nach fünf Monaten geht in Hannover die Expo 2000 zu Ende. Sie wurde von 18,1 Millionen Menschen besucht, das Defizit beträgt 2,4 Milliarden DM.

9.11.2000 Mehr als 200 000 Menschen setzen auf einer Demonstration gegen rechtsextreme Gewalt ein Signal gegen Fremdenhass.

11.12.2000 Der EU-Gipfel in Nizza beschließt eine EU-Charta der Grundrechte und ebnet den Weg für die Osterweiterung.

Literatur

Die Literaturliste enthält eine Auswahl von Büchern, Schriften und Statistiken, aus denen zitiert wird und die während der Arbeit am Buch zu Rate gezogen wurden. Die nach den Kapiteln der Landeskunde zusammengestellten Quellen können zum Teil eine Anregung für die weitere Lektüre sein. (Nicht nochmals erwähnt werden die bereits mit Datum zitierten Texte aus der Süddeutschen Zeitung, SZ)

Statistisches Jahrbuch 2000 für die Bundesrepublik Deutschland, hrsg. Statistisches Bundesamt, Wiesbaden 2000
Schlüsseldaten 20. Jahrhundert, Harenberg Lexikon-Verlag, Dortmund 1993
Volks-Ploetz, Auszug aus der Geschichte, 5., aktualisierte Auflage, Verlag Ploetz, Freiburg und Würzburg 1991
Martin und Sylvia Greiffenhagen, Ein schwieriges Vaterland, Zur politischen Kultur im vereinigten Deutschland, Paul List Verlag, München 1993
Das Lexikon der Gegenwart '99, Fakten, Trends, Hintergründe, Harenberg Lexikon-Verlag, Dortmund 1998
Harald Geiger / Manfred Mürbe / Helmut Wenz, Beck'sches Rechtslexikon, Beck/dtv Nr. 5601
Christoph Parry, Menschen, Werke, Epochen, Eine Einführung in die deutsche Kulturgeschichte, Max Hueber Verlag, Ismaning 1993

Kapitel 1

Der Fischer Weltalmanach 2001, Zahlen – Daten – Fakten, Fischer Taschenbuchverlag, Frankfurt am Main 2000
Aktuell 2000, Das Jahrbuch Nr. 1, Harenberg Lexikon Verlag, Dortmund 1999
Chronik Handbuch Europa, Chronik Verlag im Bertelsmann Lexikon Verlag, Gütersloh/München 1998
Vorwärts, Sozialdemokratisches Magazin, Vorwärts Verlag, Bonn, Nr. September 2000 (Gemeinsam in Deutschland leben)
Globus Nr. Sa-5828 vom September 1999 (Jüdisches Leben in Deutschland)

SZ-Serie Ausländer in Deutschland, Süddeutsche Zeitung 2000/2001
SPIEGEL Spezial, Juden und Deutsche, SPIEGEL-Verlag Rudolf Augstein, Hamburg, August 1992
Thomas Finkenstaedt / Konrad Schröder, Sprachen im Europa von morgen, Langenscheidt Verlag, Berlin und München 1992
dtv-Atlas zur deutschen Sprache, Tafeln und Texte mit Mundart-Karten, Deutscher Taschenbuch Verlag, München 1992
Deutsche im Ausland, Fremde in Deutschland, hrsg. Klaus J. Bade, C.H. Beck'sche Verlagsanstalt, München 1992
Deutsches Ausländerrecht, 6., völlig neubearb. Auflage, Deutscher Taschenbuch Verlag, München 1998
Beate Winkler, Zukunftsangst Einwanderung, Beck'sche Reihe 471, München 1992
Sinasi Dikmen, Wir werden das Knoblauchkind schon schaukeln, Satiren, EXpress Edition, Berlin o.J. (Mit freundlicher Genehmigung des Autors.)

Kapitel 2

Deutschland, Zeitschrift für Politik, Kultur, Wirtschaft und Wissenschaft Nr. 3 1999 (Der Bundestag in Berlin)
Thilo Koch (Text) / Werner Neumeister, Erhard Pansegrau (Fotografie), Deutschland, F. Bruckmann, München 1991
Merian Frankfurt, Juli 1991; *Merian Hauptstadt Berlin*, September 1991, *Merian Dresden*, Oktober 1967, Hoffmann und Campe Verlag, Hamburg
Merian, Die fünf neuen deutschen Bundesländer, November 1990, Hoffmann und Campe Verlag, Hamburg
SPIEGEL Spezial, Preußenstadt Potsdam 1000 Jahre, SPIEGEL-Verlag Rudolf Augstein, Hamburg, April 1993

Kapitel 3

Zeitschrift *Focus* Nr. 2/2000 (Partnerschaft Wilde Ehe)
Globus Nr. Fa-6254 vom April 2000 (Wohnungsbau weiter flau)
Elisabeth Rauschmid, Familie ist kein Auslaufmodell, in: Süddeutsche Zeitung vom 4.1. 1994

Mehr Chancen für Mädchen im Beruf, hg. Bundesministerium für Wirtschaft, Bonn 1995
Halt! Keine Gewalt, hrsg. Arbeitsgemeinschaft Jugend & Bildung, Wiesbaden, in Zusammenarbeit mit dem Bundesministerium des Innern
Folgende Nummern von *JUMA* Das Jugendmagazin und *TIP*, Landeskunde im Deutschunterricht, Redaktion Köln: JUMA 1/92, 4/92, 1/93, 3/93; TIP 1/91, 3/91, 1/92, 4/92, 1/93, 2/93, 3/93, 1/94)
Broschüre *Begegnung und Austausch mit Franzosen*, Deutsch-Französisches Jugendwerk, 1992
Beruf aktuell, Ausgabe 1992/93, hrsg. Bundesanstalt für Arbeit, Nürnberg 1992
13. Shell Jugendstudie „Jugend 2000", Band 1, Verlag Leske + Budrich, Opladen 2000
Jugendarbeit in Bayern, Bayerischer Jugendring (KdÖR), München 1985
Eine rechte Kulturrevolution im Osten? Gesinnung statt Gewalt (I), Wie die Jungen abdriften (II). in: SZ vom 23. und 26.11.1998
Wilhelm Heitmeyer/Joachim Müller: Fremdenfeindliche Gewalt junger Menschen, hg. vom Bundesministerium der Justiz, Bonn 1995
Globus Nr. 9371 (Sozialhilfe in Deutschland); *Globus* Nr. 9425 (Sozialhilfe: Zuwenig? – zuviel?)
Lilo Berg, Die Alten kommen, in: Süddeutsche Zeitung vom 30./31.10.1993
Globus Nr. 9730 (Pflegefälle in Deutschland)
Vorwärts, Sozialdemokratisches Magazin, Vorwärts Verlag, Bonn, Nr. März 1993 (Die Deutschen werden älter)
Sanfter Urlaub - aber wie?, Urlaub und Freizeit mit der Natur, Kampagne: Freizeit, Sport, Tourismus, Bund für Umwelt und Naturschutz Deutschland, Bonn, April 1991
Globus Nr. 5413 vom 22.02. 1999 (Die beliebtesten Urlaubsziele)
Martin Walser, Dramen, Passionen, Deutsche Verlags-Anstalt, Stuttgart
Das neue Amt, das Ehre macht, Deutschland ist nicht das Land der sozialen Kälte, in: *Süddeutsche Zeitung* vom 04./05.04.1998

Kapitel 4

Grundgesetz für die Bundesrepublik Deutschland, hrsg. Bundeszentrale für politische Bildung, Bonn 1993
Globus Nr. Ab-5982 (Das Parlaments- und Regierungsviertel in Berlin), Globus Ua-5712 vom Juli 1999 (Das Europäische Parlament), Globus Nr. Ua-6023 vom Dezember 1999 (Die Stärke der Kandidaten), Globus Nr. Ua-6192 vom März 2000 (Die Beitrittskandidaten stellen sich vor)
Münchner Merkur/tz Nr. 10 vom 13./14.1.2001 (Beruf und Karriere)
Globus Nr. Ib-6269 vom April 2000 (Die Lage auf dem Lehrstellenmarkt)
Gerhard Buchner, Die Bundesrepublik Deutschland, Basiswissen für Staatsbürger, Humboldt-Taschenbuchverlag Jacobi, München 1994
Richard von Weizsäcker, Von Deutschland aus, Reden des Bundespräsidenten, Corso bei Siedler, Wolf Jobst Siedler, Berlin 1985
Europa-Recht, Europäische Union, EG-Vertrag, Europäisches Prozeßrecht, Europarat-Satzung, Menschenrechtskonvention, Beck-Texte im dtv, 12. Auflage, München 1993
Auf dem Weg zur Europäischen Union, Die Beschlüsse des Europäischen Rates von Maastricht, hrsg. Presse- und Informationsamt der Bundesregierung, Bonn 1992
Europa 2000, Schritte zur Europäischen Union, hrsg. Presse- und Informationsamt der Bundesregierung, Bonn 1992
EuG Europa-Gesetze, Goldmanns gelbe Taschenbücher, Wilhelm Goldmann Verlag, München 1961
Globus Nr. 5430 vom 01.03. 1999 (Die EU und ihre Kandidaten)
Michael Grill, Das Radio der Einheit, das Radio der Zwietracht, in: Süddeutsche Zeitung vom 27./28.11.1993
Zeitschrift *PZ Wir in Europa*, Heft Nr. 75 vom August 1993 (Medien, Zwischen Ohnmacht und Faszination), hrsg. Bundeszentrale für politische Bildung, Bonn

Marktanteile von TV-Sendern 1998, in : Der Spiegel 7/1999

Über kurz oder lang zum Abitur, in: SZ vom 02.04.1998

Das Bildungswesen in der Bundesrepublik Deutschland, Dossier für das Bildungsinformationsnetz in der Europäischen Gemeinschaft, hrsg. Sekretariat der Ständigen Konferenz der Kultusminister der Länder in der Bundesrepublik Deutschland, Bonn 1993

DAAD Jahresbericht 1992, Kurzfassung, hrsg. Deutscher Akademischer Austauschdienst, Bonn 1993

Förderungsmöglichkeiten für deutsche und ausländische Hochschulangehörige, Ein Leitfaden, hrsg. Deutscher Akademischer Austauschdienst, Bonn 1993

Bachelor und Master – was ist das eigentlich?, nach: DAAD, Magazin Thema des Monats vom 09.03.1999

DAAD, Jahresbericht 1997, Deutscher Akademischer Austauschdienst

Leitfaden Europa-Stipendien im Hochschulbereich, Europäische Weiterbildungsmaßnahmen, Bundesanzeiger, Köln 1994

Jugendrecht (u.a. Gesetz zum Schutze der Jugend in der Öffentlichkeit, Jugendarbeitsschutzgesetz, Berufsbildungsgesetz, Berufsbildungsförderungsgesetz, BAföG), Beck-Text im dtv, München 1993

Politik für junge Leute, Umweltschutz, Ausbildung, Freizeit, hrsg. Presse- und Informationsamt der Bundesregierung, 9. Auflage, Bonn 1992

Der Spiegel Nr. 22/2000 (Im Osten mehr Jugendliche ohne Job)

Handwerk: Zünftiges Kartell, in: Der Spiegel 7/1999

Jugend und Berufswahl, Beilage der Süddeutschen Zeitung vom 10.02.1999

Lernen in Netzen; Guter Rat für Weiterbildung, in : Nordbayerische Kurier vom 01.03.1999

Kapitel 5

H. A. und E. Frenzel, Daten deutscher Dichtung, Chronologischer Abriß der deutschen Literaturgeschichte, Band 1 und 2, 26. Auflage, Kiepenheuer & Witsch, Köln 1991

Dieter Krusche, Reclams Filmführer, 8., neubearbeitete Auflage, Philipp Reclam, Stuttgart 1991

Volker Bohn, Deutsche Literatur seit 1945, Suhrkamp Verlag, Frankfurt am Main 1993

Max Frisch, Schweiz als Heimat? Versuche über 50 Jahre, hrsg. von Walter Obschlager, 2. Auflage, Suhrkamp Verlag, Frankfurt am Main 1990

Friedrich Dürrenmatt und Max Frisch, in: Konturen. Magazin für Sprache, Literatur und Landschaft 1/1992, S. 47-58

„Schreiben ist das Schlechteste, was ich kann, darum muss ich's immer wieder probieren." Adolf Muschg im Gespräch über Literatur, die Schweiz und die Staatskunst, in: Konturen 1/1994, S. 15–19

Peter Handke, Die Stunde da wir nichts voneinander wußten, Ein Schauspiel, Suhrkamp Weißes Programm Schweiz, Suhrkamp Verlag, Frankfurt am Main 1992

Reiner Kunze, Die wunderbaren Jahre, S. Fischer Verlag, Frankfurt am Main 1976

Über Deutschland, Schriftsteller geben Auskunft, hrsg. Thomas Rietzschel, Reclam Verlag, Leipzig 1993

Christa Wolf, Auf dem Weg nach Tabou. Texte 1990–1994, Kiepenheuer & Witsch, Köln 1994; für die Bundesrepublik Deutschland: Luchterhand Literaturverlag, München

Von Geschichte und Gegenwart, Ein Blick auf Autorinnen und ihre belletristischen Werke im Frühjahr '99, in: Nordbayerischer Kurier vom 23./24.01.1998

Christa Wolf, Hierzulande Andernorts, Erzählungen und andere Texte, 1994-1998, Luchterhand Verlag, München 1999

Günter Grass, Gegen die verstreichende Zeit, Reden, Aufsätze und Gespräche 1989-1991, Luchterhand Literaturverlag, Hamburg und Zürich 1991

Erika und Klaus Mann, Escape to Life, Deutsche Kultur im Exil, edition spangenberg, München 1991

Ingo Schulze, Simple Storys, Ein Roman aus der ostdeutschen Provinz, Berlin Verlag, Berlin 1998

Guy Stern, Literatur im Exil, Gesammelte Aufsätze 1959–1989, Max Hueber Verlag, Ismaning 1989

Deutsches Bühnen Jahrbuch, Das große Adreßbuch für Bühne, Film, Funk, Fernsehen 1994, hrsg. von der Genossenschaft Deutscher Bühnen-Angehöriger

Rolf Hochhuth, Wessis in Weimar, Szenen aus einem besetzten Land, Verlag Volk & Welt, Berlin 1993

Der Literaturstreit im vereinten Deutschland, „Es geht nicht um Christa Wolf", edition spangenberg, München 1991

Akteneinsicht Christa Wolf, Zerrspiegel und Dialog, Eine Dokumentation, hrsg. von Hermann Vinke, Luchterhand Literaturverlag, Hamburg 1993

Michael Merschmeier, Heiner & „Heiner". Im Dickicht der Stasi – ein deutsches Leben?, in: Theater heute 2/1993, S. 1

Heiner Müller, Krieg ohne Schlacht, Leben in zwei Diktaturen, Kiepenheuer & Witsch, Köln 1992

Zeitschrift *Theater heute* 2/1993 (Müllers Moral), Erhard Friedrich Verlag

„Ich war nie unschuldig, Whisky, Weissagungen, Warten. Heiner Müller wird 65", Interview in der „Wochenpost" vom 5.1.1994, S. 30/31

Hartmut Krug, Was ist die freie Szene heute?, in: Theater heute 1/1994, S. 31/32

Dieter Kranz, Das gibt's sonst gar nicht, „Verwandlungen – Ein deutsches Wochenende oder 1. Zonenrand-Ermutigung mit 17 Premieren des Staatstheaters Cottbus", in: Theater heute 1/1994, S. 28–30

Dokumentation 9, Kinder- und Jugend Theatertreffen NRW 4.–13. Juni 1993, hrsg. Theater Dortmund in Zusammenarbeit mit dem Kultusministerium des Landes NW Wuppertal

Bertolt Brecht, Gesammelte Werke, werkausgabe edition suhrkamp, Suhrkamp Verlag, Frankfurt am Main 1967

Reclams Konzertführer, 14., revidierte Auflage, Philipp Reclam jun., Stuttgart 1990

Helmut Mauró, Die Verpflichtungen einer langen Tradition, Leipzig jubiliert mit einem Konzert und der Enthüllung eines neuen Mendelssohn-Denkmals, in: Süddeutsche Zeitung vom 13./14.3.1993

Hans Werner Henze, in: Reden über das eigene Land, C. Bertelsmann Verlag, München 1993, S. 99–111

lexikon des internationalen films, CD-ROM Neuausgabe 98/99

140 Jahre Germanisches Nationalmuseum Nürnberg, Informationen zur Gründung und Geschichte des Museums, hrsg. vom Kunstpädagogischen Zentrum im GNM, Abt. 1, Nürnberg 1992

Deutsches Museum, Führer durch die Sammlungen, Verlag C.H. Beck, München 1986

Wulf Herzogenrath, Bauhaus in Dessau, in: Merian Sachsen-Anhalt, Hoffmann und Campe Verlag, Hamburg 1990, S. 76–92

Günter Kunert, Der andere Deutsche, in: Merian Brandenburg, Hoffmann und Campe Verlag, Hamburg 1990, S. 71–73

Der Verlust der Liebe, Regisseur Völker Schlöndorff über die Globalisierung des Kinos, in: Der Spiegel 7/1999

Kapitel 6

Jürgen Feick, Herbert Uhl, Aktualitätendienst Gesellschaft, Politik, Wirtschaft, Ausgabe 1994, Ernst Klett Verlag für Wissen und Bildung, Stuttgart, Dresden

Soziale Sicherheit, hrsg. Bundesministerium für Arbeit und Sozialordnung, Bonn 1993

IHK Journal, Zeitschrift der Industrie- und Handelskammer für München und Oberbayern, Nr. 2/94

Europa im Aufbruch, Was bringt der EG-Binnenmarkt?, DER SPIEGEL, Dokument 1 vom Februar 1993

Der Vertrag von Maastricht I-III, DER SPIEGEL, Dokument 2–4 vom Juli 1992

Globus Nr. 5395 vom 15.02.1999 (Der Weg der Deutschen Mark)

Die Festung Europa läßt die Zugbrücke herunter, in: Süddeutsche Zeitung vom 18.07.1997

„Die Überholspur ist für jeden offen", Europäische Union feiert historischen Beginn der Osterweiterung, in: Süddeutsche Zeitung vom 31.03.1998

Globus Nr. 5372 vom 01.02.1999 (Die Europäischen Währungshüter)

Der Wald stirbt weiter, Schadensbericht der Bundesregierung und des BUNDES, DER SPIEGEL, Dokument Nr. 6 vom November 1992

Bundesverkehrswegeplan 1992, hrsg. vom Bundesminister für Verkehr

Straßenbaubericht 1991, hrsg. vom Bundesminister für Verkehr

Globus Nr. 9497 (Verkehrs-Gewimmel in Deutschland), Nr. 9793 (Bundesverkehrswegeplan), Nr. 9692 (Verkehr immer dichter), Nr. 1612 (Der Transrapid), Nr. 9463 (Verkehrshäfen in Deutschland), Nr. 1674 (Straße - Schiene - Wasser - Luft)

Binnenschiffahrt und Bundeswasserstraßen. Jahresbericht 1992, hrsg. vom Bundesminister für Verkehr

Interview Jürgen Weber (Vorstandsvorsitzender der Lufthansa), in: Lufthansa Bordbuch 1/92, S. 27-29

Jost Herbig, Angst vor Frankensteins Pflanzen, in: Süddeutsche Zeitung vom 20./21.3.1993

Globus Nr. 5407 vom 22.02.1999 (Die in die Luft gehen)

VDI nachrichten, Wochenzeitung für Technik und Wissenschaft, Wirtschaft und Gesellschaft, Nr. 6 vom 11. Februar 1994, VDI-Verlag, Düsseldorf

Kultur und Technik 1/1994, Zeitschrift des Deutschen Museums, Verlag C.H. Beck, München

Technologien des 21. Jahrhunderts, Pressedokumentation 25/92, hrsg. Bundesministerium für Forschung und Technologie, Bonn

Jens Reich, in: Reden über das eigene Land, C. Bertelsmann Verlag, München 1993, S. 16–32

Arnulf Baring, Deutschland, was nun?, Wolf Jobst Siedler Verlag, Berlin 1991

Zeitschrift PRISMA, aus der Arbeit des Goethe-Instituts 1/94 (Europäische Kulturpolitik)

Sabine Christiansen (Hrsg.), Trendwende, Das Buch zur Lage der Nation, Gustav Lübbe Verlag, Bergisch Gladbach 1999, S. 162/163, 165

Anhang

Hans Endlich und Harm Mögenburg, Deutschland, einig Vaterland, Abgang einer Diktatur, Chance eines Neuanfangs, Diesterweg Verlag, Frankfurt am Main 1991

DER SPIEGEL, Dokument 2 vom März 1994, Zwei Vaterländer? Kontroverse um die deutsche Wiedervereinigung (Abdruck der Auszüge mit freundlicher Genehmigung der Autoren Martin und Sylvia Greiffenhagen und Richard Schröder.)

Walter Süß, Ende und Aufbruch – Von der DDR zur neuen Bundesrepublik Deutschland, Themenhefte Weltgeschichte im Aufriß, hrsg. Werner Ripper, Verlag Moritz Diesterweg, Frankfurt am Main 1992

Jürgen Feick, Herbert Uhl, Aktualitätendienst Gesellschaft, Politik, Wirtschaft, Ausgabe 1994, Ernst Klett Verlag für Wissen und Bildung, Stuttgart und Dresden

Beilage der Süddeutschen Zeitung vom 2.Oktober 2000 (10 Jahre Deutschland)

Süddeutsche Zeitung vom 30./31. Dezember 2000/2001 (Jahresrückblick 2000)

Bildquellen

Aktion Gemeinsinn e.V., Bonn (S. 56); Archiv für Kunst und Geschichte, Berlin (S. 125); Bayer AG, Leverkusen (S. 152); Bundesarchiv, Koblenz (S. 63 r.); Cartoon-Caricature-Contor, München (S. 67, 140); Christo, Photo: Wolfgang Volz (S. 34 r.); Condor Pressedienst, Haan (S. 60); cre art, Fulda (S. 46 l.); Deutsche Bundesbahn, Mainz (S. 149 o.); Deutsche Umwelthilfe e.V., Radolfzell (S. 147 o.r.); Documenta, Kassel (S. 134); dpa, Frankfurt am Main (S. 23 m., 35 m., 127 o.,m.,u.); DSR Deutsche Städte-Reklame, Frankfurt am Main (S. 7 o. l.); Europäisches Parlament: © Europäische Gemeinschaften, 1995–2000; Freies Deutsches Hochstift, Frankfurt am Main (S. 46 o.r., 110 r.); Gewandhaus zu Leipzig (S. 128); Paul Glaser, Berlin (S. 7 u.); Globus-Kartendienst, Hamburg (S. 21, 62, 63 l., 74, 77 l., 92, 102, 105, 136, 137, 139, 147 l.); Helga Hiereth, Ismaning (S. 59 o.r.); Hoechst AG, Frankfurt am Main (S. 135 o.); Inter Nationes, Bonn (S. 151); JUMA-Redaktion, Köln (S. 59 m.l., 72); Jürgen Karpinski, Dresden (S. 109 o.l.); Peer Koop, München (S. 109, 116); Alfred Kunzenmann, A-Innsbruck (S. 143); Hans Joachim Kürtz, Möltenort/Kiel (S. 26); Landesbildstelle Baden, Karlsruhe (S. 23 u.l., 52 o.,u., 58); Landesamt für Denkmalpflege, Sachsen (S. 48r.); Landesbildstelle Berlin (S. 37, 123, 132, 159 m.r.); Landesbildstelle Bremen (S. 30); Landesbildstelle Hessen, Frankfurt am Main (S. 44 o., 50 o., 58, 77 u.); Landesbildstelle Südbayern, München (S. 23 u.r., 54, 58, 78 r.); Landesbildstelle Württemberg, Stuttgart (S. 52 m., 78 r.); Landesmedienzentrum Rheinland-Pfalz, Koblenz (S. 23 m.l., 46 u., 50 m.); Leipziger Messe-GmbH, Leipzig (S. 49 o., 58); LFV Sachsen-Anhalt e.V., Halle/Saale (S. 40 l.); LUFF/Cartoon-Caricature-Contor, München (S. 83 u.); Renate Luscher, München (S. 23 o., 31 o., 32, 33, 34 l., 35 o.,u.,

36, 58, 59 m.r.); Mauritius Bildagentur, Mittenwald (S. 103); Mercedes-Benz AG, Stuttgart (S. 51); Gerhard Mester, Wiesbaden (S. 135 m.); MM-Verlag, A-Salzburg (S. 126 o.); Werner Neumeister, München (S. 42 r., 133); Isolde Ohlbaum, München (S. 109, 113); Jalme Pacheco/Ausstellungs- u. Messe-GmbH, Frankfurt am Main (S. 109 u.); Marlene Pohle, Stuttgart (S. 10, 15, 57); Presse- und Informationsamt der Bundesregierung, Bonn (S. 40 r.); Presse- und Informationsamt der Stadt Bremen (S. 23 o.l.); Presse- und Informationsamt der Stadt Frankfurt am Main (S. 44 u.); Prognos AG, CH-Basel (S. 153); Dieter Rauschmayer, Vaterstetten (S. 58, 110 l., 111); Christian Regenfus, München (S. 66, 70, 106); Rheinisches Bildarchiv, Köln (S. 42 l.); Schiller-Nationalmuseum, Bildarchiv, Marbach (S. 112 r.); Jörg Schöner, Dresden (S. 48 l.); Karl Wolf Schrader, Berlin (S. 100); Sekretariat der Kultusministerkonferenz, Bonn (S. 99); Sihler & Partner, Neu-Isenburg (S. 77 r.); Siemens Solar GmbH, München (S. 147 u.); SPIEGEL-Verlag, Hamburg (S. 13, 43, 101); Stat. Bundesamt/ Quelle BAFI, Zirndorf (S. 19); Steidl-Verlag, Göttingen 1993 (S. 118); Hans J. Stenzel, Berlin (S. 7 o.r., 59 u., 83 o., 135 u.); Stifterverband für die deutsche Wissenschaft e.V., Essen (S. 16); Süddeutscher Verlag, Bildarchiv, München (S. 7 m.r., 36 u.r., 39, 53 u.r., 83 m., 84 u., 109: 5 Bilder; 112 l., 148, 159: 4 Bilder); teutopress, Bielefeld (S. 122); Tourismus-Zentrale Hamburg (S. 27, 28, 58); Tourismus-Zentrale Nürnberg (S. 55, 59 o.l.); Ullstein Bilderdienst, Berlin (S. 117); Fotoreport Utri, A-Graz (S. 109, 115); Verlag für Deutsch, Ismaning (S. 50 u., 53 o.); Volkswagen AG, Wolfsburg (S. 29); Manfred Vollmer, Essen (S. 75); WWF, Frankfurt am Main (S. 31 u.); Horst Ziethen, Bad Münstereifel (S. 23 m.r.).

Besonders danken wir Herrn Hans J. Stenzel für die freundliche Überlassung der Karikaturen auf den Vorschaltseiten 7, 59 und 135.

Wir haben uns bemüht, alle Inhaber von Text- und Bildrechten ausfindig zu machen.
Sollten Rechteinhaber hier nicht aufgeführt sein, so wären wir für entsprechende Hinweise dankbar.

o. = oben   m. = Mitte   u. = unten
l. = links   r. = rechts

Lösungen und Bildinformationen

Umschlag: Glashalle als Eingang zum neuen Leipziger Messegelände, eröffnet 1997.

Seite 23 (von Norden nach Süden, von links nach rechts): Kreidefelsen auf Rügen; Marktplatz von Bremen; Berlin Kurfürstendamm; Rhein mit Loreley; Wartburg bei Eisenach; Schwarzwald: Blick vom Feldberg; Ammersee südöstlich von München; Berchtesgaden

Seite 36: Text auf dem Denkmal
Dieses Objekt markierte vom 13. August 1961 bis zum 30.06.1990 die Trennlinie zwischen den Siegermächten des Zweiten Weltkrieges und den beiden deutschen Staaten. Auf Initiative des Instituts für Denkmalpflege der DDR wurde es dem Museum Haus am Checkpoint Charlie in Anerkennung seiner Arbeit zur Überwindung der Teilung Deutschlands und Europas übereignet.

Seite 57:
1b: links oben: Original Frankfurter; rechts oben: Thüringer Bratwurst; links unten: Bayerische Weißwurst; rechts unten: Grünkohl mit Pinkel

2: VW (Volkswagen) – Wolfsburg (S. 29)
DIE ZEIT – Hamburg (S. 28)
CeBIT (Welt-Centrum • Büro • Information • Telekommunikation) – Hannover (S. 29)
WDR (Westdeutscher Rundfunk) – Köln (S. 42)
dpa (Deutsche Presse-Agentur) – Hamburg (S. 28)
Farbwerke Hoechst (Chemiekonzern) – Frankfurt am Main, Hessen (S. 43)

Seite 64: Öko-Haus, Öko-Bauer, Öko-Waschmittel, Öko-Steuer, Öko-Laden, Öko-Farben usw.
Öko-Audit-Verfahren: Die „Befragung" von Produkten nach ihrer ökologischen Auswirkung ist ein Beitrag der von der Europäischen Union geforderten umweltverträglichen Gestaltung der Industrie. Europäische Vorschriften werden verstärkt umweltbezogene Qualifikationen verlangen. Das Öko-Audit-Verfahren zum Beispiel erfordert in gewerblichen Unternehmen fachlich qualifizierte Mitarbeiter für das Öko-Controlling sowie für die Öko-Bilanzierung, die zur Erlangung des Europäischen Umweltzeichens durchgeführt werden muss.

Seite 82: 6 – 5 – 3 – 4 – 7 – 8 – 1 – 2

Seite 109 (jeweils von links nach rechts): Juno-Zimmer in Goethes Haus in Weimar, Friedrich Schiller, Johann Wolfgang von Goethe, Martin Luther; Bert Brecht, Reiner Kunze, Peter Handke, Günter Grass; Ingeborg Bachmann, Adolf Muschg, Christa Wolf; Frankfurter Buchmesse

Seite 159 (jeweils von links nach rechts): 1945 hisste ein Soldat der Roten Armee die Sowjetflagge auf dem Reichstagsgebäude in Berlin, Potsdamer Konferenz 17.7.–2.8.1945: Churchill, Truman und Stalin während einer Verhandlungspause vor Schloss Cecilienhof; DDR-Bürger demonstrieren in der Leipziger Innenstadt für Reisefreiheit (4. September 1989); Bürger aus der DDR, West-Berlin und der Bundesrepublik an und auf der Mauer am 10. November 1989; Unterzeichnung des 2 + 4-Abkommens (1990): die Außenminister von links nach rechts: James Baker (USA), Douglas Hurd (Großbritannien), Eduard Schewardnadse (UdSSR), Roland Dumas (Frankreich), Lothar de Maizière (Ministerpräsident der DDR), Hans-Dietrich Genscher (Bundesrepublik Deutschland)

Index